高中化学教学艺术研讨

徐彦才◎著

中国原子能出版社

图书在版编目（CIP）数据

高中化学教学艺术研讨 / 徐彦才著． -- 北京 ：中
国原子能出版社，2022.9
ISBN 978-7-5221-2150-5

Ⅰ．①高… Ⅱ．①徐… Ⅲ．①中学化学课－教学研究
－高中 Ⅳ．① G633.82

中国版本图书馆 CIP 数据核字（2022）第 180206 号

高中化学教学艺术研讨

出版发行	中国原子能出版社（北京市海淀区阜成路 43 号　100048）
责任编辑	杨晓宇　王　蕾
责任印制	赵　明
印　　刷	北京天恒嘉业印刷有限公司
经　　销	全国新华书店
开　　本	787 mm×1092 mm　　　1/16
印　　张	16.5
字　　数	292 千字
版　　次	2022 年 9 月第 1 版　　2022 年 9 月第 1 次印刷
书　　号	ISBN 978-7-5221-2150-5　　定　价 72.00 元

作者简介

徐彦才　1967年2月出生，中共党员，毕业于宁夏大学化学系，1990年参加工作，先后在盐池县第二中学、盐池高级中学、盐池县师资培训中心工作，中学高级教师，自治区骨干教师，模范教师，特级教师，塞上名师，宁夏高层次人才。现任盐池县师资培训中心主任，主要从事教育教学研究与中小学教师培训及管理工作。

前　言

教育是国之大计、党之大计，是功在当代、利在千秋的德政工程。

普通高中教育是连接基础教育与高等教育的重要枢纽，是国民教育体系中承上启下的关键一环。推进教学方式方法改革，对于提高高中教育教学质量，促进高中多样化有特色发展，满足不同性格禀赋、不同兴趣特长、不同素质潜力学生的教育需求，让每个学生都有人生出彩机会具有重要意义。

高中化学是高中理科学科当中比较重要的一个科目，即使是选择文科的学生，也需要掌握基础的化学知识。近些年来，随着文理不分科发展趋势的推进，高中化学的重要性也越来越凸显。为了能够更好地提高教学效果，了解高中化学教学的艺术，采取合理的教学手段和方法，提高化学教学效果是每一位高中化学教师都需要完成的工作。基于此，作者根据自己多年的教学实践，撰写了《高中化学教学艺术研讨》一书，本书以现代化教学理念为指导，以高中化学教学为主线，围绕高中化学教学的基础知识、高中化学教学设计、高中化学教学方法的运用、高中化学实验教学、高中化学教师能力提升、高中化学教学案例研讨等内容，对高中化学的教学艺术与实践进行了深入研讨。本书牢牢把握理论与实践的关系，力求在教学观念、教学设计方法、课堂教学的各个环节的处理上给学习者予以启示，为掌握教学艺术奠定基础。

本书在写作过程中参考了大量相关书籍和论文，在此对相关作者表示衷心的感谢！另外，由于作者水平有限，书中内容难免存在疏漏与不足之处，敬请广大读者批评指正！

最后，笔者希望，广大教师在实施新课程的伟大实践中，不断提高自身素质，不断升华教师的职业生命，为构建有中国特色的基础教育课程体系，全面提高普通高中教育质量，全面推进素质教育作出新的贡献。

徐彦才

2022 年 6 月

目　录

第一章 绪论

第一节 化学课程与教学论研究

一、化学课程与教学论研究的基本问题

（一）化学课程与教学论的学科含义

课程论是依据对社会需求、学生心理特征、学科系统的不同认识和价值取向而建立起来的关于课程编制的理论和方法体系。课程研究的范畴主要包括"为什么教学"和"教学什么"。"为什么教学"侧重研究教学的目标，目的是弄清为什么要教的问题，物化形式就是课程计划和课程标准；"教学什么"侧重研究教学的内容，弄清应使用哪些方面的内容来完成教学目标，主要体现在以教科书为代表的教学材料上。教学论主要研究教学情境中教师引起、维持和促进学生学习的行为方式，同时对教师的行为方式进行科学概括，用以指导教学实践。教学论研究的范畴主要包括"教学是什么"和"怎样教学"。"教学是什么"侧重研究教学的本质，即学科性质方面的问题；"怎样教学"侧重研究培养人的方法和途径，着重研究创新教学方法和创立教学模式。

我国的学校课程长期由国家统一制定，所以学校和地方重视教学研究而轻视课程研究。随着新世纪我国课程改革的开展，课程和课程论研究也逐渐受到重视。然而，自西方现代的课程理论介绍到我国后，课程论和教学论的关系问题引起了学者的争论。如有学者主张把课程论纳入教学论之中，也有学者主张课程论应包含教学论。影响最大的是"二元独立论"，即把课程研究作为一个独立的领域，课程论和教学论都属于教育学的分支学科。但教育教学实践证明，"二元独立论"在促进课程与教学理论发展的同时，又不可避免地割裂二者之间的内在联系。历史经验启示我们，必须把课程论与教学论的研究统一起来，使人们自觉地站在"教

学什么"的课程立场来认识和解决"怎样教学"这个教学问题。学科课程与教学论既不同于以理论为主要任务的教育学，又不是以技术、方法为目标的教学法，对它的界定应该既体现出对学科课程与教学理论的概括，又体现出在理论指导下积极有效地解决学科的课程与教学实践中的具体问题。从强调终极目标到强调实践过程，是研究本质的回归。

通过上面的分析，可以将化学课程与教学论界定为研究化学课程与教学理论及其应用的一门教育学科。从学科分类讲，化学课程与教学论属于教育学科；从学科特点讲，化学课程与教学论又是一门交叉学科；从学科内容讲，化学课程与教学论强调课程教学理论与实践并重。

（二）化学课程与教学论研究的对象

化学课程与教学论以化学课程与教学的理论和实践问题为研究对象，包括化学课程与教学发展的历史，化学课程与教学的基本理论问题，化学课程与教学的实践问题等。基本任务是：认识化学课程与教学现象，揭示化学课程与教学规律，指导化学课程与教学实践。

从化学课程与教学论的理论层面分析，化学课程与教学论主要包括中学化学的课程设置、教与学的理念、教与学的基本原理和方法。化学课程与教学实践主要是指化学课程研制、化学教学设计、教学设计的实施与评价、有关教学技能以及如何进行教学研究等，如图 1-1-1 所示。

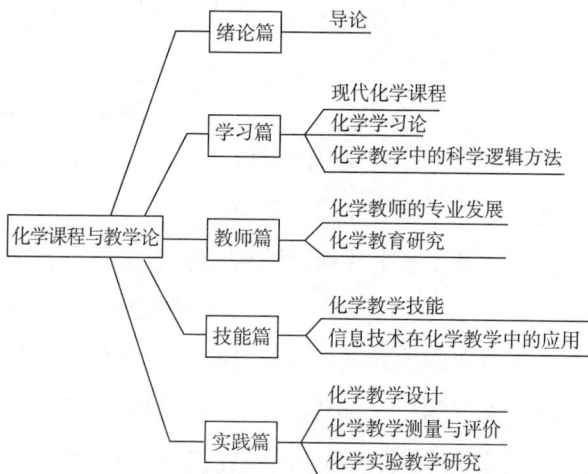

图 1-1-1 化学课程与教学论研究的基本问题

从现代系统论的观点来看，化学课程与教学论就是研究构成化学课程与教学的诸要素——教师、学生、教学内容和教学手段的各自作用和相互联系，以及统一，其关系如图1-1-2所示。

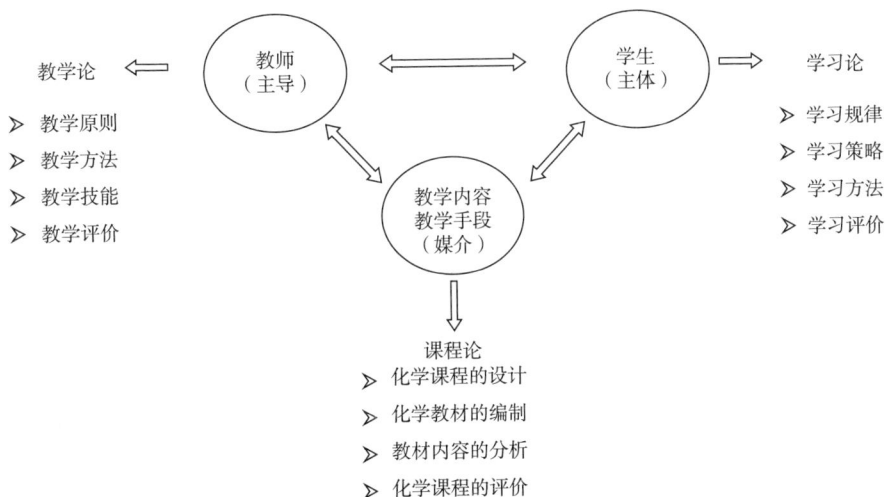

教学论
➤ 教学原则
➤ 教学方法
➤ 教学技能
➤ 教学评价

教师（主导）　　学生（主体）

学习论
➤ 学习规律
➤ 学习策略
➤ 学习方法
➤ 学习评价

教学内容教学手段（媒介）

课程论
➤ 化学课程的设计
➤ 化学教材的编制
➤ 教材内容的分析
➤ 化学课程的评价

图 1-1-2　化学课程与教学论诸要素的相互关系

化学课程与教学论主要涉及课程论、教学论和学习论。课程论是从课程与教材的层面研究化学教学；教学论是从"教"的层面研究化学教育教学的规律及其运用，具体内容包括不同流派的教学思想，化学教学的一般原则、教学方法、教学模式、教学设计和教学评价；学习论是从"学"的层面研究化学教学，具体内容包括学习的基本原理，中学生化学学习的心理特点、学习策略、学习方法，以及影响因素。

化学课程与教学论的研究对象是化学教育的全部实践活动和理论研究，要直接反映和指导化学教学实践，并不断接受化学教学实践的检验。它要以历史唯物主义和辩证唯物主义的教育哲学为指导，运用科学的方法对化学教学实践进行调查研究，并对调查材料进行科学分析，从而揭示化学教学实践的客观规律，使之上升为科学的理论，用于指导教学实践。它要不断吸收教学实践中新的经验、新的理论和新的实践材料，不断发现新的规律，不断改造和完善自己的理论体系和应用技能。它不但要解决理论知识问题，而且要解决实践问题。

二、化学课程变革与目标重建

课程是基础教育改革的重要环节，也是新旧教育观念冲突表现最为激烈的交汇点，它承载着理论与实践的双重使命，课程的变革蕴涵着新的思想和方法论。21 世纪中学化学课程的价值必须建立在指导学生的学习、思考、探究、创新以及吸取国外化学课程改革的成功经验的基础上，结合我国的实际开拓创新。

（一）化学课程目标的构建

当今全球的课程目标随着经济和科学技术的迅猛发展，呈现出共同的变化趋向。重要的趋向有三大方面：第一，人才培养理念发生了深刻的变化，从注重少数人转向面向全体学生，从注重培养科学精英转向注重培养具有基本科技素养的合格公民和建设者；第二，以科学素养的优异程度作为衡量化学教育成效的尺度；第三，高度重视培养探究素养、创新精神和科学思维的习惯。从培养精英人才转向面向全体学生，培养具有科学素养的公民和社会建设者，集中反映了当代科学教育既重视基本学力培养，也重视人的科学素养发展的新特点。

2001 年启动的新课程改革的一个基本标志，就是从双基走向三维目标，它的进步是不言而喻的。其中既有量变也有质变，量变就是从"一维（双基）"到"三维"，质变就是强调学生的发展是三维的整合的结果，从教学的角度讲，所谓的三维目标应该是一个目标的三个方面，而不是三个相互孤立的目标。对其理解可以准确地表述为在掌握知识和技能的同时，让学生经历科学探究的过程，获得相关的方法，并发展其情感态度与价值观。三维目标使素质教育在课程的落实方面有了抓手。新课程强调三维目标的有机统一，只有实现三维目标整合的教学才能促进学生的和谐发展，缺乏任一维度目标的教学都会使学生的发展受损。显然，三维目标之于双基有继承，更有超越。

科学素养之于三维目标，同样也是既有传统的一面，更有超越的一面。传承更多地体现在"内涵上"，而超越变革体现在"性质上"。作为核心素养主要构成的关键能力和必备品格，实际上是三维目标的提炼和整合，把知识、技能和过程、方法提炼为能力；把情感态度价值观提炼为品格。能力和品格的形成即是三维目标的有机统一。以化学学科为例，高中化学学科核心素养是高中学生发展核心素养的重要组成部分，是学生综合素质的具体体现，反映了社会主义核心价值观下化学学科育人的基本要求，全面展现了化学课程学习对学生未来发展的重要价值。

化学学科核心素养包括"宏观辨识与微观探析""变化观念与平衡思想""证据推理与模型认知""科学探究与创新意识""科学态度与社会责任"五个方面。

上述几个方面立足高中学生的化学学习过程，各有侧重，相辅相成。"宏观辨识与微观探析""变化观念与平衡思想""证据推理与模型认知"要求学生形成化学学科的思想和方法；"科学探究与创新意识"从实践层面激励学生勇于创新；"科学态度与社会责任"进一步揭示了化学学习更高层次的价值追求。

上述化学学科核心素养将化学知识与技能的学习、化学思想观念的建构、科学探究与问题解决能力的发展、创新意识和社会责任感的形成等多方面的要求融为一体，体现了化学课程在帮助学生形成未来发展所需要的正确价值观念、必备品格和关键能力中所发挥的重要作用。

（二）化学课程内容的整合

课程内容的整合需要解决"学什么"的问题。随着"科学为大众""以学生发展为本"等理念的日渐深入人心，世界各国在化学课程内容设计上注重了历史和现实的结合、理论和实践的结合、科学和人文的结合，使丰富多彩的化学课程为更多的学生所接受。

在科学技术迅猛发展的冲击下，当代世界的科学教育改革出现了加强课程的跨学科性和提高学习的综合化程度的新趋势。学校教育中的化学课程也一改过去重学科体系、重概念原理、重学术价值的一贯做法，呈现出从注重学术性的化学课程转变为普及性的化学课程，重视选择最基本的化学知识和能力生存密切相关的社会生活与技术，从主要为知识掌握型转变为理解型的化学课程，从以课堂学习为主的化学课程转变为注重与实践相结合的化学课程，重视实验和实际操作在课程学习中的教育价值和训练价值，加强科学与人文之间的交叉和联系，大大拓宽了课程学习的范围，加大了内容的综合化程度，已经从学术中心转变为化学与社会相联系，从单一学科迈向跨学科综合，引入 STSE 教育要求以提高学生的科学素养。

当今课程实践中的最大难题就是知识太多，更新太快，我们有太多的知识要教要学，正如联合国教科文组织感叹：教育内容的确定问题大概从来没有像今天这样复杂和迫切。传统上，我们是依据学科逻辑来确定课程内容的。以学科知识结构及其知识发展逻辑为依托的课程内容的确定与教材编撰，路径相对明确，但内容的选择的困难程度日益加大，内容越写越多，所写内容对学生发展的价值却没有保障。只有更新教育理念，将课程内容的确定依据从知识在学科中的意义，转向知识在核心素养培养中的意义上来，也即转向能够最大程度促进和提升核心素养的那些知识，才能解决有限与无限的矛盾，解决内容精选的问题。在突出核心素养的思想指导下，课程内容的确定与教材编撰，将从单纯以学科知识体系为依据的路径，转向兼顾以促进学生核心素养的形成为依据的路径，这对学生发展的价值更大、更明确，也更有保障。

核心素养成为课程内容选择的重要依据，基于核心素养来组织课程内容、编写教材，这是课程理论与实践的重大进步。

化学知识结构化是学生化学学科核心素养形成和发展的重要途径，化学教材内容编排应注重化学知识的结构化，反映化学学科知识之间的内在逻辑。

化学教材应围绕化学核心概念确定教材内容主题，将核心概念与情境、活动和问题解决融为一体，凸显教材内容主题的素养发展功能。

第二节　化学教学学科基础

一、化学学科观念

关于化学学科观念的具体内容，不同学者有不同的认识。北京师范大学王磊教授提出：高中课程标准实验教材中将物质、结构、反应三大核心观念作为教材的主体，元素观、分类观、转化观作为理论基础，教学要注重培养学生的思维方法和核心观念的建构。山东师范大学毕华林教授对化学学科观念的具体内容进行了深入的研究，他把化学学科观念分为三大部分：基于学科内容的观念，基于学科方法的观念，基于学科价值的观念。其中基于学科内容的观念包括：物质观、变化观、守恒观、能量观；基于学科方法的观念包括：实验观、分类观、科学思维观；基于学科价值的观念有：科学精神、化学社会观、化学价值观。

二、化学学科方法

在化学教学中实施启发式教学，必须不失时机地结合化学知识的传授对学生进行科学方法的教育。

（1）化学学科方法的具体内容。化学中接触到的科学方法大致可分为：科学研究的一般方法和化学学科方法。化学学科思想方法有宏观与微观相结合、物质的结构—性质—用途的推断方法，辨析与比较、共性与个性相结合、符号思维方法等。

（2）化学学科方法的培养。化学学科方法的培养是潜移默化的，在实验教学、理论教学、习题教学、化学基本概念教学中都可以渗透化学学科方法，同时也可以利用化学史教育培养学生的学科方法。

化学是一门以实验为基础的学科，通过实验教学，可以使学生逐渐体会到实验是研究和学习化学的最基本方法。

习题教学是化学教学过程中不可或缺的重要环节。学生解决化学问题的过程，实际就是应用化学学科方法的过程。首先教师要科学选题，把化学学科方法教育落实到习题教学过程中。其次，题目要追求质量而不是用题海战术。最后，化学题的讲解中，要注意学生思维的培养，而不是以讲完一道题为标准。

三、化学学科特征

化学学科特征影响和决定着化学教学设计的过程，使化学教学设计在有共性的同时也具有学科特殊性。因此，充分认识和掌握化学学科特征，是教师进行有效教学设计时必须具备的能力。化学学科特征如下所述。

（一）在分子、原子水平上研究物质

化学是在分子、原子水平上研究物质的组成、结构、性质及其应用的一门基础自然科学，其特征是研究分子和创造分子。化学学科的这一本质特征决定了化学学科教学的抽象性。如何将微观层面看不见和摸不着的组成、结构、变化等通过宏观现象表现出来，就成为化学教学过程知识教学的关键。充分利用化学学科这一抽象性特点，发挥想象、联想的作用，就成为化学教学过程中能力培养、方法训练的重要任务。

（二）以实验为基础

化学实验是化学研究的基本方法，是获得化学知识、探索化学规律、认识物质世界的基本手段。化学在微观层面研究物质，这就要求以宏观的实验来体现这些性质。

（三）有特殊的化学用语

化学在长期发展过程中形成了自己特有的用于表达和交流的符号体系，简称为化学用语。化学用语包括元素符号、化学式、结构式与化学方程式等。它们是由英文字母、阿拉伯数字、加号、等号、箭头和少数希腊字母等组成的。利用这个高度浓缩的语言系统能够准确、简洁地记录和表达极为丰富的化学信息与思想，它使化学家之间能快速方便地交流，这对于化学科学的传承和发展起了不可估量的作用。

（四）化学能合成新物质

在保证人类生存并不断提高生活质量方面，化学起着举足轻重的作用，如利用化学生产化肥和农药，以增加粮食产量；利用化学合成药物，以抑制细菌和病毒，保障人体健康；利用化学开发新能源、新材料，以改善人类的生存条件；利用化学综合应用自然资源和保护环境，以使人类生活得更加美好。

（五）化学知识点多，但是有规律

化学物质千千万万，且每年都有大量新物质出现，而每种物质都有组成、结构、性质、制法、用途等，这自然决定了化学学科繁多的知识点。但化学学科知识有极好的规律性，典型的规律性就表现在元素周期律和元素周期表，一张小小的周期表可以包罗成千上万种化学物质的结构与性质。掌握元素周期律和元素周期表的运用，基本上可以有规律地学习所有物质。此外，化学变化中的质能守恒，像醇、醛、酸、酯类等不同物质的相互变化，化学反应类型体系等都充分体现化学学科极强的规律性。

教学设计中要关注到化学学科的特点。因为教师在教学设计中要注重培养学生化学实验的能力；化学是在分子和原子水平上研究物质的学科。所以，教学中应该注重培养学生宏观与微观相互转化的观念，对于化学学科知识的复杂性，教师要帮助学生培养分类意识。

四、化学教学的学科理论

（一）行为主义学习理论

20 世纪初期，以动物行为研究建模的行为主义"刺激反应"学习理论在心理学中占据着主导地位。主要代表者及其理论有：桑代克的刺激—反应学习理论、巴甫洛夫条件作用理论、斯金纳操作学习理论。

1. 桑代克的刺激—反应学习理论

桑代克，美国心理学家，动物心理学开创者，心理学联结主义的建立者和教育心理学体系的创始人。

尽管桑代克意识到人类学习的形式与动物学习有所不同，但他一直试图揭示普遍适用于动物和人类学习的规律。他根据实验的结果提出了众多学习律，其中主要有三种：准备律、效果律、练习律。

除上述三个主要学习律（其中最主要的是效果律）外，桑代克还提出了一些从属的附律，或称为学习的原则，具体如下：

定势律。定势律又称态度或顺应的原则。桑代克在实验中发现，动物可能会以某种特定的态度对待某种外部情境，这取决于它的年龄、饥饿状态、精力状况或瞌睡程度等。例如，一只想打瞌睡的猫是不大在乎被关在迷箱中的，即不会急于逃出迷箱。桑代克认为，事实上，反应是学习者态度的产物。

同化律。同化律又称类推的原则。当有机体对新的刺激情境做出反应时，这种反应往往与他（它）在以往类似情境中习得的反应相类似。例如，猫在一个迷箱中习得适当反应后，把它放入另一个有些类似的迷箱，它会利用已习得的适当反应。这实际上是一种学习迁移的原理，后来的一些行为主义者把它称为刺激泛化。桑代克因此提出"共同要素论"：如果两种学习情境基本相同，就会产生类似的反应；迁移是否发生，取决于这两种情境之间是否存在共同要素。

联想性转换律。桑代克认为，有机体已习得对一组刺激的反应，可以逐渐转换成对一组新的刺激的反应，这称为联想性转换。

以上的学习原则都是从动物学习中归纳出来的，虽说把动物学习原理运用于人类学习是相当复杂的，但他还是把这些原理作为人类学习的基础。

2. 斯金纳操作学习理论

斯金纳对学习过程的解释与巴甫洛夫是一致的，认为学习是刺激和反应之间形成联结的过程。不同的是，他把学习行为分为两类：应答性行为和操作性行为。

斯金纳认为学习是刺激和反应之间联结的习得过程，学习作为个体获得经验的过程，主要是操作性条件作用（反射）建立的过程。

行为主义学习理论是以教师为中心的教学设计的心理学基础，对我国各级各类学校的教学设计产生过深远的影响。行为主义学习理论对确定如何设计教学步骤、如何使用学习者的反馈、如何解决学习错误等也有了比较清晰的认识。但是，基于行为主义学习理论的教学设计也导致了不良的后果，如学习理论把学习看成是机械、被动的过程，忽视人的主观能动性。

（二）认知主义学习理论

1. 早期认知学习理论

格式塔理论创始人是韦特海墨、考夫卡和苛勒。格式塔学派以某些抽象的、知觉的和思维的性质及心理经验的结构有关的观念解释了熟悉的观察资料。它始于视觉领域研究，但又不限于视觉领域，甚至不限于整个感觉领域，其应用范围远超过感觉经验的限度。它包括学习、回忆、志向、情绪、思维、运动等过程。该学派反对把心理还原为基本元素，把行为还原为刺激—反应联结，强调经验和行为的整体性，认为整体不等于部分之和，意识不等于感觉元素的集合。其主要观点是：思维是整体的、有意义的知觉，而不是联结起来的表象的简单集合；学习是构成一种完形，是改变一个完形成为另一个完形的过程。

2. 认知学习理论——信息加工理论

信息加工理论是 20 世纪 70 年代之后，人们运用现代信息理论的观点和方法，通过大量的计算机模拟研究而建立起来的学习理论。

（1）信息加工的过程

① 注意刺激。当物理信号被感觉记忆时，人类的记忆系统就开始加工信息了。有心理学家认为，每一种感觉都存在感觉记忆，但在目前还只能说这是一种猜测，因为研究结果表明只存在视觉记忆和听觉记忆，至于其他感官是否存在感觉记忆，

现在还缺乏有力的证据。

对感官施以影响的大量物理信号中有一部分被选择出来进一步加工。对于选择过程，现在有两种观点：一些人认为，所有刺激最初都被加工了，然后把不需要的刺激从这个系统中"过滤掉"。另一些人则认为，只有那些与长时记忆中的图式有关的信息才会被注意。这就是说，记忆系统只选择有用的信息，而不是接受所有信息，然后再"过滤掉"其中一部分。

【案例】

现有气体 A，有刺激性气味，而且溶于水后显碱性，该气体是哪种物质？在进行教学设计时可以引导学生把这种刺激性气味与记忆中的刺激性气味（硫化氢、二氧化硫、氯气等）相比，但是由于刺激性气味与记忆中的刺激性气味不匹配，因此还不能识别出此气体。溶于水后显碱性的气体与记忆中的碱性气体相比，发现学生学过的碱性气体只有氨气，两者适当匹配，这种刺激（气体）就被识别出来了（该气体为氨气）。这种方式是把新输入的刺激与记忆中已有的图样相比较，当两者适当匹配时，就识别出来了。

② 刺激编码。刺激编码是对注意刺激的内容加工方便以后回忆。例如，做题时如果找到铝的相对原子质量，用完以后就结束了，那么铝的相对原子质量也就被遗忘了。但如果以后还要经常用到铝的相对原子质量，就要把它保留在长时记忆中，那就需要进一步加工。这种加工称为编码，即要转换刺激，以便储存。

编码主要有两种策略：维持性复述和精致性复述。

③ 储存与提取信息。编码过程的目的是把信息储存在长时记忆中。信息的回忆在很大程度上取决于信息储存的形式，以及该信息与长时记忆中以往内容的关系。例如，职业棋手与初学者在看了一盘棋的布局几秒钟后，回忆的能力相差很大，职业棋手大多能回忆出 80%～90%。而初学者只能记住几个棋子的位置。这两者之间的差异：一是由于长时记忆中储存的信息"组块"大小不同，二是由于对新信息编码的方式不同。因此，初学者的回忆只能凭借机械记忆个别棋子的位置，而棋手则能用一种整体的方式对信息加以编码，回忆时只需要回想出某种布局就可以知道这些棋子的具体位置。

一些心理学家认为，记忆痕迹得到储存后，提取或恢复这些记忆痕迹主要取决于两个因素：A. 记忆痕迹的强度。B. 与提示线索的联系。从目前已有的大量研究结果来看，信息加工所涉及的几个成分之间存在某种重叠。一个人的编码、储存和提取信息不可能是孤立进行的。

例如，学生在记忆化学反应方程式时，按照化学反应类型去记忆，这样既容易记忆又不容易遗忘。因此，教师在教学设计的过程中应尽可能地给学生提供适当的提取线索以便记忆。

（2）学习的过程

① 动机阶段。动机是指学生趋向某个目标的动力，有效的学习首先要激发强烈的学习动机。期望是学生对完成学习任务后将会得到满意结果的预测，是"持续不断的心向"，它倾向于努力实现某个目标。形成动机或期望是整个学习过程的预备阶段。加涅同时认为，要激发个体的学习动机，指导者需要在学习的开始阶段创设合适的学习情境，使其成为激发学习者学习动机的诱因，引起学生注意，明确学习目标等，以此引起学习者对达到学习目标的心理预期，促进学习活动的顺利展开。

② 领会阶段。在领会阶段，学生主要的心理活动是对刺激的注意和选择性知觉。加涅认为，心理活动可以看作个体把引起注意的刺激从其他刺激中分化出来的过程。之后，个体需要对刺激的特征进行知觉编码，继而储存在短时记忆中，这就是选择性知觉过程。

③ 获得阶段。获得阶段是指学生对新获得的刺激进行知觉编码后储存在短时记忆中，然后再把它们进一步编码加工后转入长时记忆的过程。与领会阶段仅对信息进行知觉不同，在此阶段信息通过编码转化为最易于储存的形式，并通过进一步编码进入长时记忆。编码是为了便于信息的保持，如个体将刺激以自己熟悉的方式进行归类并与类似刺激进行对比区别的过程会促进信息的保持。

④ 保持阶段。经过获得阶段，学生已经习得的信息在经过复述和强化后，以语义编码的形式进入长时记忆储存阶段。习得的内容储存到长时记忆中会受到外部事件的影响，如其他学习内容或者提取线索。虽然对于长时记忆，研究者至今了解不深，但目前有一些研究表明，长时记忆可以保持一生。尽管个体感到有些事情已被遗忘，但是记忆痕迹已经永远地留存在大脑中，遗忘可能是由于受到干扰或者无线索导致的提取障碍。

⑤ 回忆阶段。学习的回忆阶段又称信息的检索阶段。这时所学的东西能够作

为一种活动表现出来。相对于其他阶段来说，这个阶段最容易受外部信息的影响，因此提取时的线索就变得格外重要。提供回忆的线索不仅能帮助学生回忆起那些难以回忆起来的信息，还可以提高学生回忆信息的清晰性。

在进行化学学习时，为了提取学生头脑中已有的知识点，要给学生提供合适的线索。例如，在讲解电离的概念时，可以引导学生对初中学习过的溶解的知识点进行总结，可以引导学生从定义、过程、现象等方面进行讨论。

⑥ 概括阶段。概括阶段经常被认为是学习迁移的过程，包括已经学到的知识和技能的恢复及其在与最初学习环境不同的情境和范围中的应用。学习的概括形式分为横向迁移和纵向迁移两种，其中横向迁移指的是一种扩展到类似情境下的概括，纵向迁移则指在某种水平上学到的能力对学习另外更高水平能力具有的影响作用。

在教学设计中，教师要注意引导学生进行自我总结。学完一节课，教会学生对已经学习的知识及时进行总结，并与原有知识体系相结合。例如，让学生先自己解决问题，之后通过总结、较异同等方式学会概括的原理和方法。

⑦ 操作阶段。操作阶段即作业阶段，是一个完整学习过程的必要组成部分。作业可以帮助教师判断学生对所学习的内容是否掌握，对有些学生来说，通过作业，看到自己学习的结果，能获得一种情感的满足，产生进一步学习的动机。

因为教学的目的是使学生掌握知识，所以教师在教学设计中应该设计合适的作业，以便学生对新学的知识进行掌握，这就要求教师在设计课堂习题时应该注意一定的规范。例如，在习题的数目、难度、时间上都要加以考虑。

⑧ 反馈阶段。反馈是学习的最后阶段，是通过强化过程发生的。加涅认为，学习活动的完成需要一种自动的或人为设计的反馈。在反馈阶段，强化过程对个体学习的影响十分重要，它不仅证实了预期的事项，也使学生已经获得的学习行为得到强化。

教师应对学生完成任务的情况进行及时的评价与反馈，最好是在任务完成的当天或者第二天。反馈时的言语表达要合理，不能带有人身攻击，更不能忽视学生的自尊心。同时，不同学生适应的反馈方式各异，后进生应以鼓励为主，优等生则应多指导。

3.认知主义学习理论与教学设计

认知学习理论主要受认知心理学发展的影响，与行为主义学习理论相比，更加重视学生内部的因素，认为学习中存在着不同水平的认知过程，学习的成效取决于学生已有的，学习是知识在头脑中不断组织和表征的过程，是一种积极的构建过程。认知理论十分重视认知结构和认知过程，通过对学生认知结构和认知过程所做的假说来解释和说明学习过程。认为认知结构和认知过程就是在教学刺激（输入）与学生之间相互作用（比如同化、顺应等）的结果和过程。强调学生在学习过程中是学习活动的主体，并起着重要作用。主张学习就是把旧的认知结构改变成新的认知结构的不断上升的过程（图 1-2-1）。

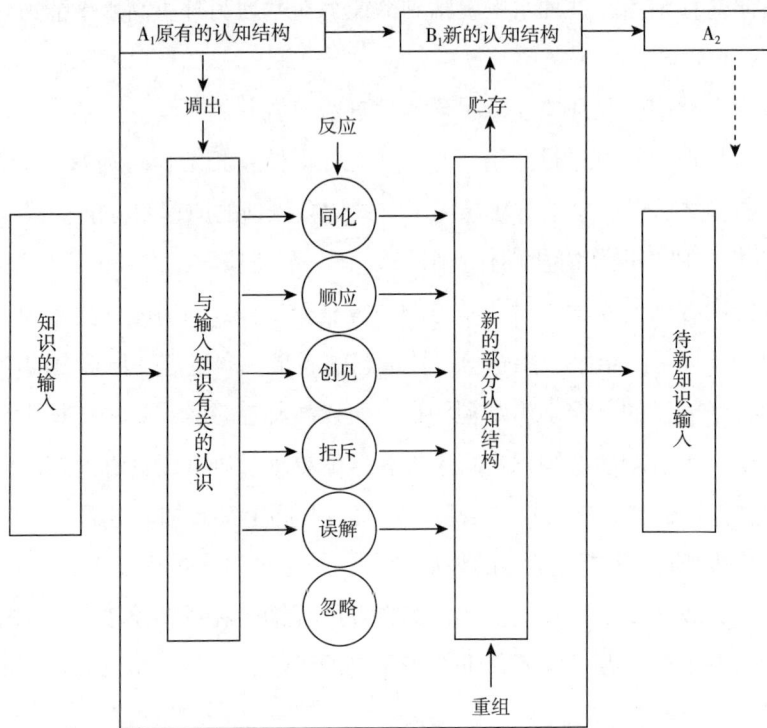

图 1-2-1　不同学生在同一学习环境中，认知结构变化的示意

（1）同化。学生获得了新知识和新技能，相信它是正确的。在头脑中的原有认知结构提高了、充实了，自己有了满足感。

（2）顺应。相应于学习新的知识，建立新的认知结构纠正了过去认为"正确"的知识，有恍然大悟之感。

（3）创见。由输入的内容，顿悟出另外的道理。这是知识迁移的明显表现，也是进一步学习或应用知识的动力。这样的人有时可产生瞬间的自我天才感。

（4）拒斥。学生知道了"知识"的内容，但在主观上怀疑它的正确性，甚至认为它根本就是不正确的。在民主教师面前，学生会提出反对意见，善意的、挑战的都可能有。结果是拒斥转化为顺应。在独断教师面前，学生会拒斥下去。

（5）误解。由于学生观察实验的粗心大意，或推理路线产生的差错，而把知识理解错了，即感性认识或理性认识的错误。把错误的内容理解成为"同化"或"顺应"的内容存储在认知结构中。

（6）忽略。由于学生观察的疏漏，视而未见；或听课中溜号，听而未闻，在知识上出现了空白区。这种空白区，有的学生没有意识到它的存在；有的学生则是意识到的，但他对难的问题就想跳过去，应付了事。"不懂就不懂吧，算了！"

教师的教学任务就是加强同化、顺应和创见的过程，并使其结构化。但是，不能忽略的另一任务，就是减少拒斥、误解和最大限度地消灭忽略。

在认知理论中，加涅的信息加工理论，对教学设计的影响比较大。它将人类的学习和记忆过程看作由一系列假设的信息转换过程来实现。有效地说明了学习的过程（图 1-2-2）。

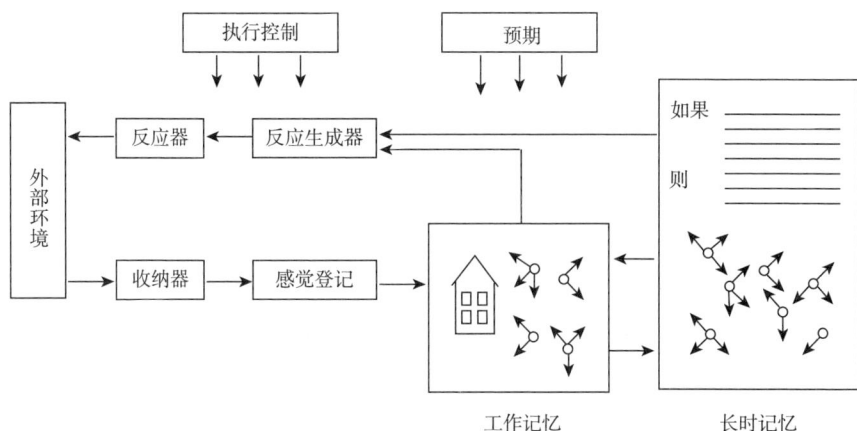

图 1-2-2 学习与记忆的信息加工模型

认知学习理论提出的与教学设计有关的认知概念和信息加工技术，为教学设计提供了强有力的理论依据。此外，还有奥苏贝尔的先行组织者技术等，也被广泛地应用到教学设计中。依据这些理论或模型来设计合乎学生的教学活动过程，从而提高学生的学习效果。

五、化学教学系统

（一）系统论基础

美国佛罗里达州立大学著名教学设计专家迪克（Dick）指出："毫无疑问，教学设计的主要原理来自斯金纳的心理学和加涅的学习条件论，这些理论已经与其他原理一起，融汇成教学设计的系统模型。"从迪克的论述可见，教学设计是一门复杂的现代教学技术。它除受心理学和基于科学心理学的教学理论的影响外，还受到系统论的影响。

系统论（systems theory）的起源可以追溯到20世纪二三十年代。奥地利生物学家贝塔朗菲（Bertallanffy）倡导的机体论为其萌芽。系统论是20世纪后半叶较为重要的思想观念之一。以系统论指导教学设计，是现代教学设计与传统备课的重大区别。化学教学系统是由教师、学生、教学内容和教学手段等相互作用和相互联系着的若干要素以一定的结构方式结合形成的、具有特定功能的有机整体。在进行化学教学设计时，教师应该从整体出发，采用系统分析的方法去考查教学系统的各个要素，分析各个要素的功能、作用以及要素之间的关系。由于学生的多样性和变化性，课堂上随时会出现意料之外的现象和问题。所以，教学设计只能是一种大体的规划，是一种具有弹性的教学方案，教师在上课的时候，要处理好预设与生成之间的关系，既要运用各种方法选择最优化的教学方案，又不能被教学设计束缚手脚。

系统论遵循以下三条原则。

（1）整体性原则。在进行研究时，统揽全局，着眼整体，也就是把研究对象看成由各个部分组成的整体，研究整体构成及发展规律。防止只见树木，不见森林。

（2）最优化原则。在研究与解决问题时，多方考虑各种关系和各种解决问题的途径，从中选择最优的方案，使系统处于最优状态，取得最佳效果。

（3）模型化原则。在解决问题时一般要设计系统模型来替代真实系统，通过系统模拟来掌握真实系统的本质。

（二）教学系统

教学系统是由一定数量相互联系的组成部分（如教师、学生、教学内容、教学媒体、教学方法、教学环境等）有机结合起来的具有某种教学功能的综合体。教学系统有不同的层次，一个学校的全部课程设置、一门具体的课程、一个教学单元等，都可以视为不同层次的教学系统。教学系统的具体形式如图 1-2-3 所示。

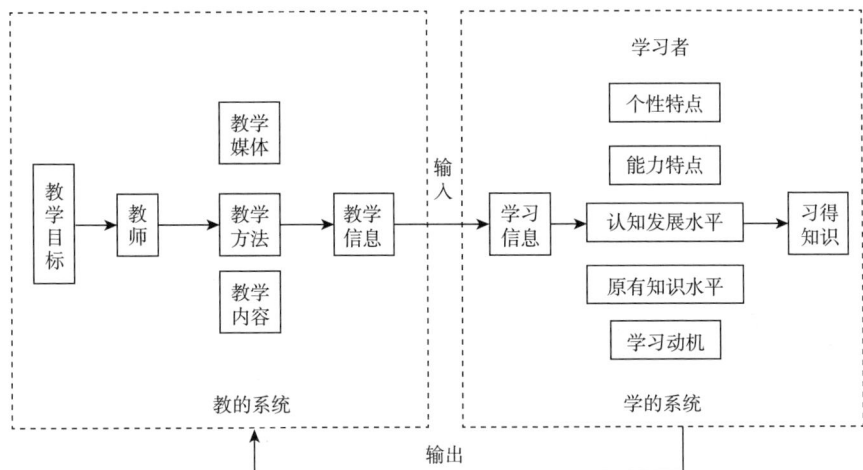

图 1-2-3　教与学的系统

（三）化学教学系统的运行与控制

化学教学系统是由相互联系，相互作用的学习主体、教导主体、教学内容及其载体（媒体）等要素以一定结构方式组成的、具有特定功能的有机整体，是以人为核心、以化学教学内容和实验设施为必要条件与标志的复杂的多主体系统。

化学教学系统的功能是在系统内各要素相互作用以及系统与环境相互作用，即在系统运行过程中实现的。

化学教学系统的运行过程一般由定向和准备阶段、展开教学活动阶段和检查，调整阶段衔接而成。

（1）定向和准备阶段。① 教师研究学生个体、学生集体、教学条件和自身的可能性，明确教学的目的、任务并使目的，任务具体化；② 确定教学内容、教学手段和教学方法，制定教学方案；③ 论证、预测、调整和优化教学方案。

（2）展开教学活动阶段。① 激发学生的学习动机，使他们形成学习活动的定向；② 按照预定方案组织师生的教学活动，根据具体情况及时采取适宜的应对措施。

（3）检查，调整阶段。① 检查和自我检查教学效果，根据检查结果机动地调整教学过程的进程；② 总结教学方案的执行和完成情况，供安排后续教学过程时参考。

为了使系统运行达到预定目的，需要对教学系统加以控制。控制是保证系统发挥正常功能的必然途径。它首先表现为教师对学生活动的计划、组织，调整和检查，反映了教师在教学中的主导作用。教师的控制又必须有适宜的强度，以不影响学生的主动精神和独立性为度，否则，同样会影响教学的效果。

一般来说，控制的强度和形式要视学生情况而定。对学习能力较差学生的控制要比对学习能力较强学生的控制强些，控制形式也由直接控制逐步过渡为间接控制。同时，教师应该帮助学生形成和发展自我控制能力。

根据教学结果向教师和学生反馈有关信息，使他们主动地做出相应调整，是对教学进行控制的有效方法。反馈越及时、可靠、充分，调控的效果就越好。

与化学教学系统运行有关的因素有：化学教学目标、化学教学材料、化学教学媒体、化学教学方法以及教师和学生的状态等，它们都是系统的变量，决定着系统的状态和运行情况。上述变量之间存在着一定的联系，具有某些对应规律。例如，对不同的化学教学目标、化学教学内容，所适宜采用的化学教学方法不同；不同的教学媒体、不同的教学方法，会产生不同的教学效果等。系统的各种因素按照不同方式组合，可以形成不同的化学教学类型。

系统理论对教学设计的启示有两个方面。一是教学是一个整体的系统。教学中的每个因素都有可能影响整体的教学效果。因此，教师要做到胸中有千壑，站在整体的高度设计自己的教学行为。二是根据系统理论设计的教学系统方法是指导教师进行教学的一套规则体系，它帮助我们从系统的角度规划教学行为。

第三节　化学教学艺术及其研究意义

一、化学教学艺术的解读

（一）化学教学艺术的特殊性

化学教学艺术体现了化学教师的个人才华。教学艺术是一种具有独特的创造性和审美价值定向的非实体因素，通过化学教学活动得以不停顿地显现和运作，是对化学教学具有深刻影响的要素。化学教学艺术的特殊性体现在以下几个方面①。

1. 特殊的学科基础

化学教师群体受过专门的职业训练、掌握渊博的化学知识、懂得教育理论和教育研究方法。化学教师在教学过程中充分利用前人的发明成果，并遵循科学育人的规律，从事青少年心灵品格的培养、塑造工作。化学教师除了具备自主性、好奇心、开放性和创造性的一般品格，还应具有化学学科及化学教学的特殊品格，即在教学过程中充分体现化学学科美和化学教学现实美。

2. 独特的化学之美

化学教学艺术的灵魂是独特的化学之美。化学之美是化学学科自然美与教学的现实美相结合的产物，是化学教师心灵与行为规范的一种体现。化学教学中的美包括两个方面：一是化学科学美；二是化学教学美。化学学科无论是化学知识、化学史、化学符号、化学实验现象、实验仪器、实验操作、实验现象和化学理论等方面都是充满美的，每一维度都具有独特的关于美学的敏感性，以使学科趋于完善的崇高境界，都能给学生以美的享受，培养学生对美的鉴赏，使学生在潜移默化中受到美的熏陶和感染。化学教学之美的功能体现在化学课堂上，学生不仅能够获得书本上的科学知识，还能够获得发现美、体会美、欣赏美、创造美的启示。应当指出，化学教学之美与化学教学艺术一样，是一块富含宝藏的文化圣地。

3. 独立的化学语言系统

化学语言是学生理解物质化学变化的最贴切、最丰富的符号系统。中学化学教学中常用的化学符号可按形式分为两类：一类是字母符号；另一类是图形符

---

① 张国良. 浅谈化学教学艺术 [J]. 中学化学教学参考，2000（5）：29-31.

号。按功能可分为：实体符号、状态符号、结构符号、条件符号及效应符号等。化学教学中的化学语言主要是口头语言和书面语言两种。口头语言要清晰、准确、严谨、规范、有感染力、通俗易懂及便于理解。化学书面语言就是指用文字表述化学知识的语言。在教学中常使用的书面语言，除教科书外，主要是板书、板画、板演和图表等。化学书面语言应图文并茂、交互性强且启发性好。

4.富有变化的教学活动

化学教学活动富有变化。教师可综合运用教学方法体系的技能技巧。化学课堂中，教师可以采用系统讲授法，可以采用以生活、社会或化学史材料为主题的故事法，还可以开展探究实验及小组合作学习等学习方法。多样的化学方法如同魔法棒，能够创设出富有变化的教学活动，体现化学学科的特点和化学教学活动的独特性。如同《教学之艺术》开篇中提出的：这是一本有关教学方法的书。只有在教学方法的辅助下，才能不断地完善、提升和创新教学艺术。

（二）化学教学是科学与艺术的结合

广大化学教师在长期深入的教学实践中普遍体会到教学活动不仅是一门科学，也是一门艺术。科学和艺术在思维方式上是相互联系的：科学用逻辑思维方式把握世界，揭示事物的内在联系和必然性；艺术用审美思维方式把握世界，揭示事物的内涵，表述人的情感体验。教学既需要逻辑思维，又需要审美思维。教学艺术更多地发挥出审美思维的特点。从同课异构教学活动中，我们不难发现每一堂课都展现出了不同教师的审美体验与审美追求。

此外，即便在同课同构教学活动中，两位化学教师同教一堂课，共同备课，确定共同的教学目标、重点和难点，采用相同的教学方法，甚至请 A 教师先讲，B 教师跟着学，然后再由 B 教师模仿 A 教师的课堂开展化学教学活动，两人教学的效果仍然差异较大。说得再具体和形象一点，对于同样一句话，A 教师会用合适的节奏、语调、眼神、手势与学生交流，让学生很轻松地理解化学知识；B 教师一字不差地复述，缺乏感情与有效沟通，则会造成学生茫然不知所云。显而易见，两者的区别并不是教学内容、概念和语言本身。也就是说，两者不同的效果虽与教学内容、概念、语言、肢体有关，更为关键的是内容、概念和语言之外的，赋予教学以心灵相通的体验，即教师审美思维的差异和审美表达的差异[1]。

---

[1] 吕渭源. 教学模式·教学个性·教学艺术 [J]. 中国教育学刊，2000（1）：29-32.

二、研究化学教学艺术的意义

化学教师的教学艺术对于化学教学而言具有重要的意义。提升教学艺术素养，有利于教师实现以下转变。

（一）更合理地使用与开发教材

化学教学艺术的体现，很重要的一个方面就是教师对教材的开发与重构。主要体现在：对教学内容的深入理解，与学生的学习经验巧妙链接，将化学学科中的新成果吸收到教材中来，使教材反映现代科学技术的新成就；融入教育理念和教育理论，提高理论水平；优化化学学科知识结构，使学生便于学习，掌握本学科的基本框架；开发各种类型的校本课程，以拓宽学生的知识面，建立合理的知识结构；增加化学教材的可读性，增加化学史和化学小实验，提高学生学习化学的兴趣。

（二）更全面地看待教师角色

现代教育理论认为，作为化学教师，不应只满足于能教好课，而应该具有较高的教育理论修养。化学教师除了具备化学专业知识，还应该阅读教育理论方面的书籍或其他文献资料。教师应结合化学教学中发生的故事和存在的问题开展教育研究，撰写科研论文。这样一来，化学教师不是单纯地进行知识的传授，一厢情愿地开展化学教学设计，而是像心理学家那样探索学生心灵的奥秘，捕捉学生内心的感受，创设出具有化学之美的教学设计，进而真正地走进学生的内心世界，让学生在化学课堂上感受化学知识之美、化学方法之美和化学创造之美。

（三）更科学地看待学生的发展

社会发展对人才的要求是多层次和多方面的，学生智能发展也是多方面的。课堂上，教师会面对循规蹈矩的学生，也会面对常问"为什么"的学生。在化学探究实验的过程中，教师会发现有的学生按照教师思路做实验，有的学生却喜欢创新，做出不同的尝试；有的学生对化学知识简单记忆，有的学生对某个化学问题刨根问底。面对不同类型的学生，教师需要创建民主、开放的学习环境，让善于思考的学生主动思考，勇于创新的学生大胆创新，只有这样我们的课堂才能迸发出艺术的火花。

第二章　高中化学教学的基础知识

第一节　高中化学教学风格

一、化学教学风格的形成阶段

教学风格是化学教师在其教学实践中逐步形成的综合艺术模式。教师要形成自己的教学风格，一般经历以下四个阶段[①]。

（一）学习阶段

每一位化学教师要想成为一名优秀的教育工作者，就必须深谙化学教学艺术，形成独特的教学风格。要形成自己的教学风格，需要系统地学习并掌握国内外教学艺术理论，了解国内外教育家和优秀化学教师的教学艺术观，化学教学艺术的本质、特征及规律，熟悉化学导课艺术、课堂提问艺术、实验教学艺术、教学板书设计艺术、习题教学艺术、结课艺术等。教师应尝试着在教学活动过程中以上述理论为指导，完成教学设计和教学实践，不断丰富自己的教学经验，进一步完善教学设计及教学活动，最终使自己的教学艺术发生质的飞跃，形成教学风格。

（二）模仿阶段

化学教师教学风格的形成和培养离不开模仿。模仿可以扬长避短，加快教师成长的步伐。每一位教师教学都有自己的特点。例如：有的教师擅长提问，用巧妙的提问复习上一节课的内容，引入本节课的内容，或提出一个发人深省的问题，自然地引入下一节课的主题；有的教师擅长讲故事、举例子，往往从一些故事或实例开始攻破教学中的疑难之处等，这些教师都有一种相对稳定的教学风格。这些教学风格，正好为摹习者提供了有效的路径和活的样板。实际上，每一位化学教师在教学时，都会不自觉地效仿名师、自己的指导老师和同事的教学方式和教

---

① 刘绍勤. 论教学风格的形成 [J]. 中国高教研究，2001（2）：71-72.

学语言等。模仿阶段对于教学风格的形成很重要，化学教师在模仿他人的过程中，需要反复观摩、不断模仿，方可达到熟能生巧和融会贯通的境界，才能在灵活多变的化学教学过程中灵活运用教学艺术，为教学风格的形成奠定基础。

（三）创新阶段

教育教学归根结底是实践性活动，教师风格的形成需要教师勇于实践、敢于探索，才能真正实现自身的发展和学生的发展。美国心理学家波斯纳曾提出教师的成长公式是：经验＋反思＝成长。教师应不断地对自己的教学过程进行自我反思：包括反思自己的教学行为，反思与化学教育有关的观点，反思课堂上的某一个教学事件，反思自己的专业成长，反思学生的化学学习过程等。在反思的过程中实现从实践到理论的升华[①]，在此基础上不断研究各种化学教学艺术的规律及其发展变化的特点，并在教学中不断总结、创新、完善，最终形成一种适合自己的新的教学艺术。

（四）稳定阶段

教师探索在教学艺术实践活动中不断反思、敏锐洞察和深刻分析，将零散的教学经验提升为系统的教学理论或先进的教学观念，最后形成鲜明的教学风格。教师拥有教学风格后，化学课堂凸现出浓厚的个性色彩，闪烁着智慧的火花，化学教学内容和教学形式独特而又自然地结合在一起。化学课堂自然成为使学生在潜移默化中启迪思想和提升素养的场所。

总之，化学教学风格的形成过程需要花费很长的时间，有的老师会用一生追求教学艺术形式、教学风格的形成。只有这样才有可能感悟化学教学艺术，进而形成自己的教学风格。教学风格的形成离不开教师对教育教学规律和教学艺术规律的探索，更离不开教师教学及教学艺术基本功的刻苦锻炼。教师要想形成自己独特的教学风格应当学会继承与发展、学习与创新，只有博采众长，集诸多经典教学风格于一身，并充分发挥自身优势的化学教师，才能在化学教学中游刃有余，挥洒自如。

---

① 李源田，朱德全，杨鸿. 试论名师教学风格的养成 [J]. 上海教育科研，2010（3）：62-63.

二、化学教学艺术风格的特点

化学教学艺术风格是化学教学工作个性化的稳定状态的标志，也是其职业能力水平的标志，在教学过程中对化学教学效果产生直接的影响。一般具有以下几个特点[①]。

（一）独特性

化学教师的教学艺术风格独特性受自身因素影响，也与其所处的教学环境有关。其中自身因素指的是专业知识水平、化学观、教育理念等是构成教学艺术风格独特性的主要因素。客观因素指的是教学环境、教学对象等。这两种因素的复杂性、多样性，也使得化学教师的教学艺术风格具有独特性。

（二）多样性

在教学实践中，很多化学教师形成了多种教学艺术风格。课堂上，拥有多种教学艺术风格的教师比单一教学艺术风格的教师教学效果明显要好，因为这些化学老师不仅能够针对不同的化学教学内容采用不同的教学艺术风格，还能包容学生学习风格的多样性，让学生有机会按照自己的意愿来完成化学学习活动。这样的课堂风格多变、灵活生动，能够满足大多数学生的学习需求，提升学生的学习效率。

（三）程式性

化学教学艺术风格一旦形成，便会以相对稳定的形式表现在各种不同的化学教学情境中，即一般表现为程式性的化学教学行为。程式性的教学行为有利于学生听课的适应性和良好学习习惯的养成。换句话说，化学教师教学行为的程式性能够满足班级中多数学生化学学习的需求。

（四）高效性

相对稳定而又灵活多变的教学形式是提升课堂教学效率的基本前提。化学教学的高效性取决于是否符合化学教育的基本规律。只有符合教育规律的教学形式和策略，才能创设出具有鲜明的艺术特征，有利于学生主动性和创造性的化学课

---

① 贺雯. 教师的教学风格及其发展研究 [J]. 外国中小学教育，2008（7）：18-21.

堂，从而使得化学学习更加高效。

（五）积极性

化学教学艺术风格对化学课堂教学效果有积极的影响，有助于学生的发展。化学教师的教学艺术风格会影响学生的学习态度、学习兴趣和学习成绩，如果教师能针对学生不同的学习风格选择合适的教学内容和教学艺术风格，不但能够增强学生的化学学习兴趣，还能提高学生的学习效率。

（六）发展性

化学教师的教学艺术风格一旦形成便具有相对的稳定性，但在化学教学的实践与反思中，教学艺术风格也会随之发生变化，即教学艺术风格具有发展性。随着教龄的增长，化学教师会选择使用有效的教学艺术风格，但是教龄超过 20 年的化学教师又可能使用效率较低的教学艺术风格，因为在长期的化学教学过程中他们熟练使用这些教学艺术风格，却很少花时间反思这些风格对教学是否有效。可见教学艺术风格的发展取决于教师对教学的感悟、不断的反思和积极的进取。

三、化学教学艺术风格的类型

化学教师的教学艺术风格对学生的发展具有隐性影响，即在"润物无声"中让学生受到化学教育熏陶。化学教师的教学是真的，自会赢得学生对于化学本质的探寻；化学教师的教学是善的，自会引发学生最真挚的情感和社会责任感；化学教师的教学是美的，自然会促进学生对科学之美的体悟和追求。教师在举手投足之间，就将自己的思想和对化学的热爱展现给了学生，在共同活动中互动与交流，不知不觉中，学生的成长中就有了化学教师教学艺术风格的影子[1]。化学教师的教学艺术风格有很多类型，本书列举了几种主要的教学艺术风格。

（一）幽默型

幽默型化学教师的教学艺术风格体现在语言丰富生动、妙语连篇；内容鲜明形象、比喻得当；反应机智诙谐、巧妙沟通；整个教学过程动人心弦、欢声笑语，使人终生难忘。这种教师往往具有热爱生活的乐观态度和机智幽默的性格。化学

---

[1] 李如密. 教师教学风格：学生发展的重要影响源 [J]. 教育视界，2018（23）：19.

课堂气氛轻松，师生关系融洽，教师传递的不仅是化学知识，还有快乐的情感体验和健全的人格魅力。

（二）启发型

启发型的教师善于采用化学故事、事件、实验或问题创设出具有矛盾冲突的教学情境，激发学生的好奇心和探究的欲望，自然而然地进入到教学活动中。启发型的教学善于引导，可以跟学生共同体悟、讨论与分享，而不是用"标准答案"式的填充与灌输来完成教学。可以说，在启发型的教学情境下，教师允许学生发挥多重想象，开展多次尝试，运用多重联系及多种思辨，促使学生真正成为化学教学主体。

（三）渊博型

知识渊博的化学教师教学内容有深度、有宽度，教学方式由浅入深、由表及里、由易到难，能让学生由一个化学问题拓展到一系列相似或递进的化学问题，训练学生的迁移能力，促使学生开拓思维，深入理解化学知识和激发探索精神。

（四）咨询型

咨询型的教师在授课过程中会扮演咨询师的角色，鼓励学生共同参与到教师的课堂设计等环节，目的是从学生的学习兴趣出发组织教学。课堂上，教师为学生提供化学重点和难点，包括学生还没理解的知识点和研究方法等。这种教学艺术风格要求学生在学习的过程中主动学习、积极思考和及时提问，教师会及时且准确地提供化学教学内容和学习效果的反馈，帮助学生掌握学习内容、学习策略和学习方法等。教师会基于化学教学目标设计应用性或开放性的习题，并提供背景材料，由学生进行作答，教师及时评估。这种教学效果往往和既定的目标一致，但这种教学艺术风格因教师在教学设计环节会咨询学生的建议，课堂上又要花费时间给予学生及时反馈，导致整个教学流程和教学进度会比较慢[1]。

（五）创新型

创新型的化学教师总是运用多种独特创新的方式和内容激发学生的化学学习兴趣。例如，课前播放一支化学内容相关的歌曲或舞台剧，活跃教学氛围；或者

---

[1] 王默，董洋. 高校教师教学风格的三大类型及其特点 [J]. 南阳师范学院学报，2017（5）：70-75.

给出一个学生比较感兴趣的课题，让大家讨论并提出解决问题的策略；或设计学生角色扮演、模拟实验、辩论会等，全面提高学生的综合能力。这样的化学课程会让学生学会合作与互动，学会思考与创新。

四、教师教学艺术风格对学生发展的影响

化学教师教学艺术风格对学生影响的主要因素有：人格、气质、语言、观念和形象。其中化学教师的人格、观念和气质具有内隐性，教师的语言和形象则是教师教学艺术风格的外在表现。课堂上，化学教师的教学艺术风格对学生的发展产生潜移默化的影响，具体内容如下。

（一）对学生个性的影响

化学教师的教学艺术风格对学生的个性发展会产生积极的影响。教师只有全身心地投入化学教学工作中，才会创造出高格调的教学艺术风格。教师是学生学习的榜样。言谈举止、气质、形象等都会对学生产生潜移默化的影响。当教师在教育教学实践中表现出对化学科学的追求和对化学家的欣赏时，学生也会受到影响，树立目标、坚定信念，逐渐形成良好的化学学习习惯。教师在化学课堂中展示的化学之美会间接地影响学生。例如，教师选择的教学素材、实验内容和现象等，都会对学生的审美产生一定的影响。教师可以发挥自身的优势、学识特长、化学教学艺术和对学生学习特点的深入理解，以学生乐意接受和富有趣味的方式呈现化学知识，并用自己擅长的一面影响学生，促使其发展[1]。

（二）对学生学习风格的影响

化学教师的教学艺术风格直接影响学生学习风格的形成和发展。在学生学习风格丰富和发展阶段，教师的教学艺术风格对学生已有的学习风格起积极的引导作用。例如，启发型、咨询型和创新型风格的教师在化学教学过程中强调学生的主体地位，注重发挥学生的主观能动性，因而具有这几种类型教学艺术风格的教师深受独立型、发散型、聚合型等学习风格的学生喜爱；幽默型的教学艺术风格特别受依赖型、顺应型等学习风格的学生喜爱。不同教学艺术风格的化学教师会不同程度地调教出与之相匹配的学习风格的学生。可见，拥有多种教学艺术风格

---

① 杨伦. 教学风格：影响学生个性发展的新路径 [J]. 教育视界，2018（12）：26-27.

的教师更能满足学生学习风格发展的需求，因而化学教师应丰富与发展自己的教学艺术风格类型，促进学生成长[1]。

（三）对学生思维发展的影响

不同教学艺术风格的化学教师通过展示其思维方式影响学生思维的发展。斯滕伯格曾做过教学思维风格的研究。研究对象是美国4所性质不同的中学的85名教师，研究结果显示学生的思维风格与教师的教学思维风格倾向于保持一致。在课堂中，化学教师展示自身的思维方式和解决问题的策略，学生在化学学习过程中不自觉地接受和模仿化学教师的思维方式，进而逐渐形成与化学教师的思维方式一致的思维方式。例如，创新型教学艺术风格的化学教师会更倾向于选择新颖有趣、充满挑战、能够激发学生创新思维的化学问题等来激发学生的学习兴趣，有助于促进学生创新思维的发展；渊博型的化学教师教学倾向于选择逻辑严密、有深度的内容设计教学，重点讲解化学概念与原理，从而帮助学生拓宽知识面，提升思维的深度[2]。

五、化学教师教学艺术风格的形成途径

化学教学艺术风格是化学教师教学观念、气质和性格在化学教学中的全面综合反映，而教学活动直接影响到学生的发展。因此，教师在塑造教学艺术风格的过程中不仅要考虑个人因素，还要考虑对学生发展的影响。化学教师教学艺术风格的形成需要把握以下几个方面[3]。

（一）发挥自身优势

化学教师要形成教学艺术风格，必须清楚地认识到自身的主观条件和外在的客观条件，找出自己的优势和不足。不同性格和气质的化学教师会形成各具特点的教学艺术风格。例如：幽默型化学教师活泼热情、诙谐幽默、妙趣横生，能够创设出生动形象的教学内容，有效地调动学生学习的积极性和主动性，活跃课堂气氛和建立融洽的师生关系。该类型的教师在教学艺术风格的形成过程中，应充分发挥自身优势，选择自己擅长的教学方式，延伸教学内容，活跃课堂氛围。启

---

① 杨立刚. 教师教学风格与学生学习风格的相关性研究 [J]. 教学与管理，2011（21）：67-68.
② 黄玲. 教学风格影响学生思维发展浅析 [J]. 教育视界，2018（12）：25-26.
③ 赵海红. 教师形成自我教学风格的路径 [J]. 教育评论，2012（2）：60-62.

发型的教师性情随和，教学上长于理论分析、启发诱导，在教学艺术风格的选择上应充分发挥自身优势，设计具有启发性、思考性的教学内容，引导学生深入学习教学内容，提升化学思维能力。当然，以上分类并非绝对，多数化学教师都是复合型的，在化学教学中偏向于某种类型的教学艺术风格。教师应从自己的个性特点出发，找出自己的优缺点，着重在优势的方面进行训练和提升，不断地积累专业知识，充分利用教学挑战，敢于独立思考和创新，坚持发挥自己的优势。相信经过不懈的努力，一定会找到适合自身特点的教学艺术风格。

（二）学会阅读与倾听

我国宋代文学家苏轼曾言：博观而约取，厚积而薄发。这句话对化学教学艺术风格的形成同样适用。化学教师要想形成自己的教学艺术风格，首先要提升自己的学识和修养。而读书是重要的途径。化学教师需要进行全面、系统地设计，筛选出适合自身专业能力提升的书籍，拟出具体的读书计划，并掌握科学有效的读书方法。丰富的化学专业知识和先进的教育理念通过多方渗透，在化学教学各个环节都表现出新的特点，从而最终促使化学教师形成独特的化学教学艺术风格。除阅读书籍外，化学教师还可以与人交流，请教他人，聆听来自学生、家长、同行和专家的不同声音。通过倾听，化学教师了解到学生的需求与心声，把握教育规律，捕捉学生迸发出的思维火花，激发学习动机，这样形成的教学艺术风格超越了单纯模仿，在顺应教学规律的过程中，不断地体验创造的乐趣[①]。

（三）注重教学实践

化学教学艺术风格的形成必须通过不断的教学实践才能完成。其一，化学教师通过阅读所获得的知识和理论只有通过不断教学实践才能内化为教师的教学素养。其二，教师教学能力的提升需要长期的教学训练。教师在化学教学过程中积累了很多经验，发现了很多的问题，这些都是教学研究的课题。教师将理论与课题相结合，通过教学实践和教学反思，促使理论向实践渗透，从而提升自己的教学智慧和形成教学艺术风格。可见，理论学习、教学实践和教学反思是化学教师艺术风格形成的重要因素。化学教师只有将这几者紧密结合起来，在阅读和实践中思考，在反思和实践中提升，不断锤炼和不断创新，自觉主动地追求化学教学

---

① 梁红. 教师教学风格的类型及形成方法 [J]. 甘肃教育，2018（6）：92.

艺术，发挥个性与特长，从而形成独特的化学教学艺术风格。

第二节　高中化学教学技能

课堂教学是教师把精心设计好的教学设计（教案和学案）在课堂上实施，以取得预想的教学效果。课上必须要充分发挥教师的主导作用，调动学生的主体积极性，上课过程中要注意信息的及时反馈和调控，要严格控制教学时间，提高课堂教学效率。在教学过程中要培养学生的宏观辨识与微观探析、变化观念与平衡思想、证据推理与模型认知、实验探究与创新意识、科学精神与社会责任等五大化学核心素养。

一、教学语言技能

教学语言是教学信息的载体，是上课的必备条件。教学语言的基本要求是遵守语言的逻辑规律，化学语言应该准确、鲜明、生动，合乎语法，用词恰当等。教学语言还要适应教育教学要求，声音清晰、洪亮、流利，发音标准，声音抑扬顿挫，语速适当，语调要有节奏和变化等。教学语言必须符合化学学科特点，正确应用化学术语，确切表达化学概念，符合化学语言规范等。化学教师应该努力使自己的教学语言达到出口成章，每节课的教学语言记录下来就是一篇精彩的讲稿或文章。

教师用教学语言讲授时，应该做到内容完整、层次分明，富有逻辑性，既注意全面和系统，又抓住重点、难点和关键。讲授时必须语言准确、精练、生动，学生能听清、听懂，有感染力，能引起和保持学生的注意力。讲授时还应注重启发性引导、分析、阐述和论证，注重激发学生积极思维，使师生活动协调、同步。在讲授的同时，能恰当运用板书、板画及表情、手势等手段来配合，注意收集讲授效果的反馈信息，能及时做出适当的调整。

二、指导学习活动技能

学生的化学学习活动主要有课堂上的听课、记笔记、观察、思考、实验、探究、讨论、自学、练习，以及课后的复习、作业、预习、阅读、收集资料、实践活动等。

教师在教学中要不断地组织实施这些课内和课外学习活动，提高组织和指导学生进行学习活动的技能。

（一）指导听课技能

听课和记笔记是学生课堂上最重要的学习活动。在课堂教学中，教师要在上课前做好学习定向工作，使学生大概了解学习目标、方法和步骤，要重视做好每节课的小结工作，使知识结构化和系统化，帮助学生完成模型认知和知识建构。在讲课时，重点和难点内容要有必要的重复讲授，并利用停顿和提高语调、控制较慢的语速和配合板书，让学生能听清和看清，并配合使用积极的情感表达与丰富的副语言技能，充分调动学生的学习积极性，发挥学生的主体性，使学生自动自觉地想听课和要做笔记。课堂上教师还要指导学生合理分配注意力，善于用耳、眼、脑、手相互配合和协调使用，在老师上课停顿时抓紧记笔记，先将不理解的问题记下来，等课后再认真思考或请教老师与同学，记笔记时还要学会选择内容，主要记老师讲课的思路、内容提纲、疑难问题、教材中没有的重要补充内容和学习指导等，并要学会用简明扼要的文字、图表和符号做笔记，以便于节省时间。还可以组织班级优秀笔记展示和交流等活动，逐步提高对课堂笔记的要求，提高听课和记笔记的效率。

（二）指导讨论技能

讨论是在教师的组织和指导下，相互质疑和论辩、启发和补充，共同得到问题答案的一种集体学习活动。它要求学生具有一定的知识基础、思考能力和讨论习惯，也要求教师有较强的组织与管理能力和丰富的教学经验。教师组织和指导学生讨论的难点是控制讨论方向和时间，提高讨论效率和学生的积极性。首先，教师要围绕教学目标，精心设计讨论题，使其具有较好的思考性、论辩性，难度适中，最好配合化学实验、情境导入、课堂练习和作业等活动方式。其次，是让学生理解讨论题及意义，给学生足够的思考时间，可以采取提前公布讨论题、引导学生复习有关知识、阅读教材和参考资料、收集资料和准备必要的发言稿等方法。再次，是鼓励、要求学生在认真思考、准备的基础上各抒己见，积极大胆地发言，勇于坚持正确的意见、修改和放弃错误的意见，还要让学生在讨论中紧扣主题、相互切磋和学习。最后，教师要及时帮助学生排除疑难、障碍和干扰，尽量让学生自己分辨是非、纠正错误，得出正确的结论，教师不轻易表态和包办，但更不能放任自流、袖手旁观，要注意掌握时机、积极引导，培养学生自己组织讨论的能力等。

（三）指导练习技能

练习是以巩固知识、形成技能和发展能力为目标的实践训练活动，是教学过程中的重要环节。通过练习可促进学生将学到的知识与实际相联系，使学习效果进一步得到深化和提高，也是教师获得反馈信息的重要途径，但练习一定要防止陷入题海中，要力求精练和取得高效率。

首先是针对学生发展的需要，精心选择、编制练习题，要有明确的练习目的，内容要在全面的基础上突出重点和难点，练习题还要有典型性、思考性、开放性和趣味性，化学练习要尽量联系生活和生产实践，难度和题量都要适当，要减少重复练习，保护和发展学生的学习兴趣。其次是引导学生复习有关知识，进行审题与解题指导，讲清要求与格式，对复杂的练习，按分步练习—完整连贯—熟练操作的顺序分阶段组织练习。练习前教师要指导学生复习相关知识，进行审题和解题指导，讲清要求和格式，并进行例题示范，特别要讲清解题思路，注意一题多解和举一反三。再次是教师通过巡视检查及时收集教学反馈信息，实行分类指导，对完成较好的同学可以增加要求更高的补充练习；对出现错误和完成有困难的学生则进行指导和课后辅导；对普遍感到困难的题目则要补充讲解，如果有时间还可以让学生上黑板演示练习过程，并组织全班同学观摩和评价。最后教师及时对学生的方法、过程和结果进行讲评，组织学生互评、自评。教师要做好练习总结，在学生有了实践体会的基础上，总结出审题、解题或操作的一些规律，加深并提高学生对相关知识的理解，并布置一些课后作业让学生进一步练习，提高解题技巧。

（四）指导自学技能

化学课程的自学主要包括阅读、实验、思考、解决问题、课前预习、复习和表达等，而狭义的自学则专指学生独立阅读教科书。教师在组织和指导学生自学时，首先要引导学生认识学习是自学的首要任务，充分认识这对于适应学习型社会、提高自身发展潜力的重要意义。其次是通过教师自身的示范，让学生逐步学会收集、选择学习材料，自己确定学习任务、重点等。再次是让学生知道自学阅读不仅要动眼，还要动笔，摘录要点，及时记下心得、体会，整理和编写知识小结，做好阅读笔记。还要注意多动手练习来深化理解、学会应用和掌握知识，学会善于动脑，注意新旧知识的对比联系，发现问题后，通过独立思考或与同学讨论解决，注意进行概括和总结，抓住重点和精髓。最后学生要逐步掌握学习各类内容的规律，教师注意组织好自学成果的交流、讨论和示范活动。

（五）指导合作技能

合作学习是以小组为单位，通过学生或学生群体间的合作性互动来促进学习，达到整体学习成绩最佳的学习组织形式。合作学习把个人之间的竞争转化为小组之间的竞争，力求通过组内合作，使学生尽其所能，达到最大程度的发展。教师在组织合作学习时，首先要明确个人责任，培养团体精神，鼓励每个成员发挥最大潜力，在独立思考的基础上，在平等民主的氛围中人人参与，各抒己见。重视小组成员间相互支持、鼓励和帮助，使每个成员达到预期目标。其次是合理组建学习小组，促进学生共同参与，精心设计合作学习内容，发挥小组各成员的作用。再次是把握合作学习时机，提高每个成员的参与欲望，由于合作学习方式不能每节课都采用，也不是整节课都使用，教师要把握恰当的时机组织小组合作学习，让学生带着迫切的愿望投入到合作学习中。最后是进行适时、合理的评价，调动参与者的学习积极性。在合作学习过程中，如果学生每一个有价值的问题、精彩的发言或成功的实验操作，都能得到组内其他成员的赞许，会使学生体验到合作学习的快乐，可有效激起他们继续合作的欲望。

三、板书板画技能

板书是在课堂教学过程中教师利用黑板、白板、磁性板等，以精练的文字和化学符号传递信息的行为方式。板书是一种重要的课堂教学手段，是课堂教学的有机组成部分。板书设计是课时教学方案的重要组成部分，是教师的基本功之一。

板画主要指绘制常用化学实验仪器图及其装置图，是学生巩固和加深理解化学基础知识不可缺少的途径，板画要求按现行的中学化学课程标准执行。高中学生应初步学会描绘简单仪器及其装置图，通过板画，可使学生熟悉仪器的名称、性能、大小及连接方法，科学地掌握仪器装置的原理；同时板画可作为直观教具，提高教学效果，激发学生的学习积极性。板画训练时要由简到繁，分步画出。绘制时要求形象正确、比例适当、条理清晰、重点醒目，以表现实验装置的要求，达到贴切美观的教学效果。

四、模型、图表和标本使用技能

化学模型是以化学实物为原型，经过加工模拟制作的仿制品，是对化学实物三维表现的构造示意。有些实物不易得到，或因体积需要缩小或放大，都可以制成模型。常见的化学模型有化工生产的典型设备，如炼钢高炉模型等；化工生产流程，如接触法制硫酸简单流程模型等；物质结构模型，如电子云模型、有机物分子结构的球棍模型和比例模型等。图表是指化学教学中各种图和表。图是事物形象描述或理论关系的生动描述。常见的图表主要有化学实验图，如实验仪器装置图、基本操作图等；化工生产图，主要是典型设备构造示意图和工艺流程图；物质结构图，如电子云图、原子结构示意图等；物质相互关系图，如元素化合物及其相互关系图等；各种曲线图，如溶解度曲线图等。标本是指经过挑选或加工，外观品质符合教学要求的化学实物。中学化学教学中常用的实物标本有矿物标本、重要化工产品标本、冶金产品标本、化学试剂标本和物质的晶体标本等。

这些模型、图表和标本在化学课堂教学中具有不可替代的作用。在宏观辨识与微观探析（如电子云图、原子结构示意图等）、变化观念与平衡思想（如物质相互关系图等）、证据推理与模型认知（如溶解度曲线图等）、实验探究与创新意识（如实验仪器装置图、工艺流程图等）、科学态度与社会责任（如炼钢高炉模型、各种化工和矿物标本等）五大化学核心素养的养成方面有重要作用。因此，我们在化学课堂教学中要充分利用学校的各种模型、图表和标本，在讲授相应知识模块时配合使用，真正发挥好这些辅助教学工具的作用，使课堂教学达到最佳效果。

五、作业和辅导技能

布置作业是课堂教学活动的组成部分，主要是告诉学生应进行哪些工作和完成这些工作的方法。作业的形式主要有阅读教科书和参考书、做练习题、进行调查、参观、绘制图表、实验（学生在家中可做一些简单的实验）等。布置作业时注意作业的内容要围绕重点，解决难点；内容表达要明白，作业的范围要确定；措辞要科学；要启发学生思维，培养学生分析及解决问题的能力；要启发学习动机，使学生认识作业的重要性；要重视指导进行作业的方法。对特殊困难的学生，最好另外进行个别辅导；要注意适度，如作业量过重，学生不能完成，会降低学习兴趣，有些学生还会看成学习负担。批改作业可以采用全收全批与部分批改相结合，精批细改与典型批改相结合，集体批改与个别批改相结合等方法。辅导是一种辅助性的教学组织形式，以弥补课堂教学的不足，便于了解学生学习上的问题和意见，研究学生的认识规律，做到教学相长，是提高教学质量的重要措施。辅导应有目的地进行，辅导重点在于指导学习方法，提高学生的能力，辅导要启发学生的自觉性，使其乐意参加，辅导时教师要循循善诱，满腔热情。

六、提问技能

提问主要是教师通过预先设计的一系列相互联系的问题启发、引导学生经过思考做出正确回答，以师生对话方式围绕课题的重点与难点展开的讨论。提问和解答问题要注意避免机械的一问一答方式，注意双向交流，要做到问题提得好，提出的问题既要使学生能回答上，又不能太过于简单，不加思考就能回答出来。课堂问题主要分为导向性问题（探究性问题）、评价性问题和形成性问题，以及引导学生思考进行的反问、变换问题、有效追问等。提问时必须选择恰当的时机和对象、以恰当的方式提问，以引起学生注意，真正达到启发思考、培养学生能力的目的。问题提出后，教师还要鼓励学生大胆发言，并善于倾听学生的发言，依学生回答问题的情况，进行有效追问。

七、情感表达与副语言技能

教师的情感技能是提高课堂教学效率的有效手段，研究表明，52 种教师特征中，有 38 种与情感有关。教师的情感技能中最重要的是使学生得到对教师态度倾向的感受和体会，教师的热情、信心、亲近、鼓励等都可以增强学生搞好学习的信心和驱动力。用于传递情感的副语言主要有各种面部表情，眼神、微笑、声调，以及头和手的动作，如点头、摇头、挥手、拍肩膀等。教学副语言以口头语言为基础、配合口头语言活动进行，没有形成独立的语言系统，不能叫语言，但在课堂教学中有重要作用，教师一定要多学习和训练正确的情感表达与副语言技能。

第三节　课堂管理和调控技能

课堂管理和调控是保障教学活动达到既定目标、顺利完成教学任务的重要举措。教师在课堂教学中注意通过课堂观察等途径收集学生信息，在充分了解学生的基础上采取有效的管理和调控措施。

一、课堂观察技能

课堂观察是调控和管理的基础，是教师为了收集来自学生的信息而进行的觉察学生行为、个性和其他特点的过程。课堂观察可以向教师提供教学反馈信息，使教师能够对教学及时进行调整，还可以使教师增加对学生的了解，有利于进一步做好教学评价和今后的教学工作。

周密的计划是做好课堂观察的关键。首先教师要确定观察的重点内容，如学生对学习目标的了解、学习态度、学习结果、参与教学活动的积极性、兴趣和爱好、情绪和注意力、人际交往活动、思维品质、创造性、认知能力、表达能力、遵守纪律和规则等都是观察的内容。但每次重点观察的内容不能太多，要结合每节课的具体教学内容有重点地观察几项，但不能忽视偶发事件，最好对每节课和每项观察内容设计出观察指标。特别注意课堂观察要面向全体学生，可采用时间抽样法进行系统的观察，即按照一定的时间间隔和顺序有计划地轮流对不同的学生进行重点观察，并与全面扫描和搜寻特别现象相结合。还要做好观察记录表，教师要努力排除来自自身的各种干扰，如成见、先入为主、光环效应、标签效应、平均效应和趋同现象等，还要排除来自观察现场的各种干扰，对于一时难以弄清和做出判断的现象，可以课后多与学生接触，做进一步了解，以便准确地做出判断和评价。

二、课堂常规管理技能

课堂管理的常规内容主要包括空间与时间利用、纪律和秩序的维持等。

（一）空间利用技能

空间是教学的制约因素和重要资源。在化学教学的常规管理中必须重视对教学空间的结构设计和管理。由于教室的座位会影响学生的视力、学习成绩和心理健康成长，同样也会影响教学效果。为了促进学生的成长和发展，教师在空间上必须科学地安排学生座位。如果让不同气质和性格的学生在座位的空间分布上错开搭配，则更加有利于组织合作学习，也有利于学生形成比较完善的心理品质。当然，还要定期交换和调整学生座位，可促进学生更好地成长。另外，为了更好地组织探究教学，将传统的纵横矩阵式排列改进为弧线形或 U 形排列，可以减少来自教师上课时的监控压力和影响，克服刻板、不利于学生交往和合作学习的弊端。有条件的学校还应该尽量小班化教学，以便更好地组织和开展探究教学、实验研究和小组合作学习。

（二）时间利用技能

时间是学习过程中一个决定性因素。尽管课程计划、课程标准统一规定了各年级化学课程的总学时，但在实际教学中，由于不同的教学和管理方面因素的制约，实际上各个学校的教学时间，特别是有效的教学时间各不相同。研究表明，成绩优秀的学校由于学生或教师的缺勤、教学中断、学生注意力涣散、学校组织的各种活动等会浪费 20% 左右的可利用教学时间，而成绩较差的学校更是失去了40% 的时间。随意安排教学活动、满堂灌、重复练习、教学定向不清、教学环节衔接和过渡不良、教学进度和速度不当，学生被动学习等都会降低化学教学时间的有效利用率。所以，我们在教学过程中要做好教学设计，在各个教学环节中设置好时间，并严格管理和利用好教学时间，尽量使课堂高效，在课标规定的时间内向课堂要效益。学校在管理上也要强化时间观念，在正常上课时间内尽量少安排一些大型活动，保障有效的教学时间。

（三）纪律管理技能

宽严适度的教学纪律是保证化学课堂教学顺利进行和搞好化学教学的重要条件。在教学过程中，教师要注意辩证地利用好纪律的强制因素、学生自身的自制因素和教师人格魅力的亲和性因素。

一是要建立和谐的师生关系。让学生自觉遵守纪律和维护纪律，尊重学生人格，尊重学生自尊心，不一味地依赖严格的班规和班纪。让学生通过演讲、表演、辩论、比赛等多种形式、多种活动提高其主人翁责任感、集体荣誉感，自觉维护纪律。在此基础上教师要多了解学生，面对学生个体，我们不能搞"一刀切"，学生父母的文化程度、对教育的认识、家庭成员的不同认识和理解都会影响学生的亲情感、同学情以及与教师的沟通程度。特别是单亲家庭和重男轻女家庭对学生身心都造成了或多或少的影响，换位思考，替学生多想一些，从不同的角度去了解和感化学生。凡是师生关系和谐的班级，都有良好的课堂纪律。

二是要针对班级的具体情况进行分析和教育。例如，有些班级的学生在上课时，出现问题马上就想讨论，课堂上出现一片嗡嗡声。此时就要抓住带头讨论的学生，并进行纪律教育，还要在班上做"勿以善小而不为，勿以恶小而为之"等相关纪律教育，使学生认识到课堂纪律的重要性，并自觉维护好课堂纪律。

三是要做到纪律管理的条款细致化。比如，对于上课的纪律要明确提出不说话，不在教师没有布置讨论问题时随便讨论，不做与学习无关的事情等。凡是违反了纪律的同学，要受到在全班同学面前背课文或写化学方程式等惩罚，促使学生认真遵守课堂纪律。

三、课堂调控技能

课堂调控是实现预定教学目的的必要和有效的手段。课堂调控时教师要做到建立期望，让学生了解和接受学习目标和完成学习任务，了解教师的期望，促进学生主动学习。充分利用教学情境激发学习兴趣，并利用兴趣的迁移和发展来进行情感调控。通过学生自评、互评和教师评价，使学生及时得到自己学习情况的反馈信息并进行强化，评价时要以表扬和鼓励为主，让学生正确、全面和辩证地认识自己。

教师在课堂调控方面必须做好节奏控制。教学节奏是指某些教学参数在连续的教学过程中，时间分布上连续、交替和重复出现的规律性表现。这些参数主要有教学密度、速度、难度、强度、重点分布以及情绪强烈程度等。所以，在课堂教学中要力争教学过程张弛有度、节奏合理，防止疲劳，提高教学效率。为了建立良好的教学节奏，教师要努力探究、把握好课堂的最佳教学时段，充分利用学生的最佳脑力状态和情绪状态，将短时注意与长时注意有效结合，适时地形成教学高潮，并要注意教师和学生活动的及时与适度的变化，以确保课堂教学的高效。

同时，对课堂上出现的问题要有灵活、果断与恰当的反应，并做到发现问题及时调控。在正常的教学过程中，遇到学生上课睡觉、玩手机，甚至吵闹和打架等问题时，教师就要及时地调控课堂。例如，发现学生上课睡觉，可以走到学生面前轻轻地提醒或要同座的学生帮助推醒，课后可再找他问清楚睡觉的原因，只有找到原因后才能对症下药，较好地解决个别学生上课睡觉的问题。又如，学生上课玩手机是目前经常见到的现象，教师可以在上课前提出不能玩手机的要求，在课室前面做些小袋子给学生存放手机，与学生签订何时使用手机的协议，还要发动学生一起想办法解决等。至于吵闹和打架等极端情况发生时，则要立即解决，不能搁置处理。当学生学习积极性不高，参与程度降低，缺乏动力时，教师的调控方式就是调整教学方案，针对学生的兴趣，增加或调整学习活动任务。当学生上课疲劳和无精打采时，就要变换学习活动方式或进行内容调控。当学生注意力分散或受到干扰时，教师要掌握注意力分散的合理性，重在进行引导，给予适当和短暂的应激释放机会，然后通过让学生回忆被中断的学习活动，引导并提醒学生进入教学过程。

第四节　高中化学课堂教学的组织过程实践分析

一、化学课堂教学的导入

（一）导入教学的含义与基本要求

课堂教学的导入是教师采用各种教学媒体和各种教学方式，引起学生注意、激发学生兴趣、产生学习动机、明确学习方向和建立知识联系的一类教学行为。教学中的导课环节应用于上课之始或开设新学科，进入新单元、新段落的教学过程之中。

导入教学有如下基本要求。

（1）符合教学的目的性和必要性：课堂教学的导入一定要根据既定的目标来精心设计，删减无关内容，使其成为完成教学任务的一个必要且有机的部分。

（2）符合教学内容本身的科学性及课型需要：导语的设计要从教学内容出发，有的是教学内容的重要组成部分，有的是内容的必要补充，或能激发学生兴趣，吸引学生注意力。新授课的导入要注意温故知新、激发兴趣；复习课的导入要注意分析比较、聚焦主题。

（3）符合学生实际：要考虑学生的年龄、身心发展水平和智力发展水平，注意正向引导。

（4）短小精悍，形式多样：导入教学不能喧宾夺主，一般控制在 3~5 分钟比较适宜。导语的形式要清新多样，切忌千篇一律。

（二）导入教学常用的方法

1. 直接导入

这是一种开门见山，直奔主题的导入方法。教师简洁、明快的讲述或设问，是直接导入成功的关键，通常用于连堂课。

【案例 2-1】碱金属的导入教学

从今天起，我们将进入新的一章——碱金属元素的学习。碱金属包括锂、钠、钾、铷、铯、钫 6 种元素。因为它们的氧化物的水化物是可溶于水的碱，所以统称为碱金属。本章的重点是学习钠及其化合物的知识。

2. 以旧导新

这是由已知向未知的导入方法，通常从复习、做试题等教学活动开始，提供新旧知识联系的重点。此种导入要注意问题的梯度和内容的逻辑关系。常用形式有"上节课我们学习了……今天我们继续学习……"

【案例 2-2】原电池教学的导入

通过前面的学习，我们知道化学能可以转变为光能，如镁带燃烧放出耀眼的白光。化学能还可以转变为热能，如中和反应放热。那么，化学能能否转变成电能呢？如果能，借助的是什么装置呢？

3. 悬念导入

所谓悬念，就是事关重大，尚处于未知状态的结局。对结局的急切期待，可使学生形成一种强烈的求知欲。设置悬念要"精""新""奇"。悬念导入的命题要统观整个课时的内容来设计。设计时常见的问题是悬念设置与教材内容脱节或导课时提出悬念，结束课时没有首尾呼应。

【案例 2-3】元素周期律教学的导入

大家已经知道了元素周期律。那么元素周期律是科学史上的偶然发现，还是科学发展的必然结果？元素周期律是门捷列夫的个人发现，还是科学家前赴后继的探索结晶？为什么把元素周期律又称为门捷列夫周期律，而不是以其他人的名字而命名？元素周期表的发展有没有尽头？所有这些谜团，都是我们今天这节课所要解决的。

4. 实验导入

通过演示实验、学生实验，教师从实验现象或实验结论上提出课题，从而导入新课。在教学中，教师要注意选择现象明显、操作简便、安全的实验。

【案例 2-4】镁的化学性质的实验导入

请大家注意，我这里有一瓶 CO_2 气体（用燃着的火柴在瓶口检验，熄灭），当我把点燃的镁带放入 CO_2 气体中时，应该出现什么现象？是继续燃烧呢，还是像刚才的火柴那样熄灭？（点燃镁带，放入瓶中，剧烈燃烧）可以看出，它的燃烧像在空气中一样，非常剧烈，金属镁为什么会有这样的性质？从我们今天的学习内容中会找到答案。

5. 经验导入

以学生的生活经验、社会生活中的重要事件为出发点，教师通过展示、讲解、提问，引出主题，导入新课。在教学中，教师注意运用学生熟悉或关心的典型事例来导入新课，也可介绍新颖、醒目的事例，为学生创设引人入胜、新奇不解的学习情境。

【案例 2-5】元素周期表的导入教学

在生活、学习中，我们遇到过许许多多的表格，也亲自制作过大大小小的表格。用表格来表现事物，具有直观、简要、明了的特点。如果我们把自然界所发现的元素安排在一定的表格中，是否也会具有上述特点呢？对这些元素怎样编排，才能体现出元素的性质、原子结构与它在表中的位置之间的关系呢？这些问题只有通过学习本节内容，方能得到解决。

6. 故事导入

根据教材内容的特点和需要，教师选讲联系紧密的故事片段，特别是科学史、化学史上的典型事例，更能增加课堂气氛。所选用的故事要有趣，与课题要有联系，要简短。

【案例 2-6】铝的性质的导入教学

铝是地壳中含量最多的金属元素，有人说铝是 20 世纪的金属，它确实当之无愧。然而你可曾知道，仅仅在 100 多年前，铝是那么昂贵。门捷列夫因发现元素周期律的卓著成就而获得了一只铝制奖杯；拿破仑在宫廷盛宴中，自己独享铝制餐具。几十年后，铝的身价暴跌，一下子涌入寻常百姓家，这一令人瞠目的变化，归功于一位年仅 22 岁的美国大学生霍尔。当时霍尔在想，为什么铝的藏量在金属中首屈一指，而尚无法广泛使用？这正是铝的化学性质所决定的，我们今天就要了解一下当年使霍尔大伤脑筋的是什么。

二、课堂教学信息的传递

（一）教学信息的含义

教学信息包括如下几个含义。

（1）知识信息：主要指教师讲授或结合教学播放的录音、录像等内容。知识信息的传递既要求高效率，又要求高度的可靠性。

（2）指控信息：指教师为传递知识信息而发出的各种指令。

（3）反馈信息：主要包括教师对学生学习情况的评价及学生对教师教学的各种反应。

（4）干扰信息：指妨碍课堂教学进程、降低教学质量的信息。

传递教学信息的载体通常有教学语言、体态语、板书和网络、多媒体设备等。其中，教学语言是教师传递信息、提供指导的语言行为方式，是一切教学活动最基本的行为方式。体态语又称可视语言、非语言行为、态势语。它是指教师运用面部表情、目光注视、手势、动作姿态、人际距离、个人修饰、辅助语言等非语言信号的行为，是课堂教学中师生进行信息交流的重要通道。

（二）教学语言的运用

1. 教学语言的基本要求

（1）科学性：准确、精练、规范、得体。

（2）通俗性：浅显易懂、深入浅出。

（3）艺术性：充满情绪、充满情感、抑扬顿挫。

（4）教育性：有启发性和说服力。

（5）综合性：形式多样。

2. 教学语言的要领

（1）节奏。节奏是指在一个相对完整的表述中，由于语速、语调、语势等变化而形成的语流运动态势。教学语言要有节奏，要长短结合，疏密相间，快慢适宜，随着内容和实际的需要时轻时重，时缓时急，抑扬顿挫，有板有眼。讲课节奏太快，是新教师易犯的通病。

（2）吐字。在教学中，教师要使用标准普通话，以达到"字正腔圆"的效果。吐字不清，表现为声母或韵母残缺，主要是舌、齿、唇配合不当，发声器官过分松弛的缘故。吐字不清的另一个原因是教师对教学内容理解不透，把握不准。

（3）音量与音调。音量合适的标准是使坐在教室每个位置的学生都能毫不吃力地听清教师的每句话、发出的每个音节，并且耳感舒适。适当变换音调，用高声强调重点；平缓引起回忆；疑问或反问启发思考；反复加强语气给学生以记忆；突然高声引起注意；急速停顿组织集中；低声讲述引起肃静。

（4）语速。化学教学口语是一种专门的工作语言，传播学上称之为规范口语，其速率比日常用语及影视解说要慢，为 200～250 字 /min。

（三）体态语言的运用

1. 体态语言的基本要求

（1）善意尊重。教师要从善意出发，尊重学生，不至于引起学生反感、误会或对立。

（2）和谐配合。体态语言要和教学口语和谐配合，使信息传输处于最佳状态。不应该忽视体态语言行为的作用，也不能过分夸大。

（3）共意默契。随着师生间的了解、熟悉和接受，师生双方的体态语言就能传情达意，彼此心领神会、配合默契。

（4）自觉协调。在运用体态语言行为时，教师要注意体态语言与教学内容、教学方法、教室气氛和环境的协调，注意师生间感情和活动的协调。例如，当全班学生面对板书思考问题时，教师不应挡住学生的视线。当学生潜心练习或阅读时，教师巡视要轻手轻脚、小声地个别辅导，营造有助于学生专心思考的宁静气氛。

（5）程度控制。体态语言行为的运用要恰到好处，准确把握。注意简洁、明了、及时、适度，不能过于频繁，也不能夸张。

（6）最优搭配。注意各种体态语言行为的最优搭配。避免矫揉造作、摇头晃脑、抓耳挠腮、手舞足蹈的体态语言。

2.体态语言的运用要领

（1）面部表情。教师面部语中最基本的一点是微笑。此外，热情开朗、和蔼亲切也是教学中较稳定的面部表情模式，它贯穿教学的始终。如果说微笑、和蔼亲切是教学情感的基调，面部表情又要随着教学内容、教学情境的变化而变化。面部表情表现不当常见的有：过度紧张、与语言配合不当、面无表情。

（2）目光。教师在课堂上眼睛保持平视，并且把视线落在教室中偏后排的学生身上。在教学过程中，教师要不时用眼睛环视整个课堂，可使全体学生都感到你在对他讲课，调动他们的参与感。与学生单独交流时，恰当的做法是将视线停留在学生的双眼与嘴唇之间的倒三角形区，即为社交注视。常存在的问题是：侧身注视窗外或门口；背对学生注视黑板太久；正对学生仰视屋顶；侧视一个方位或注视讲稿；只看前排学生及个别学生。

（3）身体姿态。教师站态的要求是挺胸、收腹、抬头（平视）、沉肩，整个身体重心要自然均衡地落在双腿上。比较理想的站位应在讲桌和黑板之间。教师在课堂上走动时要缓慢、轻稳。

三、课堂教学过程的调控

（一）课堂教学调控的含义

充分的课前准备是上好一堂课的前提。而对课堂的沉稳掌控、灵活应变则是上好一堂课的关键。课堂调控根据其对象的指向不同，可分为自控调控和他控调控两种。

1.自控

自控是指以自我为对象的控制行为。当在课堂教学中出现言辞失误、思维受阻、情绪波动时，教师需要及时做出调整。

2. 他控

在课堂教学中，教师的他控表现在四个方面：教学目标的调控、学生注意力的调控、偶发事件的调控、教学行为的调控。

（二）课堂调控的要领

1. 做好充分的课前准备

为了保障课堂教学顺利展开，教师在课前需要做好预案，围绕明确的教学目标，多设计几种教学方案；课前做好仪器设备、教学材料、实验材料的各种准备工作，避免手忙脚乱、丢三落四。

2. 课上坚持具体问题具体分析

对于未偏离教学构思的学生质疑，教师要尽可能通过教学过程本身的进展来解答，使课堂变得生动活泼，最大限度地调动学生参与教学的积极性和主动性。

对于偏离教学构思的学生提问，要区别不同情况分别对待：有的可以及时解答，有的可以课后解决。对于当场回答不了的问题，教师可以发动学生充分讨论加以理解，或待课后查阅有关书籍给予解决。教师要有"知之则知之，不知则不知"的诚实教学态度。

3. 沉稳处理课堂偶发事件

课堂教学偶尔会发生一些教师所不愿看到的事件或出现对教学不利的情境，我们把它称作偶发事件。常见的类型有：① 来自外部环境的干扰，如特殊声响、飞鸟乱窜、破门而入的人员等。② 学生因为某些与教学无关的事情相互发生争执。③ 学生对教师的讲授产生疑惑，甚至有不同意见。④ 学生不服从教师的指导或批评。

出现上述情况，教师应以善意尊重为出发点，服从教学大局，沉着有序，因势利导。尽量控制情绪，不随便发脾气；尽量化解矛盾，不与学生发生正面冲突；与学生辩论时尽量做到语气和缓，态度和气；对待学生的错误不急躁，多站在学生的角度去思考问题。

四、课堂提问

（一）课堂提问的含义

课堂提问是在课堂教学过程中，教师根据教学需要，向学生提出问题的一种教学方式。在课堂教学过程中，师生之间进行信息双向交流的途径很多，提问是其中用得较多且有效的教学行为方式。提问不仅作为教学方法，还被作为了解学生学习活动、掌握学情的反馈手段，及时捕捉信息，对教学过程进行有效调控，能提高课堂教学的效益。提问贯穿整个教学过程，是维系教学活动的纽带，有人称提问是教师的"常规武器"。

（二）课堂提问的方式

1. 填充式提问

当需要确定某一概念的内涵时，可用填充式提问。这种提问方式，悬念性很强，能很快集中学生的注意力，主要考查学生的记忆，如什么是电解质？什么是同分异构体？

2. 说明式提问

当需要说明事理时，可采用说明式提问。这种提问方式的特点不同于填充式，主要考查学生的理解，如盐酸的性质有哪些？元素的哪些性质是呈现周期变化的？如何变化？

3. 选择式提问

当需要澄清知识上的疑点时，可采用选择式提问。当学生的知识不稳定和不牢固时，这种提问尤其有效，主要考查学生的理解、分析能力，如醋酸铵是强电解质还是弱电解质？

4. 论证式提问

当需要论证说明时，可采用论证式提问。这种提问方式不但可以促使学生对知识的全面掌握，还能培养学生组织材料，进行论证的能力，如为什么说二氧化硫既有氧化性又有还原性？

（三）课堂提问的基本要求

1. 精心设计，注意目的性

课堂教学提问不应是随意的，要紧紧围绕课堂教学目标，在重点、难点或关键处设问。设问要突出重点，解决难点，打通关键。

2. 难易适度，注意启发性

提问前，教师既要熟悉教材，又要熟悉学生。掌握提问的难易程度和梯度，循循善诱。设问是为了引导学生而不是难倒学生。

3. 新颖别致，注意趣味性

对于一些学生熟知的内容，注意变换角度，使学生有新鲜感或挑战性。如设计一个趣味实验、说一段生活常识、引用一段史实、提出一个模糊观念等。把提问当作一种诱惑，吸引学生来思考。如二氧化碳在空气中约占 0.03%，如果超过 1% 时，就对人类有害；4%~5% 时，人会感到气喘、头痛、眩晕；达到 10% 时，人就会窒息死亡。我们都知道，汽水中也含有大量的二氧化碳，喝汽水为什么不会使人致死？

4. 正确评价，注意激励性

学生答完问题，教师要给予充分肯定，同时要指出不足，提出期望，切不可白眼相待或讽刺挖苦答错的学生，也不能无原则地赞美。

5. 面向全体，注意广泛性

教师提问应面向全体学生，有目的地选择提问对象，吸引所有的学生参与思维活动。如回答"是什么"的判别型问题，主要针对学困生提问；回答"怎么样"的描述型问题和"为什么"的分析型问题，主要针对中等生提问；回答"有什么异同"的比较型问题和"有哪些不同意见"的创造型问题，主要用来提问优等生。

（四）课堂提问的要领

1. 提问的数量

提问的数量是指在课堂单位时间内所提问题的总数和提问学生个体的数量。课堂提问数量还与课的类型（新授课、复习课等）和结构有关。一般认为，抽象理论内容的课提问宜少，复习课提问可多一些。

2. 提问的用语

判断性问句，常用"对不对""是不是"提问，对思维活动的要求比较低。叙述性问句，常用"是什么"提问，要求学生对提问的内容做出完整、准确的叙述性回答。述理性问句，常用"为什么"提问，要求学生讲清道理，说明理由，不仅知其然，还要知其所以然。发散性问句，常用"还有什么不同想法""可能性还有哪些"提问，要求学生尽可能多、尽可能新地提出独创性见解。

提问时，教师应尽量避免打断学生回答，避免用命令、威胁性的语气，语音要标准，语调要正常，不要因语音、语调和语气而使学生产生误解。

3. 提问的节奏

提问的节奏包括语调的抑扬顿挫、语句之间的停顿、关键词句的重复、语言与板书的交替以及从一个问题的提出到解决的间隔时间。据研究，当问题提出后，学生从理解到准备回答为 2～10 秒，而回答完整问题也需要 5～30 秒。

4. 提问的时机

（1）在导入新课时设问。在导入教学时设问，可造成学生渴望、追求新知识的心理状态，使学生产生探索新知识的愿望。如富集海水中的元素——氯（第一课时），教师设问：同学们可曾好奇过，为什么海水中含氯化钠的成分最多？我们如何用化学知识来解答海水的成分问题？

（2）在新旧知识的连接点上设问。在知识的过渡上设问，既能引出新知识，又利于突出知识的整体性。例如，"原电池"的教学设计：

师：在一只盛有稀盐酸的烧杯中，插入一块锌片与一块铜片，有什么现象发生？

生：铜片上无现象，锌片上有气泡产生。

师：如果用一根导线将铜片和锌片连接起来，又会出现什么情况呢？

生：（产生意见分歧，大部分回答现象不变，有些说不反应了。）

师：为什么锌片上的气泡会转移到铜片上去呢？（接着讲授原电池原理，从而达到承上启下，引导过渡的作用。）

（3）在重点处设问。课堂提问紧紧围绕重点和难点，才能有效实现教学目标。例如，在学习了电解池原理后，教师提问：相信大家还记得原电池的形成条件，那么现在哪位同学能通过原电池来联想、类比得出电解池的形成条件？

（4）在障碍处设问。障碍处是学生理解的模糊点，是一节课的难点。在此处设问，不仅是向学生传授知识，更重要的是引导他们掌握正确的思考方法。

（5）在关键处设问。在学生接触新知识的关键处设问，引导他们正确掌握知识实质，是课堂设问优化不可缺少的一步。例如，在学生观看了钠与水的演示实验后，教师提问学生：谁能用几个关键词总结钠与水反应的实验现象？引导学生回答"浮、熔、游、响、红"。

（6）在结束新课时设问。在每节课结束时，教师要引导学生归纳总结，并设法留下余味，有意创设一个疑问，使学生去思考、去探究、去创新，为上好下节课埋下伏笔或进一步引发学生思考。如在讲完环境保护这节课后，教师设问：汽车脏了用水洗，马路脏了用水洗，那水脏了呢？从而引发学生的危机意识和环境保护的紧迫感。

（五）课堂提问的过程

1. 引入阶段

教师用不同的语言或方式表示即将提问，使学生对提问做好心理上的准备。如"同学们，通过上面的分析，请大家考虑……"。

2. 陈述阶段

教师用简明的语言陈述问题，并使全体学生都能注意和思考所提出的问题，不先指定回答者，以免其他学生不参与。问题提出之后，稍微停顿一下，让学生有时间思考和组织语言，教师可根据学生的体态语、情绪反应及问题的难易和复杂程度来掌握停顿时间。对于提问的语速，根据问题的类型来决定。低级认知用较快的语速叙述，高级认知缓慢叙述，并留有较长时间的停顿。

3. 提名阶段

教师环视每个学生，让他们都能感觉到自己被老师注意了，然后用正视的目光落在某位学生身上，让他知道老师要提问他。提名作答时，教师不应轻易打断学生的发言，以免使学生感到紧张。

4. 介入阶段

当学生不能顺利回答时，教师予以鼓励并设法诱导学生回答。

（1）查询：教师查询学生是否明了该问题。

（2）重复：教师变换不同的词句重述问题，以促使学生根据生活经验或已学过的事实、概念作答。

（3）提示：教师提供资料，如概念的内涵、外延，实验现象、原理等，启发学生回答。

5. 评价阶段

当学生对问题做出回答后，教师以不同的方式灵活处理学生的回答。

（1）评论：对学生回答的内容加以评论，明确正确或错误。

（2）追问：针对学生的回答提出追问。

（3）更正：对学生回答中的错误给予更正。

（4）重复：重复学生的重要答案。

（5）重述：变换不同的词语，重述学生的答案。

（6）核查：核查其他学生是否理解，是否赞同。

（7）延伸：依据学生的答案，联系其他有关资料，引导学生回答另一问题。

（8）扩展：教师依据学生的答案，补充新资料，提出新见解。

五、课堂教学的结束

（一）结课的含义

结课是一项教学任务终了阶段的教学行为，通过归纳总结、领悟主题、实践活动、转化升华和设置悬念等方式，对所学知识和技能及时地进行系统巩固和运用，使新知识有效地纳入学生的认知结构中。结课与导入互为关联，它是导入新课的延续和补充。导入时引起的话题和引人的内容在课堂教学结束时应该有一个完美的交代和解答。

（二）结课的基本要求

（1）结课时要及时对所学知识进行总结，使之条理化。

（2）归纳总结时要简明扼要，紧扣教学目标，提示知识结构和重点。

（3）重要的事实、概念、规律等在结课时要进行总结深化和提高。

（4）结课时可提出问题或采取其他形式检查学生学习情况。

（5）有些内容要拓展延伸，进一步启发学生思维。

（6）结课可采取多种形式，既巩固知识又余味无穷。

（三）结课的形式

1. 归纳总结

这种方式的结课一般用于新知识密度大的课型或某一单元教学的最后一次新授课。

要求体现提纲挈领、全面准确、简明扼要和生动形象的特点。

【案例 2-7】氯化氢的结课设计

这节课我们学习了氯化氢的性质，请大家一定要特别注意氯化氢的溶解性。因为涉及氯化氢的很多问题，如实验室制氯化氢的原料、收集方法、吸收多余氯化氢气体的方法，怎样知道已收满了氯化氢等都与它的易溶于水的性质有关。在学习氯化氢的实验室制法时，要按原料决定原理、原理决定装置的思路去掌握，并把制取氯化氢与制取氯气的装置加以对比，从而掌握固液加热型的制备装置和易溶于水且比空气密度大的气体收集装置以及有毒气体或易溶于水气体的吸收装置。

2. 比较异同

将那些相互交叉、矛盾、对立的概念通过分析、比较，既找出它们各自的本质特征或不同点，又找出它们之间的内在联系或相同点，从而使学生对概念理解得更加准确、深刻，记忆得更加牢固、清晰。

3. 首尾呼应

首尾呼应是指结课时用教学内容中的知识来回答导入新课时所设置的悬念、所提出的问题及所进行的假设。它是悬念的释然、问题的解决、假设的证实或否决。这种结课方式，既能巩固本节课所学到的化学知识，又呼应了开头。

【案例 2-8】富集在海水中的元素——氯

在课的开始我给同学们提了一个思考题，大家现在还记得吗？通过今天的学习，相信大家都能解释为什么海水只含有氯的化合物而没有氯单质了吧。那么，为什么海水中含氯化钠的成分最多？这个问题待我们学习了下节课有关盐的知识后，就能做出解释了。同学们不妨课下在网络中查阅相关资料，认真思考。我们下次课再一起来解答。

4. 概括中心

课堂结课时用简练的语言把这一堂课所讲的知识要点概括出来，帮助学生删繁就简，把握中心。

【案例 2-9】氧化还原反应的结课设计

通过本节课的学习，同学们不能仅从得氧、失氧的观点认识氧化还原反应，而是要从化合价升降的观点、电子得失（转移）的观点认识氧化还原反应。

（1）氧化还原反应的判别依据：化合价是否发生变化。

（2）氧化还原反应的特征：某些元素的化合价在反应前后发生了变化。

（3）氧化还原反应的本质是电子转移（包括电子得失和电子偏移）。

（4）氧化还原反应中的转化关系口诀：升失氧，降得还。

5. 悬念激发

在结课之际，教师提出与本节和后续课内容均相关的问题，设立悬念，使学生在"欲知后事如何"时却戛然而止，给学生留下一个有待探索的未知数，激起学生学习新知识的强烈欲望，使"且听下回分解"成为学生的学习期待。这无疑对活跃学生的思维，训练他们分析、解决问题的能力都是很有价值的。此过程对下一步要学的内容点到为止，不要画蛇添足。

6. 巩固练习

在教学实践中，有些内容的教学，对引出概念、得出规律并非难事，而要让学生全面、正确地理解、掌握并能灵活运用却非易事。巩固练习方式的结尾就是针对这种情况而设计的。实施时，教师应抓住重点和关键性问题，精心设计练习题，通过动手动脑，将知识转化为能力。练习题要灵活多样，层次要由低到高，由简到繁，口答和笔答相结合，内容不宜太多，用时不宜太长，使学生从成功中体验到进步。

7. 口诀记忆

把一些零散的必须记忆的知识、操作步骤、重要的化学概念浓缩为数个关键字或编成谜语、口诀，可增强学生记忆知识的能力。放到一节课的结束处，也很受学生的欢迎。如紫色石蕊溶液在酸或碱中的颜色变化简记为：蓝碱红酸。对于盐的水解，总结其规律为：强不水解弱水解，谁强显谁性，无强由 K 定，都强显中性。

（四）结课教学的要领

结束新课所需的时间没有确切的指标，由所选用的方法来确定，一般在下课前 2~3 分钟结束是合适的。

通常，结课有如下过程。

（1）简单回忆：对整个教学内容进行简单回顾，整理认知思路。

（2）提示要点：指出教学的重点、关键点，必要时可做进一步的具体说明、巩固和强化。

（3）巩固应用：把所学知识应用到新的情境中去，解决新的问题。在应用中巩固知识，并进一步激发思维。

（4）拓展延伸：有时为了开阔学生的思路或把前后知识联系起来，需要把课题内容扩展开来，形成体系。

第五节　高中新课程化学教学模式及其创新

一、基于教学媒体的高中新课程化学教学设计模式

（一）媒体

（1）媒体的定义。媒体，一词来源于拉丁语"medium""media"，又称媒介、传播媒体。在传播过程中，传递者所要表达的信息，是通过一定的媒体传递给接受者的。媒体（media）的概念有广义和狭义之分。狭义媒体是指各种信息的载体或传递信息的工具、中介。广义的媒体概念包括人体器官本身在内的（自然媒体）工具，媒介。

（2）媒体的本质特征

第一，只有承载信息的物体才能称为媒体，没有承载信息的物体都不能说是媒体，而只能说是材料。例如，白纸，透明胶片、空白录像带、光盘、软盘等是书写，录制用的材料，载有信息的白纸、录像带、光盘、软盘等才是媒体。

第二，媒体是指储存和传递信息的实体，它包含从信源物获取的信息符号通过编码变换为信号，信号在通道中传送，然后经译码将信号转换为符号，最后由

受信者把符号解释为信息意义。在信息传递过程中，编码器，通道和解码器等一切技术手段和工具，都称为媒体。

（二）教学媒体

教学媒体（instructional media），又称教育媒体。教学媒体是教学系统的要素之一，它是承载和传播教学信息的载体，在传播过程中应当遵循与教学相关的规则。

教学媒体发展到今天，种类已经非常繁多。面对如此众多的教学媒体，为了方便在教学中使用和研究，我们需要将其分门别类。对于教学媒体的分类，当前的教育学家与传播学家也是众说纷纭，看法不一。几种比较常用的分类方法如图2-5-1所示。

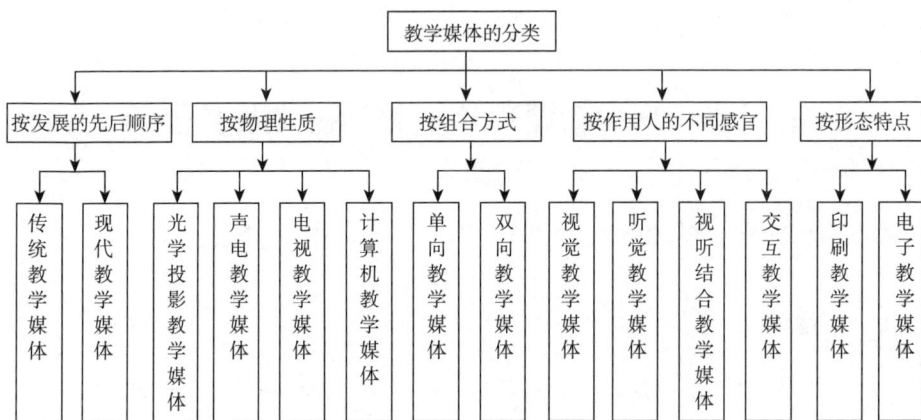

图 2-5-1　教学媒体的分类结构

教学媒体作为师生之间活动中介的手段或工具，是教学过程中的一个基本因素，在教学活动中有着举足轻重的作用。没有教学媒体，就没有师生之间的信息交流和传播，教学活动也就无法进行。尤其是随着现代化科学技术的不断发展及其在教育教学中的广泛应用，教学媒体在教学中的重要性日益凸现，它通过影响教学的各个方面来制约教学效果和教学效率。教学媒体对教学过程的影响主要表现在以下几个方面：① 教学媒体有利于增强学生的主体性，改善师生关系；② 教学媒体有利于改变教学内容的表现形式；③ 教学媒体有利于教学方法与策略的选择和使用；④ 教学媒体有利于改变教学的组织形式。

总之，在教学实践中，教学媒体是一个不可或缺的因素，是辅助教学的重要工具。科学合理地使用媒体辅助教学能够大大提高教学质量，增进教学效率，促进学生在各方面主动、全面地发展。

二、化学教学媒体的选择与设计

教学媒体是教学方法的物质要素，研究化学教学方法，必须研究化学教学媒体的选择和设计。化学教学媒体的开发和使用，主要指传统媒体的设计、使用和现代技术媒体软件的开发、使用，它们是化学教师应该掌握的基本技能。本节主要讨论化学教学媒体选择的原则与化学教学语言，化学教学板书（板画），化学幻灯片、投影片，化学录像教材和化学教学多媒体课件等的设计，最后再介绍多种教学媒体的组合。

（一）化学教学媒体选择的原则

化学教学媒体分类方法很多，教学媒体多种多样。一方面，每种媒体都有其适宜使用的场合，在每一场合都有最适宜采用的媒体；另一方面，每种媒体也都有其局限性，这种局限性可以被其他媒体弥补。因此，如何选择化学教学媒体是教学设计的关键环节，以下是选择化学教学媒体的原则。

1.立足化学学科特点，选择合适教学媒体

化学教学媒体既是化学教学过程中的物质基础，也是化学教学信息的载体。化学模型、实物、化学实验等常规化学教学媒体以及计算机，录像等现代教学媒体都广泛应用于化学课堂教学。在化学教学中除要考虑教学目标，教学内容、教学对象、教学策略及教学条件外，还应该针对化学学科特点，组合优化多种教学媒体，提升教学效果。

在选择化学教学媒体时，可以依据心理学研究认识，充分调动学生在化学学习过程中的感官刺激，让学习者积极参与讨论。文字传递的信息是抽象的，可以辅助图片教学，为学生带来视觉刺激。教材是一种平面媒体，可以利用实物模型辅助学生进行空间想象。例如，甲烷的球棍模型有助于学生理解甲烷的四个氢原子是处在不同平面上的，甲烷的空间结构是正四面体。化学实验变化过程中的实验现象可以带给学生视觉、听觉，触觉甚至嗅觉上的刺激，一些复杂、有危险性的实验则可以用实验教学录像来替代。

【案例2-10】运用动画、实验与模型等教学媒体组合，突出化学微观思想特征

化学研究物质的结构、性质和化学变化，但在化学反应中原子、分子这些微观粒子的运动和变化我们无法看见，学生很难从微观的视角上分析，理解化学反应的实质。在教学中如用多媒体、实验，模型，图表等教学媒体则有助于学生树立，发展微观思想。例如，在气体摩尔体积、化学反应速率与化学平衡、电离平衡、原电池原理、有机化学反应中的各种反应，都可以通过实验探究和微观动画解释的方式进行教学，这样可以帮助学生理解抽象概念，培养学生分析和解决问题的能力，促进学生掌握化学方法，构建化学观念。

【案例2-11】运用录像展示与化学相关的社会问题，突出化学与实际的联系

在化学给人类带来福祉的同时，也出现了很多与化学有关的社会问题。选取这些问题进行学习，有利于学生从化学的视角来解释和解决现实中与化学相关的社会问题。例如，能源的开发利用，酸雨的形成与环境保护，矿石的利用等，通过录像创设良好的问题情境，提出要解决的新问题和学习目标，使学生对所要学习的问题产生浓厚兴趣，尽快进入课程学习状态。

2. 切合教学目标要求和学生的学习风格

化学教学媒体是教学的辅助工具，要按照教学目标、教学内容和学生的学习风格（知识偏好、信息处理习惯，学习动机等）进行合理的组合。例如，高中课程标准"物质的结构与性质"中要求掌握几种典型离子晶体的结构特征，这就要求学生具有一定的抽象思维能力。在课堂教学中就可以利用模型，动画，引导学生认识各种离子晶体的特征，将抽象的知识形象化。在学生已经建立起空间结构之后，就可以选择在黑板上画立体图等手段进行知识的传授。

3. 考虑教学成本和易得性原则

化学教学媒体不能片面追求实物演示、随堂实验等直观感受，还要考虑媒体的经济成本、是否易于使用。有些化学实验需要花费大量的物力财力，就可以用录像来替代。有些实验现象不明显，如氢气在氯气中应该是安静的燃烧，有苍白色的火焰，而实际操作时苍白色火焰不容易被学生观察到，可以对实验装置进行改造。在使用化学教学媒体的过程中，应该要考虑媒体使用是否方便，是否经济

实用。

【案例 2-12】"氧气的性质"教学中实验录像的运用

在学习"氧气的性质"时，教师为学生放映下列实验录像：

淡蓝色的液体氧从储罐中倾出，部分液氧气化，呈沸腾状；把鱼缸中的金鱼捞出放入液氧，金鱼冻得僵硬如石头，掷地有声，把这硬如石头的"死鱼"放回鱼缸，顷刻金鱼又"活"起来款款游动。

一颗金刚石在火焰中灼热，投入液氧中，金刚石剧烈燃烧，待燃烧结束，向容器中加入澄清石灰水，振荡，石灰水变浑浊。

一对小白鼠在密闭的玻璃钟罩内待一会儿后逐渐疲乏、窒息，向钟罩内充入氧气，小白鼠又渐渐复活。

不到 3 分钟的录像，把液氧的色、态，低温和氧气支持生命活动、支持燃烧的性质生动地呈现出来，给学生留下深刻印象。而这些实验，若要由教师进行现场实验演示，则缺乏条件或难以成功。

4. 考虑使用者对教学媒体操作的熟悉程度

网络技术的发展为教师提供了大量教学资源。教师可以利用网络资源收集化学教学媒体，丰富自己的课堂教学。但我们在引用他人的教学媒体时，除要对教学内容精挑细选外，还要注意该教学媒体的使用环境。否则在课堂上出现媒体播放受阻的尴尬，直接影响教师授课情绪和教学效果。要选择可靠的教学媒体，保证信息传播渠道的畅通。

5. 化学教学媒体的优化组合

在组合化学教学媒体时要将有效性原则放在首位。每种教学媒体都有自己的优势和劣势，多种教学媒体进行组合可以实现优势互补。选择的教学媒体要清晰、完整地向学生传递相关化学知识，表现力要强。课堂教学既有教师的教，又有学生的学，因此还需要媒体具有较好的交互性，有效地形成师生、生生间的互动交流。

综上所述，选择化学教学媒体时，应该遵循下列原则：

（1）有效性原则。能适应化学学科特点，完整，清晰地向学生传送教学信息，适用性和表现力强；能有效地配合认知教学，情感教学和行为教学；能有效地逆向传送信息，具有较好的交互性。

（2）可靠性原则。能利用多种感觉器官，或者具有多条信息传输通道。不易受外界干扰而导致信息传输中断、损失或失真。

（3）方便原则。便于制作、使用、控制和维护，节省时间和人力。

（4）经济原则。制作、使用和维护时花费的物力、财力较少，利于推广和普遍使用。

（二）化学教学媒体的设计

化学教学媒体设计的第一步是选择合适的化学教学媒体，然后再对选择的教学媒体进行详细设计。下面对化学课堂中常见的几种教学媒体的设计进行逐一论述。

1. 化学教学语言的设计

化学教师的教学语言不仅要符合语言学的一般规律，更要反映化学事物的现象和本质，具体的要求如下：① 语言要符合科学性并富有思想性；② 语言要具有启发性、逻辑性。

2. 化学教学板书（板画）设计

板书（板画）是教师利用黑板等书写文字，图表来传递教学信息的一种常用手段。它不但能配合教学语言，对教学语言起着重要的辅助作用，而且能凝练口头教学语言中的教学内容，使之转变成视觉形态，长时间地呈现，弥补口头语言的不足，使学生更好地感知教学内容，领会教学内容的结构和重点、了解教师讲授的思路，能起到启发思维、解决疑难，帮助学生记好笔记和便于记忆的作用。精美的板书（板画）是一种教学艺术创造，能给学生美的享受和感染，具有示范教学作用。

设计化学教学板书（板画）时，应注意下列基本要求：① 准确、规范、工整，具有良好的示范作用；② 简洁、鲜明，概括性强，条理分明，重点突出，启发性强；③ 整体构思，精心计划，选择好板书（板画）的位置和顺序；④ 新颖、美观、艺术性强，能给学生美的享受；⑤ 有精心设计的讲解语言与之配合。

通常把主板书写在便于学生都能看清楚的黑板中部，把副板书写在不影响主板书的地方。当主板书内容较多时，可以把黑板分为二、三或四版，设计好各版的书写内容。

板书的字体不宜小，内容要少而精。当黑板较小，内容较多时，可以略去一些内容，留下最重要的。这些都应该在设计时予以考虑。此外，在设计板书，板画时，还可以考虑用彩色板书来突出、强调某些内容，增强其效果。

3. 化学幻灯片、投影片的设计

制作幻灯片、投影片的前期设计工作主要包括以下几方面。

（1）选题。以课程标准或者教学大纲为依据，选择教学容量小的重点和难点为题材。教科书和其他教材中已经讲得很清楚的问题，或者不适宜制作幻灯片，投影片的问题都没有必要列入选题。每幅幻灯片、投影片的立意要单一，不能庞杂。教师在制作前要认真考虑幻灯片、投影片的内容、作用和效果，规划各章节幻灯片、投影片的数量、题材、内容和预期的教学效果，订出计划。

（2）立意构图，编写稿本。这项工作应该根据选题时所订计划进行。稿本的基本格式如图 2-5-2 所示。

《片名》稿本　　　　　　　　　　　　　　　　　　第　　　页

片号	对应教材章节	画面草图	解说词	说明

编写者　　　　　　审定者

图 2-5-2　编写稿本内容设计

（3）确定规格，绘制底图。底图是制作幻灯片，投影片的样图，要求内容准确、线条清晰、色彩鲜明，画面简洁、绘制工整、尺寸适当。

（4）确定制作方法。如果画面比较简单，制作份数不多，通常选择手工制作方法；画面不易用手工绘制或者制作份数较多时，可以考虑选择翻摄法，复印法或印刷法。为了表现变化过程等内容，还可以选择、设计特技方法制作。

（5）编写文字解说。对画面做通俗、简洁的说明，供播放时参考使用。

（6）编写使用说明。说明配套硬件、使用和维护方法，提示注意事项等。

4. 化学录像教材设计

在化学教学中，应用录像教材可以放映不便于现场演示的化学实验、创设实验情境，可以呈现肉眼无法捕捉的瞬间变化，以及缓慢的氧化、结晶、电化腐蚀等过程，还可以把传统媒体无法表现的，动态的生活和社会实践情景展现出来。例如，一些自然和环境因素、化工生产设备、工艺、流程、先进人物和优秀化学家的风采等，有时甚至可以利用优秀化学课录像直接对学生进行教学。录像教材不但在化学教学中有很多应用，而且也便于教师自己制作。化学教师学会设计化学录像教材将越来越引起重视。

录像教材有明确的教学目的和任务，有特定的教学内容和服务对象，要求有严格的科学性，符合教育学，心理学和美学原则；要求重点突出，重视用生动的形象说明问题，多用特写，少用全景，而且要求逻辑性强，既有连贯性又段落分明，镜头转换节奏适当，切换较少并有适当的解说；为便于学生笔记，要有必要的字幕和停留时间。

适于制作化学录像教材的内容，多属于不容易在课堂和实验室中观察到的教学重点和难点，或者涉及化学事物形象比较多，以及可以用形象的方式（如动画、动态模型）说明的比较抽象的教学内容。

录像教材的制作过程可分为五个阶段。

第一阶段，创作阶段。由教师根据教学需要和电视录像特点选择适宜的题材，精心设计文字稿本，并征求修改意见。然后再由导演根据需要把文字稿本改写成工作稿本，即分镜头稿本。编写稿本是化学录像教材设计的主要工作。稿本的类型有。

（1）文字稿本。有提纲式、教案式、讲稿式和声画式等稿本形式，后者更贴近拍摄工作需要。声画式文字稿本通常把稿纸分为左右两半，从上而下顺序说明各镜头画面及解说词。

（2）分镜头稿本。通常采用表格形式，包括下列项目：① 镜头序号，镜头指由一部摄像机摄下的一个连续画面，是构成录像教材的基本单位，为了拍摄和后期编辑方便，必须按顺序编号；② 机号，多机同时拍摄时，摄像机要编号，以利拍摄和编辑；③ 景别，有远景、全景、中景、近景、特写和显微等类型；④ 技巧，说明镜头运动（推、拉、摇、跟、移），组合（分割画面、叠印），串接（淡入、淡出、化入、化出、圈入、圈出、划入、划出、翻入、翻出、切入、切出、摇转）方式，以及拍摄速度（高速、慢速、定格）等；⑤ 时间，时间要比剪辑后实际时间长，以便有剪辑、选择余地；⑥ 画面，可用草图说明画面主要内容；⑦ 解说；⑧音响和效果。

根据成品录像教材整理成的分镜头完成稿本等，也是化学录像教材的组成部分。

第二阶段，准备阶段。由制片人对制作工作做出全面计划和经费预算；确定导演、摄像、灯光、置景、道具（包括实验器材）、表演、音响、动画、字幕、场记、剧务、编辑和后期制作等工作人员；由导演向各岗位人员说明拍摄意图和要求；各岗位人员根据稿本和导演要求做好准备和排练。

第三阶段，摄录阶段。外景摄录和内景摄录分别进行。录像时，通常应该同步录音。为了便于掌握时间和节奏，可在摄录时播放事先录制的前期录音。摄录的编辑素材一般应达到目标长度的3~5倍，以保证剪辑后的质量。有条件时可以在现场做现场编辑。

第四阶段，后期制作阶段。包括对录制的素材进行剪辑编辑（经稿本作者同意，此时可对稿本做适当修改），配制解说、效果、背景音乐、字幕，制作片头、片尾，全片合成等。

第五阶段，审查、完善阶段。先由编导、创作人员自行审查，然后由教师（使用者）、编导制作人员、有关专家和管理部门共同审查样片，根据审查意见做适当修改直至定稿，再拷贝、翻录工作片供实际使用，母带存档。

教师在制作过程中的作用主要是选题、设计和编写文字稿本；担任教学顾问，指导并协助组织实验和其他教学活动的表演与拍摄；协助选择影视资料素材和外景；参与后期制作与审查等。摄录和编辑等技术工作以专业人员为主。

5. 化学教学多媒体课件设计

化学教学多媒体课件设计的程序一般如图 2-5-3 所示。

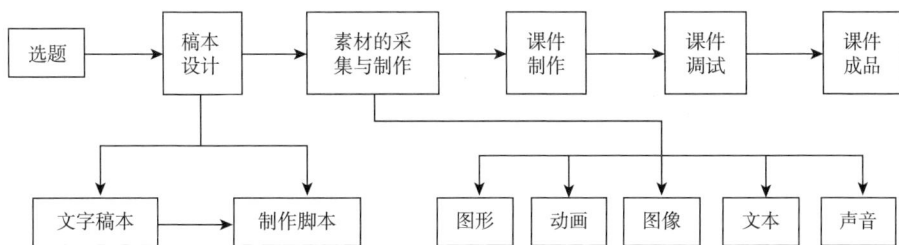

图 2-5-3　化学教学多媒体课件设计的程序

（1）选题。选题是多媒体课件设计与制作的第一步，必须由教师根据教学需要来确定。如前所述，没有一项研究证明某种媒体永远优于其他媒体，也没有哪一种媒体能够解决所有的教学问题。同样，对于化学课堂教学，计算机辅助教学（Computer Aided Instruction，CAI）方式也并不适合所有的化学教学内容。况且，在目前看来，虽然多种工具软件为课件制作提供了方便，但与制作其他教学媒体相比，多媒体课件制作过程比较烦琐，运用多媒体课件进行教学，教师投入的工作量比较大。因此，在制作之前，教师要充分做好选题论证工作，要分析开发课件的必要性和可能性，尽量避免不必要的投入。

对于课件开发的必要性的分析，不妨思考这样一些问题：究竟应该选择哪些内容来制作课件？在没有采用 CAI 方式时，教学效果如何？如果教学效果不理想，那么问题出在哪一个教学环节？采用 CAI 方式能否解决相关的问题？与其他教学媒体（如幻灯，录像、实验等）相比较，采用 CAI 方式是否能发挥其他媒体不可替代的作用？

对于学生较容易理解掌握的内容，则完全没必要采用多媒体课件的方式。目前化学多媒体课件的内容主要涉及以下几个方面：物质结构，元素周期律知识，如核外电子排布、晶体结构、元素周期律、化学键等；电化学知识，如原电池原理及其应用、化学电源等；化学反应机理，如有效碰撞理论等；化学实验模拟等。

此外，在确定采用多媒体课件的方式以后，还必须对当前已经有的相关内容的课件做一调查分析，看已有的课件是否适合教学需要，如果适合，可以直接使用，如果不适合，那么存在哪些问题？应该如何设计？对于课件开发可能性的分析，主要考虑物质、技术条件、时间及经济等方面的因素，课件开发需要有物质、技术条件等方面的支持。

（2）稿本设计。稿本设计是多媒体课件开发过程的重要环节。它是多媒体课件设计思想的文字表现形式，是课件制作的直接依据。一般来说，多媒体课件的稿本包括文字稿本和制作脚本两部分。文字稿本是对课件进行项目分析和教学设计结果的文字表述，它将是此后各步制作的主要基础。文字稿本是根据教学内容特点与系统设计的要求，在一定理论的指导下，按照教学过程的先后顺序来描述每一个环节的教学内容及其呈现方式，其主要目的是规划教学软件中知识内容的组织结构，并对软件的总体框架有一个明确的认识。它通常包括稿本说明和一系列的稿本卡片等内容。稿本说明主要包括以下内容：课件设计登记卡、课件开发目的、课件的教学目标及其分析、课件结构及其控制，教学策略，课件在教学中的地位和作用、使用该课件需要做的准备、用于课件设计的参考资料等。稿本卡片一般包括序号、内容、媒体类型、呈现方式等。其基本格式如表2-5-1所示。

表 2-5-1　卡片式文字稿本格式

序号	内容	媒体类型	呈现方式

制作脚本是以文字稿本为基础改写而成的，是沟通课件的构思者与课件制作者之间的桥梁，为课件的技术制作提供直接依据。它的主要作用是使课件制作者明确如何制作课件。制作脚本的主要内容包括：界面的元素与布局、画面的切换方式、色彩的配置、文字信息的呈现、动画视频的要求、各个知识节点之间的链接关系等。

（3）素材的采集与制作。多媒体素材是多媒体课件中用到的各种听觉和视觉材料，也就是多媒体课件中用于表达一定思想的各种元素，它包括图形、动画、图像、文本和声音等。采集素材应根据脚本的需要来进行，素材的取得可以通过多种途径。例如，利用拷贝、扫描输入来改进文本和图片的输入；通过国际互联网搜索工具寻找化学素材网址，在相关网页下载需要的素材；利用现有的化学软件，截取其中的动画、视频等素材，根据课堂的实际需要选择使用。

素材的制作可通过扫描仪、数码相机、视频捕获等设备将所需的资料采集到计算机中，再利用 Photoshop 等图像编辑软件对捕获的资料进行加工处理；也可以直接利用 Photoshop、3D MAX 等软件，根据实际需要创作素材。

（4）课件制作。课件制作是根据制作脚本的要求，将用于呈现课件内容的各种素材，按照一定的原则、结构方式整合起来，使课件内容稳定，连续，符合学习规律，并最终生成课件的过程。该整合过程要注意遵循教育学，心理学原理，并充分考虑学习者的学习风格、认知水平、接受能力，使得学习内容的呈现达到最佳效果。

（5）课件调试。多媒体课件制作过程中或者已经制作完成以后，要根据各方面的反馈信息反复调试、修改。

（6）课件成品。调试好的课件可制成光盘或软盘，以方便使用。如果将课件作为一个确定的版本发行，那么此时课件开发者还要考虑课件本身对各种软、硬环境的适应性。因为将来使用这个软件产品的用户所拥有的硬件机型和软件平台是形形色色的，所以，如果开发的课件对于运行环境的适应性较差，那么推广使用就比较困难。因此，必须考虑为用户提供经济可靠的发行载体（如光盘）、便捷的安装方法（将课件压缩打包，并提供便捷的安装程序）、详尽的文档资料（使用说明书等）以及相应的售后技术服务。

一个好的多媒体课件的开发是一个系统工程，往往需要教育专家、学科教师、教育技术专家、艺术家的合作。目前，商业化课件在数量上或质量上都还很难满足教学需要，因为每个教师都有自己独特的教学风格，他们面对的学生更是千差万别，让众多的教师都使用相同的课件，显然是不符合教学规律的。课件的使用效果也不可能理想。要大力推广多媒体课件的应用，其根本途径在于提倡教师掌握多媒体课件制作的基本方法，使教师能够根据学生的特点和自己的教学风格来设计制作多媒体课件并付诸应用。此外，提倡制作、出版化学课件或具有可编辑功能的 CAI 课件，这样，教师可以根据自己的教学经验和需要进行选用和编辑，可以将其随意拆分和组合，以使制作出的课件符合自己的课堂设计需要，使化学CAI 课件的内容成为教师所设计的课堂教学的一个有机组成部分。教师只要掌握了课件的制作技术，并注意积累大量的素材，是可以制作出具有良好教学效果的多媒体课件的。在使用课件的过程中，教师根据教学中的信息反馈，还可以不断地将课件加以改进和完善。

6.教学媒体的组合

教学媒体优化的关键在于教学媒体的选择与组合。教学中的多媒体组合分直观型媒体与抽象型媒体的组合（如投影媒体与文字教材等组合），图像型媒体与实物型媒体的组合（如投影与标本，模型等组合），图像型媒体与音响型媒体的组合（如投影与录音等组合）以及静态型媒体与动态型媒体的组合（如实物、模型与电影等组合）四种类型。在组合的结构模式上分为串联结构，并联结构和串、并联结构三种。

（1）串联结构。在教学过程中，教师分别用不同媒体帮助学生学习和掌握某个知识点，或完成某个教学环节的教学任务。其结构模式如图 2-5-4 所示。

图 2-5-4　串联结构组合模式

（2）并联结构。在教学过程中，教师用多种媒体共同帮助学生学习和掌握某个知识点，或完成某个教学环节的教学任务。其结构模式如图 2-5-5 所示。

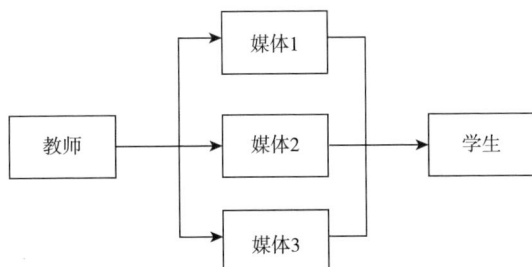

图 2-5-5　并联结构组合模式

（3）串、并联结构。在教学过程中，综合运用上述两种结构。例如，用多种媒体共同帮助或分别帮助学生学习和掌握某个知识点，或完成某个教学环节的教学任务。其结构模式如图 2-5-6 所示。

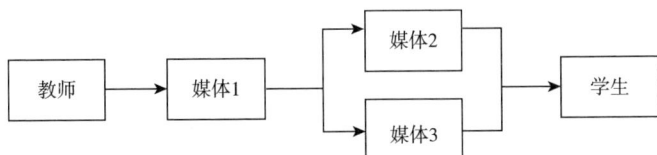

图 2-5-6　串、并联结构组合模式

一个好的教学媒体组合的整体结构应具备这样几个特点：信息传递量大，速度快，质量高；能调动学生多种感官共同参与学习，且相辅相成；各种媒体的主要优势都能得到充分发挥；各种媒体都信手可得，且操作使用方便。

通过现代教学媒体的使用时机并考虑其主要因素，在组合现代教学媒体时应遵循以下原则：目标性原则、最优化原则、适度性原则、反馈互动原则、经济与实效相结合的原则。

三、基于翻转课堂的高中新课程化学教学设计模式

"翻转课堂"（Flipped Classroom），是指学生在家或者课外先观看教师事先录制好的或者下载好的一段授课视频，回到课堂进行交流并完成作业的教学模式。

"翻转课堂"教学模式自被提出后，逐渐成为现行课堂教学改革的引导语，正不断冲击着传统的学科教学方式。

（一）"翻转课堂"与"深度学习"的实践融合

"教"与"学"的简单时序重整，并不能优化学生的学科学习，而"翻转课堂"教学模式运用的重要意义在于提升学生的学习能力，激发学生的深度学习。

"翻转课堂"的教学模式，扩展了教与学的时空限定及思维局限，为学生的学习从浅层进入深度创造了条件。那么，如何利用"翻转课堂"教学模式来提升学生的"深度学习"呢？

1. 教师理念要切合"深度学习"

近年来，我国基础教育的发展方向从"以教定学"走向"以学定教"。教师在教学时关注了学生"学"的主体地位，同时也转变了教师"教"的引导方式。因此，教师教学理念的转变是"翻转课堂"价值能真正落实的基本保证。若教学理念以"教"为重心，则会更注重"传授—接收"形式的教学模式；若教学理念以"学"为重心，则会更赞同"自主学习—探究活动"形式的教学模式。"翻转课堂"提倡的是取"传授—接收"与"自主学习—探究活动"两者之长，即将以"教"与"学"为重心的两种教学方式进行有机整合，形成一种新型的混合型教学方式，它将更关注有效的传递和教师引领下的自主探索相整合的教与学方式，这也是保障"翻转课堂"得以有价值落实所需秉持的教学理念。

2. 目标设定要关注高能思维

现行的"翻转课堂"出现了仅以简单教与学顺序进行翻转的情况，其根本原因是教师的教学目标设定在对知识的识记与了解等低能思维层次，而未将"迁移、评论、创新"等高能思维的提升作为教学的重要目标。高能思维的实现需要学生有对应高能思维的积极性与主动性，只有学生全力进入高能思维，并不断应用高能思维进行思考，高能思维才会得到广泛的提升。高能思维是基于基础思维发展的批判性思维与创新性思维的结合体。

在"翻转课堂"中，如果将学科目标设定为高能思维的提升，则学生学习方法的使用、教师引导形式的运用、教学活动的设计及评价方式的选择等一整套教学流程，均将以高能思维的提升而开展。因此，要实现"翻转课堂"，促进"深度学习"的目标，教师一定要将高能思维的提升作为教学目标来设定。

（二）"翻转课堂"与"创生课堂"的统整

"创生课堂"是指在课堂教学活动中，促进学生提出新问题，发现新知识及规律，形成新的知识图示与新的情感体验，提升学生创生性学习能力，并促进教师实现创生性教学的一种新型课堂。"翻转课堂"本质上是要实现课堂的创生，即实现"创生课堂"。

"翻转课堂"和"创生课堂"都是符合新课改理念的高效课堂，如果将两者进行有效整合，在"翻转课堂"的基础上实施"创生课堂"，在"创生课堂"的引领下落实"翻转课堂"，无疑有利于更好地落实课改的精髓，更好地实现"高效课堂"。

那么如何将两者进行有机统整呢？

1.技术支持：利用网络技术，实现"翻转"基础上的"创生"

"翻转课堂"是通过微视频而实现的"先学后教"的学习模式，它的核心价值是促进学生的创生性自主学习能力。我们要实现有效的"创生"，首先可以充分利用微视频等的网络技术支持。在具体实施时，我们可以分以下三步进行。

（1）创建视频："创生课堂"的起始点。"翻转课堂"中利用的课前微视频，是知识蕴含的基石，是"创生课堂"的起点，也是高效课堂的落脚点，所以录制或者剪辑时，要注意三点：① 可引发学生兴趣，激起学生延伸学习的欲望；② 可有效展示本知识点的基础知识和基本技能；③ 可激发学生对本微课知识的深度思索，促进学生形成问题链。

只有课前的微视频真的有趣并有用，学生的自主学习才能更有效，才能为后面的高效、创生课堂打好基础。这个环节是"先学后教"中的先学阶段，这个阶段是培养学生自主学习能力的最好时机。

（2）在线研讨："创生课堂"的提升点。通过微视频的观看，学生已对此知识有了基础性的了解与思量，接下来就可以利用互联网进行在线研讨。学生可以在微云论坛中提出自己的问题，分享自己的学习心得，并与其他同学及老师实现网上的实时探讨。认识达到一定程度时，完成微云上老师预先设置好的"提升练习"，通过网络系统给学生指出错误，实现知识与能力的提升。

（3）学以致用："创生课堂"的灵魂点。通过"在线研讨"与"提升练习"等项目的网络系统统计，教师总结学生的典型错误，并在课堂上列出，引导学生进行课堂分组探究讨论活动，完成知识的内化与整合。这个环节是"先学后教"中的后教阶段，是培养学生在课堂上的合作探究能力与创生学习能力的最佳时机。

"后教"是在"先学"的基础上的再次创生，是"创生课堂"实施的一次深度提升，只有将这三步完美结合，充分体现创生的价值，才能更好地提升"先学后教"的"翻转课堂"教学模式，实现高效创生课堂。

2. 学科特色：结合学科特点，实现"创生"引领下的"翻转"

要实现"翻转课堂"与"创生课堂"的有效整合，还需联系各学科的特点。要根据各科课堂运行的实效，来判断"翻转课堂"与"创生课堂"的深度融合情况，及相应的课堂表现形式。

对于科学类科目，如物理、化学，这些均是以实验为主，并与生活紧密联系的科学，这种科目在课堂上的"创生"，主要是对某个实验的装置、药品放置顺序的创生性改良，或者对生活中一些现象的创新性理解等。与之相对应的翻转课堂模式，可能就不一定局限于每堂课前观看微视频的形式，可以让学生进入实验室或进入家庭生活中进行实验的现场模拟，然后再进行"在线探讨"及"提升练习"。而对于历史、政治等这类以概念性为主的科目，课堂的创生大部分均是在某些概念的内涵与外延上的深入，这时，课前的自主学习仍应以创建微视频并配合相应的导学案为主。这类学科，只有在学生深刻理解概念的基础上才能实现课堂的创生。

另外，同学科的不同类型课程，根据创生的目标不同，也应实时调整微视频的内容及功能。如在学习基本概念与方法的课堂前，微视频的作用是让学生初步感知并理解新知识，学会初步的应用，课堂上再创生，进行新知深入的理解与应用；在复习课的课堂前，微视频的作用是指导学生发现不同知识点之间的联系，利用导学案引导学生进行知识框架的初步建构，课堂上再创生，引导学生讨论与分析，完善自己的知识框架并将其纳入原知识体系中，改进原知识图式。

正是由于不同学科的"创生课堂"的主要目标不尽相同，这就要求我们要充分利用"翻转课堂"的各种外在形式来与之相匹配，实现"创生"中的"翻转"。

总之，"翻转课堂"要实现提升学生的创生技能，需以"创生课堂"的创生点来创设课前微视频与课堂活动形式，"创生课堂"要实现师生在课堂上进行创造性的教与学，并提升学生自主学习的能力，需以"翻转"的教学理念为依据来预设合理的创生内容与创生形式。如果可以将两者进行有机整合，必将提高课堂教学效率，实现高效的课堂教学。

当然，要真正实现"创""翻"的深度融合，实现深度学习，还需教育工作者的进一步努力与实践。在这个过程中，教师要将自己变为课堂教学环节的引导者与组织者，真正实现学生的主体地位，真正实现"翻转课堂"的教学模式走向"翻转课堂"与"创生课堂"融合的教学模式中，实现"翻转课堂"的核心理念与核心价值，实现课堂的创生。

（三）利用"微课"促生"翻转课堂"的建议

"微课"（Micro-lesson），是指以先进的教学思想为基础，以提升学生学习效率为目标，经由教师准备的视频、图片等方式，围绕某个节点内容或者重难点而展开的教学形式。其内容短小精炼，且有针对性，一般进行 5~15min。"微课"的风靡，使我们看到了课堂教学改革的新趋势，这种可以随时随地观看、可以暂停快播观看的小视频，作为学校教育教学的有效补充，给学生的学习带来了很大的便利。

作为"翻转课堂"的一种教学模式，"微课"存在着很多的不足，有待于进一步发展和完善，但是它也有其独特的优势。在近几年的化学教学中，有些教师已经尝试过利用"微视频"的教学，并取得了较好的效果。我们要利用"微课"和"翻转课堂"的优势来为我们的化学教学服务，在利用时，我们可以从以下几点来切入。

1. 利用"微课"来激趣导入

利用"微课"的直观、形象的特点，激发学生的学习兴趣，这在实际教学中应用最多。比如：在讲解金属的性质时，很多教师想利用前段时间的"粉尘爆炸事件"来引入，但是直接做实验是不现实，这时候就可以用微视频来模拟此过程，进行教学导入。

2. 利用"微课"来创设情境

比如在讲"平衡移动的影响因素"这部分内容时，可以在课前让学生看一段"微视频"实验，内容为：改变溶液酸碱性对重铬酸根与铬酸根离子间转换平衡的影响，分别改变温度和压强对二氧化氮与四氧化二氮分子间转换平衡的影响，让学生自己分析总结，并分析工业合成氨生产条件的选择。这样带着实际问题的"微课"，不但可以培养学生的自学能力，还可以锻炼学生的独立思考能力，通过第二天的课堂讨论，更可以锻炼学生的分析问题能力并培养学生的积极情感，这样的"微课"和"翻转课堂"无疑是有效并高效的。

3. 利用"微课"进行课后辅导

高中化学中有很多难点问题，特别是选修教材"化学反应原理"中，既有知识点的难点，也有知识应用（习题）上的难点。有些难点是学生仅靠看书或者看参考答案无法解决的，有些难点是需要学生反复学习的，这时候就需要教师在课后面对不同的个体进行重复辅导。如果可以将这些知识难点和习题分析通过优秀教师来录制成一个个"微视频"，并在一定的范围（比如同年级、同校乃至同地区）内达到共享，则可以在一定程度上发挥优秀教师的讲授资源，提高课后辅导的效率，既方便了学生，也方便了教师。

总之，对于"微课"，我们既要积极研究，发挥其长处，又要改进，避开其短处。我们既不能盲目跟风，任意"翻转课堂"，又不能完全排斥，忽略先进的现代化教学技术带来的优势。

（四）基于核心素养培育的"深度学习"教学模式

1. 深度学习与核心素养

深度学习（Deep Learning）也叫深层学习。我国在深度学习方面的探索，始于 2005 年上海师范大学黎加厚教授的定义：在理解学习的基础上，学习者能够批判性地学习新的思想和事实，并将它们融入原有的认知结构中，能够在众多思想间进行联系，并能够将已有的知识迁移到新的情境中，做出决策和解决问题的学习。后又经教育部"深度学习总项目组"对定义进行完善：在教师引导中，学生根据某个情境性的研讨课题，全神参加，收获成果，得到提升的有实践价值的学习过程。在此进程中，学生理解学科核心体系，融入学习进程，领悟学科的思维方式，产生强烈的学习兴趣、高阶的情感体验、明确的价值取向。从定义可以看出，深度学习拥有下列特性：①知识融入的深刻性，即需深入理解知识的各项特殊性能；②问题解决的系统性，即需系统地把握问题，利用不同学科间的知识联系，促使知识间的跨越与整合，从而寻求问题的解决；③思维启动的高阶性，即在探索学习中，需运用辩证思维、抽象思维与创新思维。

我国对提升学生核心素养的方式、路径等内容的全面解释，始于 2016 年 9月 13 日颁布的《中国学生发展核心素养》一文，该文从文化基础、自主发展、社会参与三个角度，将核心素养划分成包括健康、学习在内的六方面素养，更细致地划分出 18 个基础小点。因而，核心素养是社会人为顺应信息高速变化的时代需求，而必须具备的解决未知情景问题的高阶能力，是各种关键能力的整合体。

提升学生的学科核心素养，是教育教学追求的目标。在运用深度学习提升学生学科核心素养的进程中，不但提升了学生感受真实情境的能力，而且促使学生对学习资源进行整合，与原有的知识图示、亲历体悟建立起关联，实现高阶层的学习效能，获得感悟现象、探求本源的高级体验。

深度学习与核心素养两者是相辅相成的。首先，深度学习是核心素养落实的基础。核心素养是一系列必备能力与必需品格的集合体，必须利用特殊的学习方式使学生的思想深处受到启迪，从而形成稳定的处事风格，而这种思想深处的思维产生及高阶能力的培养，离不开深度学习的映照。其次，核心素养是深度学习探求的价值。学科知识是培养核心素养的承载物，学科知识的迁移与应用是提升学生关键能力的重要方式。深度学习作为一种处于思维深处的学习方式，有利于扩展学生思维的广度与深度，而这正是核心素养所需达成的目标，也是深度学习追求的价值体现。同时，在教学过程中深度学习开展的广度，很大程度上影响了核心素养落实的程度。

2. 基于核心素养培育的深度学习的探索

核心素养的提升源于学生，需要学生践行深度学习。学生是学习的主要落实者，教师只起到引领作用，而无法全然代替。深度学习，需要学生全神沉浸、主动探求，经过了解、领悟、评价、经历新增的知识内容，同时将其深层挖掘、有机合并到学习者的原有知识图式中，使学生可以灵活地迁移运用到实践生产生活中，进而提升学生的学习能力，培育学生的核心素养。要让深度学习从"理论必行"到"实践可行"，从而实现学生核心素养的提升，教师可以从以下两方面着手。

（1）问题意识。问题意识是深度学习的基点，是创造性学习的基石，是跨越重现与模拟，进入深层探索的起点。学科教学的深度学习不在于用晦涩难懂的问题来难倒学生，而是要引领学生积极主动地产生问题，并寻求合适的方式解决问题。在学习进程中，思维的深度常取决于问题的适合程度，所谓"学"取决于"问"，有了"问"才能产生相应的"学"，才有了"学问"。而学生的"问"，需要有积极状态与自觉意识，同时要学会不断地追问，直至解决问题的本质。著名学者朱熹认为：读书刚开始需要学会提出问题，有了问题，人的大脑皮层才会处于思维状态。而产生了相应问题后，要在学习中去解决问题，最后将问题都解决变为没有问题了，这才算是真正的长进。

例如，在教学"有机反应类型"部分内容时，涉及有机反应常见的反应类型："取代反应""加成反应""消去反应""氧化反应"与"还原反应"等，运用深度学习，则需产生问题意识，将有机反应的类型与前面已学过的无机反应类型建立起联系："有机反应中的'取代反应''加成反应''消去反应'分别与无机反应中的'复分解反应''化合反应''分解反应'的反应过程非常相似，为什么不沿用无机反应的分类方式？""无机反应中对于化合价变化的反应统称为氧化还原反应，而有机中为何要将反应分为'氧化反应'与'还原反应'两类？这样分类有什么优势？"通过问题的创设，学生对有机反应的学习程度自然会更深入一层，这样的问题意识更有利于学生从有机反应的本质对有机反应间的转化进行深层理解。

只有培养好学生的问题意识，才能使学生在学习进程中进入深度学习，持续用问题作为教学引导，深入理解学科内涵，才能更丰富学生的认识层面，丰盈学生的思想层次，从而不断提升学生的核心素养。

（2）思维活度。教学不是需要注满一桶水，而是需要点燃一把火，而这把火就是学生的思维之火。学科教学的深度学习需要激发学生的思维活度，使学生融入一种积极探索的求知状态中。为此，教师更要深入理解教材与课程标准，要将教材的内容进行深度整合，并将真实的问题情景带入课堂中，引发学生的思维之火，激发学生的思维之度。激发学生思维的方式有很多：激励设疑、唤起思索；巧设问题、启迪思路；引领评判、提升思想；精修细补，升华思维等。

　　为了激发学生的思维，建构统整的知识系统，教师还可以采取"5W1H"法进行思维引导。"5W1H"法具体是指：Why（什么原因）、What（是什么）、Where（在哪里）、When（什么时间）、Who（什么对象）、How（用什么方法）等六个角度提出问题，从而引导学生进行思考。如在进行"氯及其化合物的性质"部分内容教学时，教师可以先从 Where 与 Who 开始说起，即从自来水的漂白用品的主要成分——次氯酸钙，或者从"84 消毒液"的主要成分——次氯酸钠为起点；继而再从 When 与 What 入手引导学生思考："什么时候需要用到它们？""使用时真正起作用的是什么成分？"；继而再追问 Why 与 How："为什么可以使用它们来达到预期效果？能不能用其他物质代替？""如何制备它们？使用它们时要注意什么？"运用这样的思维引导方式，使学生跃出思维的局限，在已知知识与未知知识之间建立起桥梁，并活跃学生的思维能力，培养学生的思维方式。

　　这样的思维活度培养方式，不但可以建构学生对本知识点的系统框架，而且有利于发展学生的发散思维与系统思维能力，提升学生的学科核心素养。

第三章　高中化学教学设计

第一节　化学教学设计理论基础

一、化学教学设计的内涵与作用

（一）化学教学设计的含义

有教学就有教学设计。教学设计是有效教学的前提，就像建筑房屋要设计图纸一样，是教师对教学过程中要"教什么"和"怎么教"进行有计划安排，作出教学的整体规划，形成教学思路，且形成有培养目标的、可操作性的教学方案。

从某种意义上说，教学设计是分析教学问题、设计解决问题方法并加以实施，直到问题得到解决的过程。教学设计又可认为是在系统科学方法论的指导下，依据现代教育理论和化学教学原理，分析教学问题、教学目标、教学对象和教学内容，对整个化学教学活动进行规划和安排的一种操作过程。不同的教学内容，教学设计的思路和方法不相同；同样的内容，不同的教师的教学设计思路也不可能完全相同；同样，即使教师和教学内容相同，不同的教学对象，所选择的教学方法思路也有可能不同。因此，教学设计是一项具有创造性的工作，它充满着教师的智慧。教帅在教学设计时，要综合考虑这些因素，选择最适合于木节课的教学方法。

（二）化学教学设计的作用

1. 教学设计是开展教学活动的前提和基础

每节课都离不开教学设计（也就是我们熟知的备课）。老教师要备课，新教师就更要备课。只有通过教学设计，教师才能熟悉教材的基本内容，才能把握知识的结构体系，明确教材的重难点和教学目标，才能选择恰当的教学方法和教学手段，合理安排教学过程以保证教学活动的正常进行。

2.教学设计有利于全面落实课标提出的教学目标

教学设计首先要求深入钻研课程标准，充分领会教材的编写意图，明确教材中培养学生的能力因素，并依此制定出合理可行的教学方案，从知识与技能、过程与方法、情感态度与价值观3个维度全面落实教学目标。

3.教学设计能提高教学效率和教学效果

教学设计要分析教学内容、教学对象等，在分析的基础上制定出教学思路和策略。教师不仅将教学内容熟记于心，而且能灵活地运用教学方法与策略，针对性地教学，最大限度地调动学生的学习积极性，使课堂教学效率和教学效果都能得到提升。

二、化学教学设计的构成

从传播论的角度出发，化学教学可以看成是一个系统。这个系统的构成要素包括有4个方面，一是信息的传播者——教师，二是信息接收者——教学对象（学生），三是媒体（信息传播的方法）——教学手段（教学方式和方法），四是教学信息（来源）——教学内容（化学课程与教材）。这些基本要素构成了完整的教学系统。

（一）教师

教师是教学的主导者，是教学系统中最关键的要素之一。要开展有效的教学，教师就必须分析教材内容、教学目标、教学对象等，制定出切实可行的教学方法和策略。

（二）教学对象

施教对象的初始状态（包括知识基础起点和能力起点等）直接影响着教学的成效。在教材分析时不仅要了解学生具备的起点知识，还要清楚学生的起点能力。初中的学生观察分析能力较差，则教学中要教师加以引导，才能帮助学生达成目标。高一的学生已具备一定观察分析能力，教师可以创设情境，让学生自己提出问题并解决一些简单问题；高一的学生已逐步由具体的形象思维过渡到抽象思维，但思考时仍需借助感性材料来辅助。初中的学生实验操作技能较弱，他们还停留在模仿阶段，不具备设计实验的能力；高中学生已经不同程度地受过研究物质的实验方法和科学探究的基本步骤的训练，他们已有了设计简单实验和科学探究的能力。那么，在教学中就可以让高中的学生参与设计实验，对初中的学生则主要训练他们的实际操作能力。

根据"教为主导"和"学为主体"相合教学原则，教学的主体是学生，教学系统的服务对象是学生，为了搞好教学工作，必须认真分析、了解教学对象——学生的初始情况（学生的基础知识、初始能力以及学习态度等），在了解学生的基础上，教学设计才能做到有的放矢。高一化学在讲"化学平衡"前的学生情况诊断学生在初中已涉及过溶解平衡，对于这个概念的了解，可以编制以下诊断题：① 一提到"平衡"，你的第一反应是什么？（用该问题能诊断出学生对平衡概念的认知层次）；② 你知道溶解平衡的特点吗？（该问题能够诊断出学生对平衡概念的理解程度）；③ 你知道物质溶解时与达到溶解平衡后有什么区别吗？（该问题能诊断出学生能不能从整体上把握溶解平衡的特征）；④ 你能把化学平衡与溶解平衡联系起来吗？（该问题能诊断出学生能否进行知识的迁移）。

从上述问题，教师能知道学生对于"平衡"概念的理解程度，尤其是对"平衡的特点"的了解，因为"平衡的特点"是化学平衡的精髓。教师在掌握了学生的情况之后，相应地处理教材，进行有针对性的教学。

（三）教学手段

教学手段是为实现教学任务而采用的教与学的方法、策略，例如，一堂课主要安排什么教学活动，设计何种教与学的方法，选择什么教学媒体，怎样利用现有的教学资源，设计怎样的教学环节等。

（四）教学内容

不同的教学内容所采用的方法和策略是不相同的。新课内容设计要以建立知识点为主线；复习课教学设计以构建知识点的逻辑关系、加深对知识的理解与应用为主要目标。元素化合物知识的教学设计，主要以结构—性质—用途关系展开；化学概念、原理的教学设计以解析概念原理为主题。

三、化学教学设计的一般过程

就单元教学和课时教学设计而言，其过程大致可分为设计准备、构思设计和评估优化 3 个主要阶段，每个阶段又可分为不同的过程。

（1）设计准备阶段。分析课程标准，分析学生情况，分析教材，分析教学资源。

（2）构思设计阶段。设计教学目标，将课程目标与具体的课时教学目标衔接；分析知识间相互关系，设计教学思路、教学情境、设计多媒体等，设计教学巩固、应用和反馈环节等。

（3）评估优化阶段。教学效果的预测，教学方案评估与选择，教学方案的调整与优化。

第二节　高中化学内容与目标设计

一、化学教学内容的设计

（一）化学教学内容概念

化学教学内容是指教师根据一定的化学教学目标和学生学习化学的特点，在有效利用和开发化学教学资源的基础上，经过对化学课程内容和化学教材内容的重新选择和组织，所提供给学生的各种与化学学习有关的经验。对于这一概念，可以通过以下几点进一步理解。

1. 化学陈述性知识

化学陈述性知识是指"是什么"的知识，即对内容的了解和意义的掌握（如概念、规律、原则等）的知识。它包括化学知识中的言语信息、概念、规则等，如元素符号、质量守恒定律等。

（1）言语信息：有关名称或符号的知识。如物质名称、化学仪器、元素符号、化学术语、化学用语等。

（2）定义性概念、具体概念、抽象概念：简单命题或事实的知识。如基本概念，元素及化合物的性质、用途等。

（3）原理、规则：有意义的命题组合知识。如物质结构、化学定律、溶液理论、化学平衡等理论知识。

2. 化学程序性知识

化学程序性知识是指"怎么用"的知识，就是在遇到新的问题时有选择地运用概念、规律、原则的知识，它与认知技能直接联系，即化学原理、规则等的运用。例如，质量守恒定律属于陈述性知识，而应用此定律进行计算则是程序性知识。

3. 化学策略性知识

化学策略性知识是指"为什么"的知识，即知道为何、何时、何地使用特定的概念、规律、原则。它是关于如何思考以及思维方法的知识，它与认知策略直接联系，所以一旦掌握，能自觉地、熟练地、灵活地运用，那么它就转化成了能力。

（二）化学教学内容设计的过程

在化学教学的过程中，教师如何组织教学内容，并且通过怎样的形式将教学内容呈现给学生，是教师在教学设计的过程中需要重点考虑的问题。教师需要根据学生的特点和教学目标，对教材的教学内容重新进行编排和组织，使得教学内容既有严谨的逻辑结构，又符合学生的认知规律，有助于学生系统化地掌握知识。教学设计的过程中需要经历以下四个步骤。

1. 分析教学内容

不同的教学内容有着不同的结构特点，分析教学内容是教学内容设计的关键一步，走好第一步对后续工作的顺利有效开展起着积极的指导作用。确定教学目标是设计教学内容的基础和保障，分析教学内容需要依据教学目标，时刻以教学目标为行为准则，以达成学生的教学目标为目的进行。对教学内容的分析不能浅尝辄止，蜻蜓点水，流于形式，而是要做到细致、具体、深入。

2. 选择教学内容

教师在根据教学目标分析教学内容之后，需要选择具体的教学内容以满足学生的学习，选择教学内容，不必仅仅简单地停留在教材上，教师要扩大查找教学内容的范围，参考书及网络上等途径都是教师进行教学内容筛选的方式。教师不应拘泥于形式，应该开阔教学内容选择的视野，收集各种有效的教学内容为自己所用，促使学生获得丰富而完整的知识。

在选择教学内容的过程中，教师需要注意所选择的教学内容应该是先进的科学知识，对学生获取经验具有重要作用，内容要具有有效性。所选择的教学内容尽可能形象直观，便于学生直观地学习知识。所选的教学内容的深度和广度要适宜，不能太难，增大学生学习的认知负荷，也不能太简单，浪费学生的记忆容量。教学内容要适合学生的学习能力，适应学生原有的知识水平。注重内容的广泛性，选择的教学内容能够为学生提供多样化的学习机会，不仅为学生提供知识、技能方面的知识，也要有关于情感态度方面的内容，促使学生三维目标的达成。

3. 呈现教学内容

教师选择的教学内容需要通过一定的方式呈现出来，教学内容合理的呈现方式能够促进学生认知结构的构建，帮助学生形成完整的知识体系。教师需要根据教学内容的特点选择合适的呈现方式。教学内容呈现的过程中，需要体现出知识呈现的典型性，促进学生的思维建模。在化学教学过程中，需要学生形成一定的思维模式，它能够使学生快速对知识进行编码，便于对知识进行迁移和整合。教学内容呈现需要保证其准确性，培养学生严谨的思维和科学态度。任何一个知识无论是知识本身还是它的外延和内涵，教材的编排在某些方面出现知识点的模糊处理，这需要教师引导学生理清准确的知识，使得学生真正理解知识，便于培养学生思维的严谨性。

4. 组织教学内容

教师精选的教学内容要进行合理的组织，从而保证知识的完整性和系统性。教师需要依据对教学内容分析的结果进行教学素材的组织。在组织教学内容的过程中要注意保证知识的完整性，教师最终呈现给学生的知识体系应该是完整系统化的，知识的完整性也在潜移默化中培养学生的整体性思维。教师需要引导学生从整体上把握有关的化学知识，使得学生在整体观的引领下，按照一定的规律进行学习，形成特定的思维方式。例如，教师按照"位、构、性"的方式组织开展元素化合物类的知识学习，有利于使学生掌握元素在周期表的位置与其结构的关系，以及结构影响性质的基本规律，促使学生从微观到宏观认识物质的特点。同时，组织教学内容还需要保证知识的连续性，从而培养学生的逻辑思维，学生逻辑思维能力的培养需要教师在呈现知识的时候有一定的梯度，将知识形成知识链串联起来，不仅降低学生的认知负荷，也促进学生的逻辑思维能力的提升。

（三）化学教学内容设计的原则

1. 基础性原则

《普通高中化学课程标准》（以下简称《标准》）指出，义务教育阶段的化学课程应体现其启蒙性和基础性。

化学知识浩如烟海，化学与社会的关系层次众多，错综复杂，哪些是学生未来发展所需最基础的？哪些是学生初步认识自然所必需的？这一点《标准》为我们做出了回答，为教师的"教"与学生的"学"划出了范围，做出了规定。

教师的教学设计要紧紧围绕课程标准组织素材，要根据所教学生的学习能力、知识基础等实际情况选择内容，不能任意将内容的知识难度拔高。那种脱离教学实际，一味照顾学科知识体系追求概念的严密、知识的完整而使教学难度增大的做法，或创设情景的素材所涉及的知识远离学生实际情况的做法，只会损伤学生的学习兴趣，降低学习的效果，与教师教学设计的初衷相悖。

例如，有位教师为了说明"所有的盐溶液一定呈中性"这句话是错误的，安排同学动手实验，测定了碳酸钠、硫酸铜、氯化铁、氯化铵四种溶液的酸碱性，从而否定了这一说法。这位教师注重用事实说话无疑是非常好的，但在普通的日常教学中安排一个无法对初中生讲清道理的探究活动是不合适的，这一动手实验仅能使学生经历"现象—结论"的感性思维过程，并不利于学生真正形成探究能力。当然，如果教师能巧妙地利用这种认知冲突，激起学生对化学进一步学习的愿望，则也可视为一个好的设计。

这里所说的基础性，并不是说必须在课程标准设定的范围内进行教学，与《标准》相当的具有地方特色的情景素材也是好的课程资源，对于学习能力较高的学生扩大知识面、增大学习容量也是其发展所必需的。教学设计中掌握好基础性的原则关键是要根据实际情况，把握好内容选择的度。

2. 现实性原则

现实性原则是指在选择教学内容、创设教学情景时，要考虑突出科学、技术与社会的关系，让学生认识化学学科的发展增进了人类对自然的认识，改善了人类生活、生存的方式，促进了社会的进步，形成了文明发达的社会体系。

从学生学习的角度来看，建构主义学习观认为，知识不是通过教师传授得到，而是学生在一定的情景即社会文化背景下，借助其他人的帮助，利用必要的学习资料，通过建构意义的方式而获得，技术与社会内容本身就是科学、技术与社会的紧密联系，其形成的学习情景是真实、生动的，学生在参与中最易获得直接的经验，因而在很大程度上能引起学生的兴趣，有利于学生自己构建知识体系。

3. 思想性原则

思想性原则有两层含义：

一是所选择的内容和所创设的情景要能够"增强学生热爱祖国的情感，树立为社会的进步学习化学的志向"。一般来说，火药的发明、陶瓷的烧制、蔡伦的造纸术、殷商时代的冶金术、侯德榜制碱法等都是可开发、挖掘的素材。另外，国外化学家的事迹，如居里夫人孜孜不倦地追求科学的真理，发现并命名镭和钋的过程；科学家罗蒙诺索夫、门捷列夫对科学和世界的贡献等都是极好的教育素材。

二是指要注意素材集合的负面效应。如在进行有关环境保护、水污染等内容的教学时，虽然，教师搜集一些典型的污染案例，在课堂上这些事例的罗列确实能给学生以较大的心理冲击，使他们认识到污染的严重性。但是，过多的负面素材，单一的负面事实，会使学生产生对化学的畏惧感，产生对人类生存环境的失望感，从而背离了教学设计的初衷。

二、化学教学目标设计

（一）教学目标

在教学活动开始之前，教师就已经有了对教学结果的预测，但是这种预测并非僵化的、固定不变的，而是随着教学活动的展开在不断地建构、生成。教学目标对教学的导向、激励、评价以及聚合功能使教学目标的研究更加具有理论与实践价值。教学目标作为具体教学过程的指引方向，具有自身的一些特点：预期性、生成性、整体性、可操作性、可测量性。

通常在表述教学目标时，人们往往喜欢借助于行为动词来表达，并且在有些情况下教学目标的实现与否是可以通过一些可测量的行为来观察的。例如，学生能够在10分钟内流利地背写出本节课所学的符号，这些可见的行为是可以以一定的方式来测量的，在这样的情况下，教学目标的可操作性、可测量性得以体现。但并非所有的教学目标都必须以可操作、可测量的方式来检测，外显的可测量的行为未必是教师和学生内在真实的所思所想，这一点是必须注意的。

（二）高中化学教学目标

化学教学目标是对教学目标的化学学科式的进一步阐述，是指导、实施和评价化学教学的依据，也是整个化学教学设计的基础。2003 年 4 月，教育部颁发了《普通高中化学课程标准（实验）》两个重要文件。文件体现了国家对 21 世纪初化学课程的基本规范和要求。这是我国化学课程发展史上的一件大事，对我国 21 世纪的化学教育无疑将产生深刻的影响。"基于课程标准"是真实课堂教学目标实践的基础，从化学课程中的"三维目标"内容理解教学目标要求很有必要。

全日制高中的化学教学，是在九年义务教育的基础上实施的较高层次的基础教育。高中化学课程标准主要由"前言""课程目标""内容标准""实施建议"四部分组成。这四部分涵盖了化学课程的基本理念、目标、结构、内容、实施、评价、管理等要素，如图 3-2-1 所示。

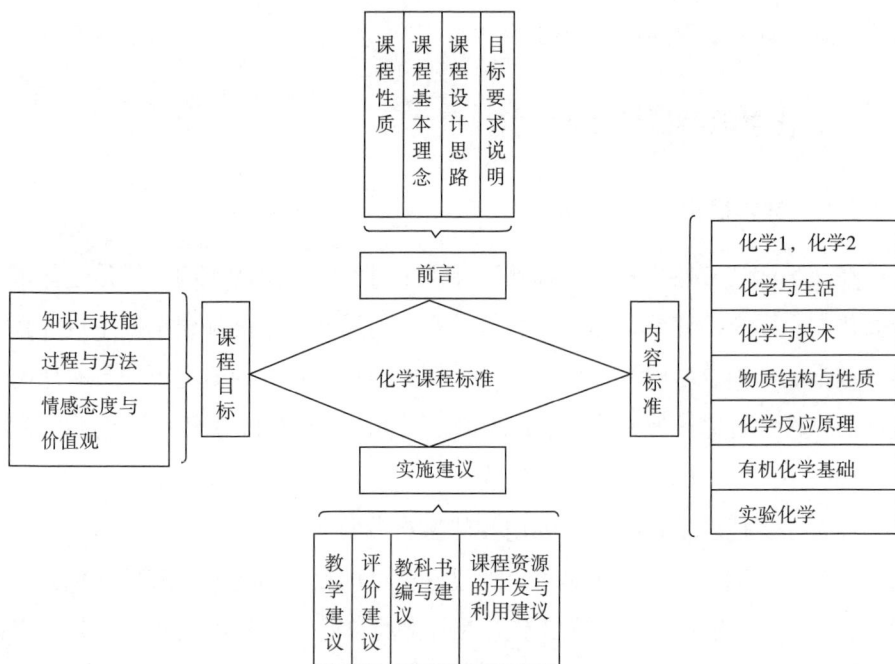

图 3-2-1　高中化学课程标准结构

第三节 高中化学教学设计要素

一、分析高中化学教材

（一）整体分析教材的编写思路

1.全面认识教材的编写理念和特点

总体来看，教材编写理念主要有三种。第一种，以"学科为中心"，追求理论体系，忽视学生的认知特征和实践活动，内容难度大，脱离社会实际。第二种，以"社会为中心"，突出学生发展，着眼于科学素养提升，密切结合学生的生活经验，重视化学、技术与社会之间的广泛联系，倡导"做中学"。第三种，介于第一、第二种之间，有人称之为"融合型"教材，该类教材关注学生科学素养的培养，强调实验在理解知识和培养科学探究能力方面的重要作用，较好地体现了化学学科的思想方法，是目前世界上使用最广泛的一类教材。

2.深入分析教材的编排体系和编写体例

编排体系是指教材内容的组织，它包括各单元内容主题的确定及其编排顺序两个方面；编写体例是指教材的形式要素，主要包括教材栏目的设置。

（1）化学教材的编排体系。编排体系主要包括各单元内容主题的确定和编排顺序，即教材选择了哪些主题内容，又是按照什么顺序编排的。影响教材体系构建的因素主要有学科、学生和社会三种。学科因素要求反映化学学科知识的内在逻辑结构。学生因素要求教材体系要符合学生的认识规律和心理发展水平，关注学生的学习需求。社会因素则要求以社会问题为中心来选择教材内容，从社会问题出发构建教材体系。

（2）化学教材的编写体例。编写体例主要是指教材内容的呈现方式，大致有两种。一种是说明的方式，学生的学习大多是记忆和接受；另一种是对话的方式，学生的学习主要是理解与探究。

传统教材的编写体例主要是说明式的，缺乏与学生的对话和交流。在新课程背景下，编写体例突出了对话式，并设置了丰富的栏目，以此激发学习兴趣，转变学习方式。

（二）具体分析教材的内容特点

1. 分析教材内容在教学中的地位和作用

地位是指某一具体内容在教材内容体系中所处的位置；作用是指该内容对发展科学素养的价值。分析地位，是为了突出内容之间的联系。一方面是指该内容与学生已有知识的联系；另一方面是指该内容与前后知识的联系。分析作用，是为了全面发展科学素养，主要分析是否涵盖化学学科的基础知识和方法，是否体现化学基本观念和发展趋势等。

2. 分析教材内容构成及其呈现方式

关于内容构成，主要是指教材中包含哪些主要内容及其呈现方式。常见的呈现方式主要有直线式、演绎式、归纳式（表 3-3-1）。

表 3-3-1　教材内容的呈现方式

呈现方式	特点	对学生发展的要求
直线式	教材内容处于平等地位，直线推进。内容 1→内容 2→内容 3	在有限时间内掌握很多知识，但学生容易遗忘
演绎式	由抽象到具体，抽象理论先于具体事实	发展思维能力，提高知识水平
归纳式	由低级到高级的顺序排列组合，从简单到复杂、从特殊到一般逐级递进，使教材内容具有内在的序列组织结构	符合学生的认识规律和特点、有利于学生系统地掌握化学知识

3. 分析栏目特点及其设置意图

分析栏目的特点和设置意图，可以采取如下思路（图 3-3-1）。

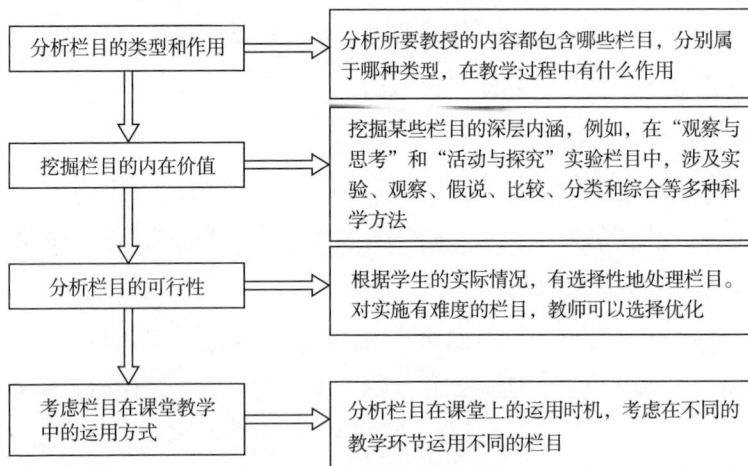

图 3-3-1　教材栏目分析思路

4. 分析教材内容的重点和难点

重点是指教材中最重要、最基本的内容，是知识结构网络中的联结点，是学生必须掌握和理解的内容。可以通过比较找出重点内容，一般来说，和物质的物理性质相比较，化学性质更重要；和描述性知识相比较，反映物质组成、结构的化学基本概念原理更重要；和一般物质相比较，选定的代表物更重要。

难点是指学生感到难以理解或掌握的内容。难点通常包括以下几种情况：比较抽象的内容、容易混淆的内容、综合性较强的内容、逻辑推理比较复杂的内容等。

需要注意的是，重点不一定是难点，难点也不一定是重点，任何一节教材内容都有其教学重点，但却不一定有难点，有时二者是统一的。

5. 准确把握教材内容的深广度

教学是一个循序渐进的过程。教师要把握好教材内容的深广度，不能随意加大难度，搞"一步到位"。例如，不能在必修课程的教学过程中，大量渗透选修内容，更不能受传统高考试题的影响，随意增添教材中已经删减的内容。教师在进行教学设计时，应认真分析和理解教材内容在必修和选修中的地位和教学要求，从课程标准的要求，教材内容知识本身、学生的实际水平等角度来综合把握教材内容的深广度。

（三）深入挖掘教材内容的多重价值

化学知识具有多重价值，如信息价值、应用价值、探究价值、认识价值和情意价值，可以按照"文化—知识—学生—社会"的基本思路来分析和探讨科学知识的价值。信息价值是指化学知识是学生进一步学习和发展所必需的，是为学生的终身学习和适应现代社会生活打基础所必需的，是促进社会发展所必需的。应用价值是指化学知识在解决社会生产实践方面的有用性。探究价值是指化学知识的学习过程对学生心智探究及其心智发展的有用性。认识价值是指学生通过学习科学知识，能形成对世界总观性的认识和看法，这些科学思想和观念支配着学生分析问题、解决问题的思维方式和行为方式。情意价值是指知识的学习过程对学生的情感、意志、态度和价值观等方面的发展产生积极的影响。

二、化学学习者分析

（一）学习者已有知识经验分析

1. 学生已有知识经验的类型

学生已有的知识经验具有多样化和个性化等特征，因此对其分类的方法有很多。下面我们从是否有利于新知识的获得以及已有知识经验的主要来源两个维度来分析学生已有的知识经验（图 3-3-2）。

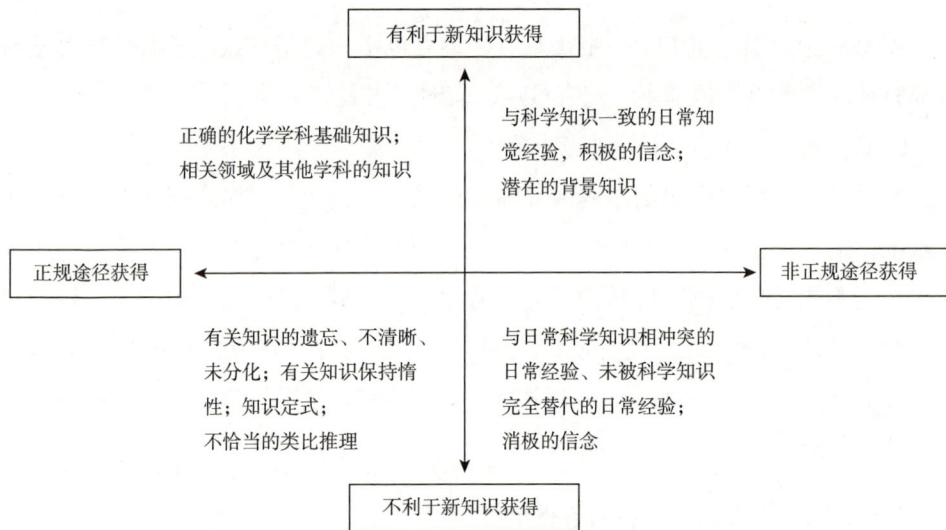

图 3-3-2 学生已有知识经验的类型

有利于新知识获得的知识经验是指这类知识经验是正确的，其结构是清晰的，能够为新知识的获得提供有利的支撑点，对学生的学习起到积极的促进作用。不利于新知识获得的知识经验是指这类知识经验是模糊不清的甚至是错误的，它们与科学知识、科学概念不一致，与新知识存在矛盾冲突，会阻碍新知识的获得，不利于学生学习。

正规途径是指学生在学校，通过教师课堂教学或书本知识的学习、正式的媒体教学、与教师或经验丰富的前辈交流、通过身边表现优秀同学的影响等途径获得的知识经验。非正规途径是指学生通过除正规途径以外的其他途径获得知识经验，包括日常生活中的经验积累以及学生根据已有知识经验对一些日常现象做出解释和推论等。

2. 学生已有知识经验的探查方法

（1）诊断性测验。诊断就是教师看到学生在学习中存在困难，精确地找到这个困难是什么，并发现产生困难的原因。诊断性测验是化学教学诊断的一种最有效的形式。

（2）课堂提问。课堂提问是教师在课堂教学中有计划地提出问题、引导学生思维、实现教学反馈的一种重要方法。

（3）布置作业。布置作业应注意两点原则：一是侧重基础，抓住重点，不必面面俱到；二是作业形式要多样化、新颖化，内容应注重联系实际，增强趣味性。

（4）深层会谈—诱导法。深层会谈—诱导法是教师采用演示—观察—解释法、思维过程展示法、概念图绘制法等与学生进行会谈，记录学生的详细回答，并鼓励学生对之做出详尽的解释。

（二）学习者认知特征分析

1. 学生认知发展水平分析

认知发展，简单地说，就是思维的转变。化学是一门对学生思维水平要求比较高的学科，教师在进行教学设计之前，研究分析学生在不同阶段的认知发展水平，有助于教师按照学生的思维方式、遵循学生的认知发展顺序进行教学设计，从而更好地开展教学。

2. 学生智能分析

学生的发展不是同步的。由于先天素质以及后天的成长，每个人都有各自的特点及发展潜能。如何正确认识学生的智力水平和智力潜能，偏重分析智力结构特征的多元智能理论无疑为教师的教学设计提供极好的参考。

3. 学生认知风格分析

认知风格，又称认知方式，是指个体在感知、记忆、思维和问题解决等认知活动中加工和组织信息所显示出来的独特而稳定的风格。在化学教学中，教师分析学生的认知风格，有利于帮助每位学生充分发挥他们在学习上的特点和潜力，寻找合适的教学策略，为化学教学提供直接依据。

三、确定化学教学目标

（一）化学教学目标的层次

化学课程目标是指化学课程设计与开发预期达到的最终目的，它是由国家和课程专家制定的偏重于制度层面的、静态的学生发展要求，表述课程目标的话语具有抽象性、概括性和总体性的特点。化学教学目标是对学生具体行为的陈述，是指学生在具体的教学活动中所要达到的学习成果或最终行为，是教师在教学实践中制定的、希望学生从课堂教学中应该学到的东西。教学目标的制定要以课程目标为依据，是课程目标的细化（图3-3-3）。

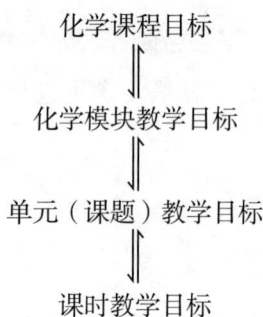

$$化学课程目标$$
$$\Downarrow$$
$$化学模块教学目标$$
$$\Downarrow$$
$$单元（课题）教学目标$$
$$\Downarrow$$
$$课时教学目标$$

图3-3-3　化学教学目标的层次

（二）制定化学教学目标的依据

1. 化学课程标准

化学课程标准规定了化学课程的总目标，也提出了具体的内容标准。它既是学习内容的规定，也是学习程度的规定。教师在制定具体内容教学目标时，应该优先考虑课程标准尤其是内容标准对该项学习内容的基本要求，做到"有章可循"。

2. 化学教材

化学教材内容也是制定教学目标的重要依据。教师在制定教学目标时，要认真分析化学教材内容的重点、难点及其深度和广度，合理设计所教授内容及其应该达到的目标。应该注意的是，教师应该注意挖掘教材内容所隐含的探究过程、化学观念以及情感态度等内容。

3. 学生情况和学校条件

教师在制定教学目标时还应考虑自己所教学生的实际情况以及所在学校的实际条件。学生是学习的主体，因此，教师在制定教学目标时一定要考虑学生的知识基础、接受能力、认知特点、学习兴趣和发展需要等，同时还要考虑学校的实验条件、教具以及其他可以利用的教学资源等。

四、化学教学方法的优化

高中化学教学有很多方法，但任何教学方法都有各自的功能和特点。这意味着每种教学方法都有各自的适用范围和针对性，没有一种教学方法是万能的。一种教学方法的优点，可能是另一种教学方法的不足。这就要求教师根据教学方法的互补性，做好教学方法的选择和优化。就目前来讲，化学课堂教学常采用的"演示—观察—讲解""实验—探究—讨论""讲解—练习"等，在一定程度上体现了多种教学方法的综合运用。

教学有法，但无定法，贵在得法。教学方法的选择和优化没有一定的规律，教师要根据教学内容的特点、学生的知识水平以及学校的具体条件灵活地选择和优化教学方法。

五、化学教学评价的设计

巩固应用环节对于强化、整合教学内容，保证教学效果，提供教学反馈信息有着重要的作用。巩固应用环节通常通过小结、练习作业进行。在课时教学设计中，教师要注重小结设计和练习作业设计。

学习小结对于提高学生素质、促进学生发展具有十分重要的作用。一般情况下，在学过一课、一章或一单元后，教师要指导学生及时对所学内容简明扼要地归纳和概括，可以分章小结或单元小结，也可以分专题小结。

练习作业是教学的重要环节之一。练习作业要正确理解和执行课程标准。练习作业设计首先要激发学生兴趣，避免死记硬背，重在理解和应用。其次是联系生活实际，培养问题意识和问题解决能力。练习作业的设计必须重视对学生进行问题解决能力的培养，使学生在问题解决的过程中，通过发挥其自主性，体验到化学学习的价值，养成良好的科学思维品质。

第四节 主要化学教学环节的设计

一、化学导课设计

（一）导课的概念

作为一节课的起始环节，导课承担着吸引学生注意力、激发学生学习兴趣的作用。好的开头是教师与学生建立感情的第一座桥梁，虽然只有短短的几分钟，却能承上启下，它是整个课堂教学的有机组成部分，可以为一堂课的教学定下基调。

导课是将学生的思维引入特定教学情境之中的教学行为方式。它常用于上课开始，也用于新问题、新知识过渡之初。通过巧妙、别致、恰到好处的新课引入，引起学生的兴趣，激发学生的求知欲，诱导学生进入教师预先精心设计的情境之中，为整节课的学习打下良好的基础，使整个教学活动生动、活泼、自然。

（二）导课的作用

由于中学生的心理特征，他们注意力在课的开始不容易集中。为了让学生尽快进入教学中，许多有丰富经验的化学教师都非常重视教学中的导课环节，希望课的开始就像磁铁一样，把学生牢牢地吸引住。要起到如此的功效，教师的导课一定要发挥下列 4 个作用。

1. 引起注意

从心理学上讲，"注意"有两种状态，一种是无意注意，另一种是有意注意。有意注意是指预先有一定目的，需要意志努力才能达成的，学生在学习化学原理时，需要在理解的基础上记忆，就需要有意注意。无意注意是不需要个人意志努力的注意，如镁条的燃烧发出耀眼的白光就能引起学生的注意。在教学中，教师要充分调动学生的有意注意，使学生在上课时能把自己的心理活动始终指向学习目标。在教学初始阶段，学生的注意往往是分散的。有些学生的兴奋点停留在课间活动上，有些还在休息，缺乏精神准备。这时教师用新奇的实验或实物或故事巧妙地导入新课，可以使学生的注意力能较快地转移到课堂上来，转移到学习的新知识内容上来，生动的教学氛围使学生有意注意与无意注意巧妙地结合起来，让学生进入最佳学习状态。

神经心理学的研究表明，通过一定手段刺激大脑皮层导致"觉醒"状态，是产生注意力集中和其他意识活动的基础。教师通过新异的信息和事物，往往能立即刺激学生的大脑皮层，从而引起学生的注意。

引起注意常采用的方法有：① 发挥化学学科的特点，以新奇的实验导课；② 用情绪感染，如丰富的表情、生动的语言（讲故事、猜谜语等）导课；③ 用问题导课，设计与本课有关的、学生比较感兴趣的问题导课等。

【案例 3-1】"化学键"的导入——引起注意

（1）展示沙雕图片。问：散沙是怎样做成沙雕的？（加入的水起到黏合剂的作用，使沙粒结合到一起）

（2）原子是构成物质的一种微粒，从周期表中可以看出，到目前为止，已经发现的元素只有 100 多种。然而，这 100 多种元素的原子却组成了 3000 多万种的物质。那么，元素的原子是通过什么作用形成如此丰富多彩的物质的呢？这就是我们今天要研究的问题。（原子之间存在一种相互作用将它们结合到一起，引出"化学键"课题）

通过创设疑问，激起学生的好奇心，从而引起学生的注意，促使学生关注课堂教学的内容。

2. 激发动机

学习动机是学生学习化学的内在动力，是学生学习的愿望、意愿。激发学生学习的动机，是导课的重要功能，导课是否成功，就在于是否真正调动了学生的学习积极性。孔子说"不愤不启，不悱不发"，也就是说，当把学生引入"愤"的状态时，教师才开始"启"。

心理学研究告诉我们：认知驱动力既与学习的目的性有关，也与认知兴趣有关。因此，导课中激发动机就应着重从学习内容的目的性与认知兴趣着手。

（1）明确学习的目的性。首先要让学生明确教学目标，目标明确学习就有了方向；其次，要让学生明确学习的意义，帮助学生了解化学知识在生产、科研及日常生活中的重要作用，使学生切身体会到学以致用，从而产生学习兴趣。

（2）激发认知兴趣。兴趣是最好的老师，激发认知兴趣的办法就是创设问题情境。

【案例 3-2】"盐的水解"概念的引入——激发动机

教学中先设计这样一个问题："把 $FeCl_3$ 溶液蒸干灼烧，最后能得到什么物质？"学生根据已有的知识判断："把 $FeCl_3$ 溶液蒸干灼烧就应该是 $FeCl_3$ 固体呀！""难道还能得到别的物质吗？""教师为什么会提出这个问题？""应该生成什么呢？"学生的兴趣油然而生，由此激发起学生学习新知识的强烈欲望。

3. 建立联系

建立联系是指教师在新课导入的过程中，采取有效的方式和手段，帮助学生建立新知识与旧知识之间的联系。建立联系关键有两点：

（1）明确新知识的基础。学生已有的知识、技能和经验是学习新知识的基础，教师在新课导入时，要明确学生的学习基础，明确教材的重难点和知识结构体系，结合学生的学习心理和认知规律，将学生自然而然地引入新的知识学习之中。

（2）设计有效联系的桥梁。通过复习旧知识，找到与新知识的切合点；创设问题情境，切实、有效地建立起新旧知识之间的联系。这样建立联系，一方面为新知识做好铺垫，另一方面降低了新知识的难度，使学生能较轻松地学习新知识。

【案例 3-3】建立与"电离平衡"概念（新课知识）的联系

先复习化学平衡再引入电离平衡的概念。设计教学程序为：① 引导学生回忆"化学平衡"的概念；② 列举实例归纳"化学平衡"的特点；③ 通过"化学平衡"建立"平衡"模型；④ 对比"化学平衡"建立"电离平衡"的概念；⑤ 对比"化学平衡"的特点归纳出"电离平衡"的特点。

这样的导课设计，提供了新旧知识联系的支点与桥梁，使学生感到新知识并不陌生，降低了学习的难度，较轻松地进入到新知识的学习之中。

4. 指引方向

指引方向就是要让学生明确学习的目标、任务与方法。明确学习目标就是让学生明确学习的内容、任务和要达到的目标要求。具体而明确的教学目标，能够引导学生围绕该目标有效地开展学习活动，在心理上帮助学生形成学习期待，使学生的学习活动始终处于目的明确、运转高效的状态。指引方向往往是在引起学生注意，激发学生求知欲的基础上，建立新旧知识联系之后，将目标提出来。

【案例 3-4】"电离平衡"导课——方向指引

在建立联系化学平衡后，设问："对于可逆反应，在一定的条件下，正逆反应会达到平衡，那么弱电解质在水溶液中的电离是否也能达到平衡呢？"进而点题，"这就是今天我们要学习的新课题——电离平衡"板书课题，接着运用对比法进入新知识的学习。

（三）化学导课设计的原则

1. 目标性原则

目标性原则是指教师无论采用什么形式的导课方式，都要根据教学目标，针对教学内容的特点，围绕教学重点、难点，结合学生的学习基础和心理特征进行导课设计。使导课有利于学习目标的达成，切记游离于教学目标、教学内容之外。

2. 相关性原则

相关性原则是指导入所用的方法和材料，与所学知识内容密切关联，要针对具体的教学和学生实际，不能牵强附会，更不能信口开河。

以旧引新时，要选择与新知识密切相关的内容，只有这样才能承上启下，才能温故而知新，才能够揭示新旧知识本质的联系，让导课成为新旧知识联系的纽带。

针对教学内容的特点与学生实际，因材施教，不能追求形式花俏，所运用的教学信息资源或相关信息资源，如提出问题、演示实验、引用的材料，与所学知识内容要密切相关，既要有趣味性，又要有明确的目的性、针对性和可操作性。

3. 启发性原则

导入的启发性是指导入要有利于引起学生的注意，要尽可能以生动、具体、真实的事例或化学实验为基础，激发动机，启迪智慧。启发性原则要求教师给学生留有充分的思考和想象的空间，引导学生学会思维的基本方法。

4. 趣味性原则

导入的趣味性原则是指导入要具有趣味性，有一定艺术魅力，能引人注目，余味无穷。心理学研究表明，如果学生对所学内容感兴趣，就会积极、主动和自觉地学，学习也会轻松愉快，学习效率就高。教师要选用寓趣味、情节、知识于一体的信息资源，充分体现现代化教学艺术，为学生创设良好的学习氛围。

5. 适度性原则

适度性原则是指教师在引入新课时应简洁明了，过程紧凑，安排合理，使学生尽快进入学习情境。作为课堂教学的前奏，一般控制在 5 分钟之内，以免影响新课的顺利完成。

以上 5 个原则是相对独立的，又是相互联系的，教师应根据具体的情况综合考虑。课堂是个动态的过程，要根据教学内容以及学生的状况，适时选择不同的导课策略。

（四）导课设计方法

1. 温故知新导入法

温故知新导入法是教师利用新旧知识的内在联系和学生的认知心理特点，通过复习，寻找新旧知识的链接，引导学生学习新知识。具体操作方法有：① 找到新旧知识之间的逻辑关系连接点。② 复习与新知识有逻辑关系的旧知识。③ 从旧知识的复习中，自然引申到与新知识的学习相关的结合点，引导学生进入新知识的学习。

【案例 3-5】"一定物质的量浓度溶液配制"的引入

请同学回忆一下，初三时是怎样配制一定溶质质量分数的溶液的？请以配制 100 g 5% 的氢氧化钠溶液为例，列出具体步骤。在完成质量分数的溶液配制后提出：如何配制物质的量浓度的溶液呢？

复习质量分数溶液的配制，能促使学生从质量分数溶液配制步骤中，找寻出配制物质的量溶液的思路，还能让学生明确两种溶液在配制过程中最大的区别在于溶液的量前者是以质量计量，后者是以体积计量，有利于提高学生的学习效率。

【案例 3-6】"原电池"的引入

在前面的学习中，我们知道碳和氧气反应能够放出热量，这是化学能转化为热能；点燃镁条，我们能够看到耀眼的白光，这是由于化学能转化为光能；同样，化学能可以转化为电能。不过，要通过一种特殊的装置，这种装置就是我们今天要学习的原电池。

上述导入，能帮学生建立化学能与热能、化学能与光能、化学能与电能等之间的联系。

2. 实验导入法

化学是一门以实验为基础的学科，化学实验以其鲜明独特的实验现象，为学生学习化学提供了生动的感性材料。教师在导课中要充分利用实验来吸引学生注意力，激发学生的学习动机，开启学生学习新知识的思维。实验导课要注意以下三点：① 实验紧扣新知识内容。② 实验要趣味性、启发性。③ 实验简单易做、现象清晰。

【案例 3-7】"钠"一节课以实验导入——"滴水点灯"（实验演示）

趣味实验——滴水点灯。在酒精灯灯芯中间事先藏好放一小块钠，然后滴入几滴水。（实验现象）滴水后，酒精灯立即被点着。（设疑激思）水常常用来灭火，现在却能点火，为什么？（引入新课）同学们想知道其中的奥秘吗？要想揭开谜底，请跟随老师学习今天内容——金属钠。

【案例 3-8】"过氧化钠"的实验导入——"吹气点火"

根据生活中的常识我们知道，要用打火机或火柴点燃可燃物。今天我们来做一个实验，不用打火机就可以将物质点燃。

（实验）

（1）把少量（事先不告诉学生是过氧化钠）粉末平铺在一薄层脱脂棉上，用玻璃棒轻轻压拨，使粉末进入脱脂棉中。

（2）用镊子将脱脂棉轻轻卷好，放入蒸发皿中。

（3）用细长玻璃管向脱脂棉缓缓吹气。观察现象。

生：发现脱脂棉燃烧起来。

师：脱脂棉为什么会燃烧起来？在脱脂棉上加的淡黄色粉末是什么物质呢？这就是我们今天要讲的课题——过氧化钠。

"滴水点灯""吹气点火"这些打破日常生活常规的实验本身对学生就有吸引力，再加上教师有趣的演示，这样的导课能有效地调动学生的学习积极性。

3. 悬念导入法

化学教学中的悬念是指教师结合教学内容和学生的认知特点，以一定的教学素材为载体，有意识、有针对性地创设和提出一些意料之外或认知冲突的问题，使学生在心理上产生探求问题的奥秘、渴求问题解决的强烈愿望与期待。创设的悬念能强烈吸引学生的注意力，激发学生好奇心，使他们面对问题时有欲罢不能、跃跃欲试的积极探索的态度。

【案例 3-9】"铁盐、亚铁盐"的导入

通过小魔术引入课堂教学：用一根玻璃棒在一杯茶水中轻轻搅拌，茶水立即变黑（玻璃棒上醮铁盐）。将变黑的茶水倒入另一只杯子中，茶水立即变回原来的颜色（杯子中有维生素 C）。接着提出问题：你们想知道这个魔术的玄机吗？今天就来探究这个魔术的奥秘。

要让学生真正进入课堂，就需要激发学生的学习兴趣。设置悬念，充分调动学生的学习积极性，打开学生的学习思路，提高了课堂教学的有效性。

4. 联系生活实际导入法

联系生活实际导入法是以学生已有的生活经验、已知素材为出发点，结合学生生活中熟悉或关心的事例进行的导课。由于其素材来源于日常生活，能大大地激发学生求知欲，对所学课题产生极大的兴趣。

【案例 3-10】"富集在海水中的元素——氯"第二课时的导课

多媒体展示氯气泄漏事件给人们带来伤害的新闻报道及图片。

设问：消防员为什么可以用水处理和稀释泄漏空气中的氯气？今天我们来学习设计实验探究氯气与水之间的反应。

通过发生在学生身边与教学内容相关的事例来导课，将学习的内容置于真实的事件或情景中，情由景生，能够调动学生的学习积极性，增加新知识的学习趣味，培养学生将化学知识应用于生产、生活实践的意识，引导学生自觉关注与化学有关的社会问题，提高学生的科学素养。

5. 类比导入法

类比导入法就是选择与本课相关的对象进行比较分析，找出它们之间的相似之处，把对象的有关知识或结论推移到新知识中去。应用这种方法导入新课，既有利于增强对新知识的理解和掌握，又能培养学生的发散性思维，拓展知识的横向比较，避免同类概念的混淆。

【案例 3-11】"氢键"的导课

请问同学们：前面我们学习了哪些化学键？水分子中存在什么键？水分子中除了存在 O—H 共价键外还存在一种氢键，那么氢键是怎么形成的呢？它与共价键有何区别呢？通过今天的学习我们将会解答这些问题。

【案例 3-12】"电解"的导课

请问同学们回忆，什么是电离？电解与电离是否相同？如果不同，它们又有何区别与联系？当我们学了电解的知识后，就能解决这些问题。

通过导课将要讲授的新概念与容易混淆的概念建立联系，让学生在学习之初就有意识地加以区别，有利于学生对新概念的理解与记忆。

6. 史料导入法

史料导入法就根据教材内容的特点和需要，选择与本课有关的化学发展史中的事例导课。化学作为一门自然科学，经历了漫长的发展过程。化学的发展史充满了妙趣横生的经典史料。导课中渗透化学史教育，一方面可以拓展学生的眼界；另一方面也可以培养学生思维，引起学生的兴趣。这也是化学导课常用的一种方法。

【案例 3-13】"苯"导课

（引入）我们已经知道，从煤中可以提取出苯，它是一种重要的化工原料，其产品在今天的生活中无处不在，应用广泛。

（化学史料）19 世纪初，英国和其他欧洲国家一样，城市已普遍使用煤气照明。从生产煤气的原料中制备出煤气之后，剩下一种油状的液体长期无人问津。法拉第是第一位对这种油状液体感兴趣的科学家。他花了 5 年的时间将剩余的油状液体蒸馏，最后在 80℃左右时分离得到了一种新的液体物质。1825 年 6 月 1 日，他向伦敦皇家学会报告，发现一种新的碳氢化合物。当时，法拉第将这种无色的液体称为氢的重碳化合物。

（教师）展示一瓶苯。

这就是法拉第千辛万苦才分离出的物质，请大家通过观察和实验来推测苯的物理性质……

通过介绍化学史料，强调轶事背后严肃认真的科学态度，对学生进行了情感态度价值观教育，也符合化学课程标准提出的"在人类文化背景下构建高中化学课程体系，充分体现化学课程的人文内涵，发挥化学课程对培养学生人文精神的积极作用"的理念。

7. 故事导入法

化学故事导入法就是根据教材内容的特点和需要，选择联系紧密的故事片段进行导课，避免入味的平铺直叙，使化学课变得生动有趣。

【案例 3-14】"乙酸"导课

醋文化在我国源远流长，博大精深。醋在我国历史悠久，民间有句传说"杜康造酒儿造醋"杜康是传说中黄帝时期的酿酒高手，他的儿子黑塔跟他学会了酿酒技术。而且，黑塔更具有可持续发展眼光，他觉得把酿酒后的酒糟扔掉可惜，就把它浸泡在水缸里。到了第二十一日酉时，一开缸，一股酸中带甜的浓郁香气扑鼻而来，就是最初的醋（动画展示"二十一日酉"组成"醋"，学生脸上荡漾着惊喜的神色）。同学们，你们知道食醋中是哪种主要成分将我们的生活调理得有滋有味吗？

这样导课很别出心裁，一下子就把学生吸引住了，而且很有文化味，使学生感受到化学自古以来就在我们生活之中，激发学生学习兴趣，增强民族自豪感。

8. 直接导入法

在化学课堂上，直接导入法是教师最常使用的一种导入方法。直接导入法是教师以简捷、明确的语言向学生提出课题的教学目标、学习内容，让学生在短短几分钟的导入环节，就对接上一堂课的内容。这种导入方法看似没有什么技巧性，但却贵在简单、实用、效率高。该法要求教师开门见山，导语简洁明快，使学生能迅速地进入到新知识的学习之中。

【案例 3-15】"氧气的制法"导入

大家可能在医院见过装有氧气的钢瓶，同学们可知道医院里用于救人的氧气是怎样制得吗？能否在化学实验室制得氧气？二者有什么区别？我们这节课就要学习氧气的实验室制法和工业制法。同时也来认识一下实验室制取的氧气与医院急救病人的氧气是否相同。

这样导课既直接又有趣。它与现实生活联系起来了，因为学生对医用氧气的知识产生好奇，也就调动了学生的学习兴趣。

化学导课的方式多种多样，除了上述导课方式以外，还有直接导入、问题导入、游戏导入、实物导入、录像导入等，不管采用什么方式和类型，都要服从于教学任务和教学内容，都要围绕教学重点，切记喧宾夺主，要尽快进入主题。

二、化学序言课设计

序言课虽然课时少，但对化学学习却有重要意义。通过序言课，学生能认识化学的学科含义、核心内容和发展历史；能进一步了解化学研究和化学学习的基本方法；能欣赏化学重大的认识价值和应用价值，增强学好化学的责任感和使命感，为后续学习奠定坚实的基础。

（一）化学序言课的特点

1. 认识的整体性

高中化学序言课所涉及的知识主要有化学的研究对象，要求学生知道化学是在分子层次上认识和识别物质以及合成新物质的一门科学；了解 20 世纪化学发展的基本特征和 21 世纪化学的发展趋势；认识并赞赏化学科学对提高人类生活质量和促进社会发展的重要作用。这些内容具有整体性特点。

2. 知识的全面性

序言课所包含的内容大致有：化学学科的研究对象和研究方法，化学与人类社会发展的密切关系；激发学生的化学学习兴趣、培养学生的责任感和使命感。

（二）化学序言课的设计方法

1. 明确认识序言课的定位和价值

序言课所包含的具体化学学科知识很少，但这并不能因此忽视序言课。从价值定位讲，序言课的宗旨并不是希望学生具体学到多少化学知识和技能，而是从整体上认识化学科学的全貌，进而领略化学的重大价值，进一步了解化学科学的研究方法和学习方法，形成积极的情感体验。

2. 丰富相关资料，贴近学生，贴近社会

查找并利用化学史以及工业、农业、医药、国防和新兴科技领域的新发现、新物质、新材料等相关资料，贴近学生的知识基础和日常生活经验，突出化学在解决社会问题等方面的重要作用，引领学生学习。

3. 教学方式多样化，鼓励学生参与

充分利用多媒体、讲述、讨论等多种教学方法，充分调动学生的积极性、主动性，引导学生参与教学活动。

三、新课讲授课程设计

化学新授课是以学生参与探究活动、理解知识、掌握方法、获得积极体验为主要任务的课型。化学新授课在所有课型中处于基础地位。这是因为，在新授课中，学生如果没有深入理解知识，即使花费较多的时间和精力在习题课或复习课上，也不能取得较好的效果。

在教学过程设计中，新课内容讲授的设计是很重要的，教师要根据教材内容进行情境化处理，使教学内容更加生活化、生动化、人文化、兴趣化；多设计一些教师与学生能充分互动的实验、练习、提问等双边教学活动，多关注学生的学习和思考的过程，发展学生的逻辑思维能力，体现学生是学习的主体这一教学理念，展示学生的学习是在教师的引导下自主学习的过程；合理设计实验探究，培养学生的思考能力、操作能力，加深对知识的理解；设计一些过渡性的问题，增强课堂教学的连贯性。

（一）化学新授课的特点

1.知识范围广，类型丰富

从知识范围看，化学新授课涉及化学基本概念、化学基本理论、元素化合物知识、化学实验、化学用语和化学计算等。可以把化学新授课进一步分为化学基本概念课、化学基本理论课、元素化合物知识课、化学用语课、化学实验课和化学计算课等。

2.突出重点，循序渐进

新授课的教学设计首先应该认真研读化学课程标准，深入挖掘教材内容，突出教学重点，突破教学难点，把主要精力和时间花费在新知识的获取上。在新授课中，学生学习的知识都是新的，有一定难度，这时就要循序渐进，不能随意加大知识容量或增加知识深度；也不能越俎代庖，尤其是不能在新授课中把习题课和复习课的教学目标也一并落实。

（二）化学新授课的设计方法

1.突出重点，突破难点

突出重点就是突出最重要、最基本的内容，不能面面俱到，平均用力。突破难点就是针对学生具体情况，把难点分解，并设计多种讲解思路。

2. 把握好教学的深度和广度

首先，以课程标准为依据，明确课时内容的学习要求，不能随意拔高。其次，要深入了解学情，大致确定学生的"最近发展区"。最后，根据学情和课标要求，采取合适的教学策略，完成教学任务，达成教学目标。

3. 促进学生理解

化学新授课以促进学生的深度理解为主要任务。理解就是学生通过积极主动的思维活动找出知识间的内在联系，并能以多种不同的方式重新呈现，且在适当的情境中能够正确地加以应用，从而使原有认知结构得到扩展和提高的过程。理解的实质是认识事物之间的联系和本质。学生通过学习应找出知识之间的内在联系，并能根据这种联系形成知识网络。在教学设计时，教师要注意以下几点：一是从学生已有的知识经验出发开始教学；二是设计具有思考价值的问题，引导学生进行探究；三是构建合理的认知结构。

【案例 3-16】在新课导入后引导探究氧气的物理性质

（过渡）我们先来看看氧气具有哪些物理性质。（引导学生思考氧气的物理性质）

（设疑）氧气能否溶解在水中？（引导学生关注生活中的化学知识，学生会想到鱼、虾等动物是在水中生存的，肯定需要氧气，自然会想到氧气能溶于水）

（追问）氧气容易溶解于水吗？（可以培养学生的思考能力，学生通过学习地理已经知道，地球表面的大部分是被水覆盖的，如果氧气易溶于水，那么空气中的氧气会很少，引导学生进行知识的迁移并学以致用）在探究氧气的化学性质时，先可以创设情境、提出问题。

（展示）一瓶装满氧气的集气瓶，如何证明它是氧气？再进行演示实验、探究性质。

（演示 1）把带火星的木条伸到盛有氧气的集气瓶中，让学生仔细观察实验现象。

（讨论）为什么在空气中只能看到火星，而在氧气中却能燃烧？培养学生的思考能力。

（补做实验）木炭在空气中和氧气中燃烧。

（板书）实验现象：剧烈燃烧，发出白光，放热，生成一种无色无味气体，该气体能使澄清石灰水变浑浊。

文字表达式：$C+O_2 = CO_2$ $CO_2+Ca(OH)_2 = CaCO_3\downarrow+H_2O$。

（演示2）在燃烧匙里放少量硫，加热，直到发生燃烧，观察硫在空气里燃烧时发生的现象。然后，把盛有燃着的硫的燃烧匙伸进充满氧气的集气瓶中，再观察硫在氧气里燃烧时的现象。比较硫在空气里和在氧气里燃烧有什么不同。

等学生观察到实验现象后，及时取出燃烧匙，并浸没到水中熄灭掉燃烧着的硫，再加入澄清石灰水，增强学生环境保护的意识。

（强调）在演示过程中随时提醒学生注意观察实验前、中、后的现象。

（板书）实验现象：发出明亮的蓝紫色火焰，并产生刺激性气味的气体。

文字表达式：$S+O_2 = SO_2$ $SO_2+Ca(OH)_2 = CaSO_3\downarrow+H_2O$。

（设问）铁丝在空气中能燃烧吗？在氧气中呢？

（演示3）把光亮的细铁丝盘成螺旋状，下端系一根火柴，点燃火柴，待火柴快燃尽时，插入充满氧气的集气瓶中。（集气瓶底部要先放一些水或细沙）

（思考）① 实验前为什么在瓶底放一些水或铺一层细沙？② 火柴起到什么作用？③ 为什么要等到火柴快要燃烧完全才能伸入集气瓶呢？④ 铁丝为什么要绕成螺旋状？

（板书）实验现象：剧烈燃烧，火星四射，铁丝熔成小球，生成一种黑色固体。

文字表达式：$2Fe+3O_2 = Fe_2O_3$。

（引导分析比较）对比木炭、硫、铁丝在空气和氧气中燃烧的现象，说明了什么？

（得出结论）氧气是一种化学性质比较活泼的物质。

四、板书设计

板书是课堂教育有机整体中的重要部分，它是教师利用图文、线条、符号等方式，重整其课堂教学思路的重要形式之一，是教师课堂活动的智育载体。优质的板书，不但可以激起学生的学习热情，提升课堂的教学效能，更能引发学生的思维之花，丰硕学生美育之感，丰盈学生的精神之树。为此，板书的设计要充分展示学生的主体性质，遵循学生的学习规律，激发学生的个性思维，引领学生的深度探索。

（一）板书的功能

（1）揭示教学内容，体现知识结构。

（2）反映教学程序，体现教学思路和认知过程。

（3）增强直观性，集中注意力，强化记忆，启发思维。

（4）为学生提供示范。

（5）激发兴趣，引起动机，培养审美观和创造力。

（二）板书的结构和类型

1. 板书的结构

板书通常分为主体板书和辅助板书。主体板书包括一堂课的主要内容，能形成比较完整的知识体系，写在黑板左侧，不要轻易擦去。辅助板书是主体板书的辅助和补充，一般写在黑板右侧，可随写随擦。

2. 板书的类型

（1）纲要式板书。纲要式板书是以简明扼要的文字、提纲挈领地概括出教学内容，并以教学的顺序将教学内容依次书写呈现于黑板的形式。这种形式的板书具有逻辑性强、条理清楚、重点突出的特点，便于学生理解、掌握和记忆。

（2）表格式板书。在化学课堂教学中，有时为了比较、区别某些概念、物质之间的异同，教师可采用表格式板书。表格式板书简单明了，有利于学生在对比中加深对知识的理解，并能更好地掌握知识。

（3）包容式板书。包容式板书是由一个上位的概念或概括性的题目演绎分化出若干个相互联系的部分，从而构成从属或包容的关系。这种类型的板书具有脉络清楚、从属分明、一目了然的特点，对学生认识整体和局部的关系，发展归纳、演绎的思维能力具有积极意义。

（4）图解式板书。图解式板书是在纲要式板书的基础上用具有一定意义的线条、符号、箭头、图形等组成的图文并茂的板书形式。这种板书的特点是生动、形象，用简单的符号展示教学内容，揭示知识之间的关系，并能引起学生的兴趣，启发学生的思维。这种类型的板书多用于较复杂的基本理论课、实验课、复习课或讲解解题思路等。

3. 板书设计的要求

① 精心构思，整体设计；② 简明精炼，突出重点；③ 合理布局，讲写结合；④ 师生合作，共同参与；⑤ 准确规范，提供示范。

（三）板书设计技巧

1. 留白——使板书成为兴趣的引发剂

如在高三一轮复习"电解池"部分内容时，在统整基础知识的前提下，让学生在板书上填写设计思路，分组进行实验合作探究，并进行小组成果展示。"电解饱和食盐水"板书设计如图 3-4-1 所示。

图 3-4-1 "电解饱和食盐水"板书设计

设置问题情境：电解池装置中，电极材料的不同、内部设计的差异将会引发不同的现象，达到不同的效果。请你根据不同的目标，设计出对应的电解池简易装置图，并说明你的设计原理，写出对应的电极反应与总反应方程式，实现化学学习从"宏观—微观—符号"的化学学习进阶过程。

以问题链方式呈现的板书刚一呈现，学生就异常活跃，为了满足不同学生的不同知识结构及不同兴趣，我以四人为一组，可以挑选其中 2~3 个问题进行探究与分享。在本次的课堂教学实施过程中，我没有进行常规方式的教学，而是利用板书进行目标引领，把解决问题的主动权释放给了学生，把实验探究的选择权交还给了学生，切实提升了学生的合作交流能力、探索实践能力及概括表述能力。如在实现产生较多次氯酸钠这一目标设置环节中，有的小组选择将装置竖起来放；

有的小组选择将产生的氯气通入另一个盛有氢氧化钠溶液的烧杯中，但两者的设计均遭其他小组的质疑：这样未被吸收的氯气直接排入空气中，是否会造成环境污染？进而引发学生们后续对环保问题解决方案的设计。

通过分享与质疑可以看出，这样的板书留白，不但可以引发学生的学习兴趣，更可以激发学生的探究思索，使不同的学生个体均得到思维的律动，进而产生小集体间思维的碰撞；这样的留白使得学生的知识链条更连贯，思维探索更广阔，组间探讨更充盈。

教学过程中，教师要选取有效的教学方式，并恰当地给学生留出空白的"问题自留地"，引发学生去探索与发现。学生经常遇到问题，才会经常思索问题，才会经常产生新问题，并进行创新性的解决，这是提升学生创造能力的重要方式。而利用板书留白，在引领学生探索方向的同时，解决问题的主动权归还给了学生，让学生在自身原有的知识图式中去探索与融通，更是一种可以提升学生各方面能力的优质方式。

2. 点睛——使板书成为思维的催化剂

课堂教学的效率，不仅取决于教师的热情多少，而更重要的是取决于学生的探索有多少，思维有多深。"睛"指的是整个课堂教学中统领性的知识、能力或情感。点好睛，不但可以理清课堂教学之思，更可以串起学生思维之路。

如在教学"二氧化硫的性质"内容时，在学生查阅资料预习的基础上，我要求学生找出体现二氧化硫性质的词语，并设置网状板书，"二氧化硫的性质"板书设计如图 3-4-2 所示。

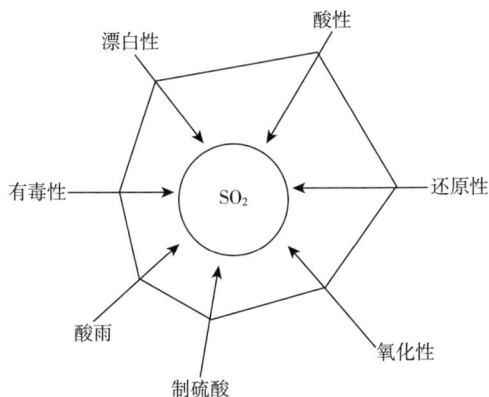

图 3-4-2　"二氧化硫的性质"板书设计

我将二氧化硫置于网的中间，让学生思考并与同桌探讨分析，同时设置问题：如何可以让二氧化硫安然地存在于网中间而不逃逸出来污染空气？板书一出，快速引发了学生的表现欲望，都希望可以在白板上留下自己的痕迹，参与热情非常高，一个具有本班特色的网状板书跃然于白板上。

有的同学说"二氧化硫是酸性氧化物，它遇到水的反应应与二氧化碳类似，会生成一种酸。因此它具有酸性，可与氢氧化钠等碱性物质发生反应"；有的同学补充"亚硫酸酸性大于碳酸，所以二氧化硫还可与碳酸钠、碳酸氢钠等溶液反应生成二氧化碳"；还有的同学说"二氧化硫在空气中遇到水、氧气等物质，会产生酸雨腐蚀建筑，所以它是对环境不友好的物质"；话刚说完，立刻又有学生补充"就是因为它能与氧气、水反应生成硫酸，所以工业制硫酸就是利用它的这些性质，它还是有很大用处的"；另有一些细致观察生活的同学，提出疑问："二氧化硫不是有毒吗，为什么它居然会出现在红酒的主要成分中？"这一问题又引发了大家的热烈探讨。在学生的分享、补充与质疑中，在学生思维的交融中，我们可以看出，学生已经有了辩证唯物主义思想的思维方式，而且将知识与生活实际进行了联系，体现出了学生思维能力与科学素养的提升，这使得本堂课的教学五彩缤纷。

这样的精彩，离不开板书设置的引领。板书设置不但为生生对话、师生对话创造了条件，而且也为学生与各种资源及实际生活的对话架起了桥梁，它是教师与学生共同的思维创作，其中有知与能的提升，更有情与美的感受。板书作为无声的教学言语，不但可以升华学生从有声言语中得到的信息，形成课堂独特的思维氛围与审美情感，而且可以催化学生的思维方式与思维效能，创设出"此时无声胜有声"的课堂教学思维之境。

3. 创新——让板书成为美育的着色剂

板书的设置，不但可以由教师来掌控，更可以由学生来把握，使学生成为板书之美的创设者和思维之蕴的诠释者。

学生利用自身对知识的理解，建构内容之路、思维之线与情感之悟，并将之体现于板书中，创设出另一种美学的空间，这将是学生创造性思维培育的又一个契机，同时这也是学生展示自我价值需求的又一个舞台。叶圣陶老师认为，"教，是为了不教"。将课堂教学重要组成部分——板书设置的主动权和创设权交给学生，有利于激发学生的学习积极性与主动性，提升学生的思维创新性与连贯性。课堂中的学生是最具有潜能、最可挖掘的重要资源，充分释权代表着充分信任，也将代表着学生能够充分地展示与表现，实现真正意义上的不同学生得到各自不同的发展。

如在教学"化学反应基本类型"内容时，在讲到氧化还原反应与四种基本反应类型的关系时，我让学生自己分组动手设计板书，画出反应类型之间的相互关系图。思维始于问题，在问题的引领下，学生迅速进入角色。在大家的合作探讨下，设计出了两种可爱的板书图画，"化学反应基本类型关系"板书设计如图 3-4-3 所示，并在师生的交流与分享中，促进了学生对内容的深入理解。

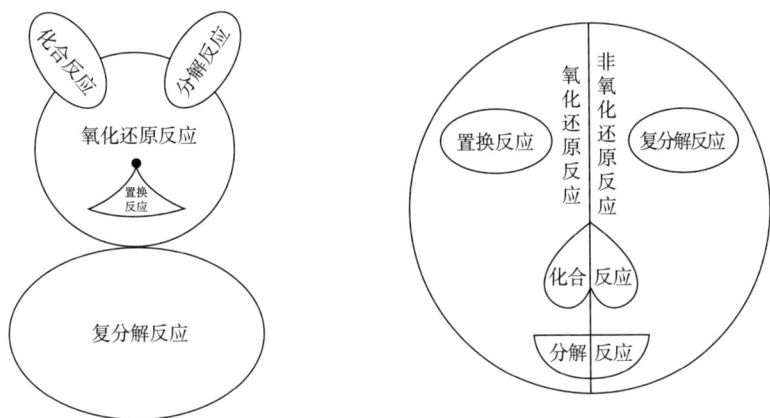

图 3-4-3 "化学反应基本类型关系"板书设计

板书深入探讨：氧化还原反应是指有元素化合价发生变化的反应。在四种基本反应类型中，置换反应是一种单质生成另一种新单质的化学反应，可简单表述为 A+BC = B+AC，其中 A 与 B 元素的化合价必然会发生变化，因此置换反应肯定属于氧化还原反应；复分解反应，可简单表述为 AB+CD = AD+CB，是一种交换离子或离子团的反应，因此元素的化合价均未发生变化，属于非氧化还原反应；化合与分解反应则有些反应中有元素化合价发生变化，有些反应中没有元素化合价发生变化，因此有的属于氧化还原反应，有的属于非氧化还原反应。此时教师继续引导学生在每一个区域内写出符合该位置的一个常见的化学反应方程式，并进行组内交流，相互点评。这样一张兼具思维脉络与美学意义的板书图画，为课堂教学进行了美育的着色。

板书是课堂教与学思路的精华，是教师与学生、学生与学生之间精妙对话的结晶。好的板书，可以诱发学生的思考，引发学生的想象；好的板书既有科学性，又有艺术性。让我们坚持教学之心，设计好白板之"书"，为高效的课堂教学增光添彩。

五、化学习题课设计

通过新授课，学生已经理解了新知识，并将其纳入认知结构当中。但是一般的知识不能灵活有效地进行迁移应用，这就有必要进行习题课教学。

（一）化学习题课的特点

习题课是将学生应掌握的知识，以习题形式进行教学，目的是提高学生解决问题的能力。

1. 基础性和综合性相统一

习题课教学要以学生学习的新知识为基础，习题课教学要突出基础性。同时，习题课教学要有综合性，需要把学生学习的知识综合起来，要求学生能够对新授课所学知识进行分析、综合、判断和推理。

2. 重视迁移，突出问题解决能力培养

教师要尽可能设置新的问题情境，要求学生能把所学知识迁移到新情境中去，突出问题解决能力的培养。

（二）化学习题课的设计方法

1. 习题精选方法

习题精选一是要全面，尽可能涵盖所有核心知识；二是要有代表性和典型性，能体现科学方法训练和科学观念的渗透以及化学与生产、生活的联系；三是要有针对性，针对学生的答题情况进行选择；四是习题类型力求多样化，最好包括一定数量的开放性习题与探究性习题；五是习题要常见并且难度适中，以便适合所有学生。

2. 思路点拨方法

教师要重视解题思路和解题方法的指导，教会学生如何审题、如何分析问题、如何找思路、如何选择解题方法、如何规范化地把解决问题的过程呈现出来。

运用可视化策略是思路启迪和方法点拨的有效途径。可视化策略是指在解决问题时，运用图示帮助学生分析题意，明确已知和未知之间的联系，从而形成解题思路和方法的一种策略。

3. 引导反思方法

习题课教学应该使学生学会反思自己的整个解题活动，反思的内容主要包括以下几个方面。一是对知识的反思。解决问题需要哪些知识，自己知识是否完备。二是对策略与方法的反思，这是反思的核心内容。自己用了什么方法，是否还有更好的方法。三是对情绪状态的反思。是否有积极的体验和乐趣。

4. 借题发挥方法

习题课不能"就题论题"，重要的是要"借题发挥"，通过一道题学会一类题的解法。

首先应该重视思维能力，尤其是发散思维能力的培养。把习题当作范例，举一反三，触类旁通。其次要重视开放性试题。开放性试题具有条件不完备、过程不确定、结论不唯一的特点。开放性试题可以有效训练学生思维的完备性、严密性和逻辑性。

六、化学复习课设计

在化学课堂教学最常见的四种课型中，序言课是入门，新授课是基础，习题课是巩固，复习课是深化。复习课就是要从新的角度和高度，促进知识的结构化、系统化、功能化，从而使学生的认知水平达到更高层次。

（一）化学复习课的特点

1. 可以防止遗忘，加深理解

学习总是包含保持和遗忘这两个相反的过程，通过复习能巩固知识，强化记忆，防止遗忘。复习还能加深理解，纠正或加深学生理解肤浅、错误、片面的知识。

2. 有利于知识的结构化和系统化

复习能使化学知识系统化和结构化。学生的知识是一点一滴逐步积累的，比较分散和孤立。通过复习，学生能把握知识的内在联系，把孤立分散的知识点串成线，结成网。

3. 能提升问题解决能力

通过复习，学生能提升解决问题的能力。学生综合运用所学化学知识去解决一些化学习题和实际问题，不仅能巩固和深化基础知识和基本技能，也能发展各种能力。

（二）化学复习课的设计方法

复习不是简单重复，而是在记忆和理解基础上地拓展、深化与迁移。化学复习课的教学设计应该注意运用以下策略。

1. 拓展延伸策略

一般情况下，在新授课阶段，学生能够获得对知识的初步理解，建立起相关知识之间的初步联系。复习能够把学生的这种理解和联系引向深入，延伸拓展策略可以使学生的知识向纵深发展。

2. 系统化策略

学生在新授课时所学的知识是零散琐碎的，知识之间缺乏内在联系，不利于提取应用。通过复习，学生应该把这些零散的知识构成整体，从而增强记忆的牢固性，提高提取的效率。

系统化策略就是对所学材料进行深水平编辑加工，按照材料的特征、类别进行归类、整理，将所学材料由繁到简、由无序到有序、系统有效地编排，建构起知识点之间的内在联系，使其成为一个相互联系的有机整体。

3. 主题切入策略

根据复习的核心内容和学生的发展情况，教师要选择新的切入点，从新的高度确定不同的教学内容或方法主题，促进学生对知识地深层理解与掌握。例如，教师可以选择以化学基本观念、化学思想、化学实验等作为主题，组织学生对复习课内容重新加工。在组织主题复习时，教师应该根据每个主题涉及的内容进行整理，找出知识主线、方法主线与逻辑主线，精心设置问题和活动，讲练结合。

七、作业设计

伴随着新课改的实施与推进，"以人为本""提升学生核心素养"的教学目标日益彰显，也潜移默化地引领着教育教学工作者们教学理念的转变。为此，一线教师们以教学的主阵地——课堂教学为抓手，不断地调整课堂教学模式，改进课堂教学方式，转变课堂教学角色，并取得了一定的成效。但对课堂教学有益补充的课后作业的评价，却未得到应有的关注。

如果将课堂教学比作是教师与学生间面对面的语言交流，那么对课后作业的评价就是教师与学生间背靠背的心灵交流，这两种交流方式互为补充，都是促进教师与学生之间全方位、多角度相互了解的重要方式，课后作业是课堂教学的重要补充和必备延伸。因此，对课后作业的恰当评价，更是丰富课堂教学的一种重要方式。

（一）作业评价现状

恰当的作业评价，不但可以促使教师及时了解学生对课堂学习内容的掌握情况与理解程度，促使教师反思课堂教学方式，完善课堂教学不足，而且可以促使学生调整自己的学习方法，弥补自己的知能漏洞。

现行的作业完成与评价方式主要存在以下不足。

1. 作业评价的主体单一

通过调查发现，现行作业评价的主体较单一，主要为各学科的任课教师。

新课程改革提出要实现"以生为本""提升学生核心素养"的教学目标，提倡要将学科学习的主体交还给学生的理念。而作为课堂学习重要补充的课后作业的评价，也是学科学习的一个重要方式，我们也应该将其有效地"交还"给学生。

2. 作业评价的形式传统

通过对学生已批阅作业的调查发现，现行教师的批阅方式，主要有"书面批"和"面批"两种。

其中"书面批"主要是以对的打"√"错的打"×"为主，同时辅之一些老师们个性化的批阅方式：画圈、打分、标注页码、留言来提示或者进行激励等。而"面批"主要是通过试卷留言、课代表召唤、扣押作业等方式来让需要面批的学生过来，继而教师对面批学生进行就题论题的讲解，教师讲，学生听，这样的面批真的有效吗？后期经过对这些面批学生的错题再练发现，这些学生对错题重练后的正确率只有32.39%，即这样的面批效能不是很高。

（二）作业评价方式的类型

1.机器软件批阅

"机器软件批阅"指的是利用扫描仪对作业进行扫描，利用软件来批阅作业。这种方式对选择题批阅是非常有效的，可以快速统计出错误率和错误学生的名单，而且可以按照错误率的高低对学生进行排序，进而可以有针对性地进行后续学生的指导。

2.教师书面批阅

"教师书面批阅"指的是教师在学生的作业上进行书面的符号标注。这是最为传统的作业批阅方式，但也是了解学生学习情况最基本的、不可或缺的批阅方式。

3.教师当面批阅

"教师当面批阅"又叫"面批"，指的是教师与学生面对面就学生作业中出现的情况进行分析与讨论。这也是现在教师用得比较多的一种作业评价方式。与"教师书面批阅"的方式相比，"面批"增加了一些师生间语言与情感的交流，对师生情感的提升非常有效，体现了"以人为本"的教育教学理念。

4.学生书面批阅

"学生书面批阅"指的是利用学生，来对其他的学生作业进行书面评价的方式。实践证明，这是一种提升学生知识水平与能力的非常有效的方式。

在批阅时，要求批阅同学以平时任课老师的符号标注方式进行批阅，允许其加入一些个性化的评价符号，但是必须要让其他学生清楚明白。当然，在运用"学生书面批阅"时，需要对批阅的学生和被批学生的作业进行选择。

5.学生课堂讲解

"学生课堂讲解"指的是让学生成为课堂的主讲人，让学生来讲解某个作业上的题目或者延伸出来的某个知识点。

这种方式的作业评价，讲授的学生会更充分地进行准备，让其自身对作业的理解更深入；听的学生会保持质疑的态度来听，可以培养他们的质疑精神与理解能力，同时也会听得更有兴趣。当然，在选择讲解学生的时候，也要关注所选择学生的一些细节，比如此学生的语言、心理等，要辅助其做好讲解工作，而避免出现上台后被取笑而产生不良情绪的情况。

这五种作业的评价方式，是现在使用比较多的方式，这些作业评价方式没有绝对的好和不好之分，它们各有利弊，只是在不同的情况下，我们要选择最合适的作业评价方式来使用。

第五节　高中化学学科核心素养背景下的教学设计

一、化学学科核心素养的解读

学科核心素养是形成学生发展核心素养的基础，学生发展核心素养是各个学科核心素养作用于"同一个学生"的"综合效应"。

化学学科核心素养是学生在面对真实复杂的问题情境时，所表现出来的能力和品格。当学生在探究与创新实践活动过程中遇到和发现问题时，需要调用原有模型，进行假设推理、寻找证据，并基于证据推理发现或建立新的模型，然后进行类比思维解决实际问题。化学学科核心素养是学科育人价值集中体现的一部分，是学生通过化学学科学习而逐步形成的价值观念、必备品格和关键能力，它包括"宏观辨识与微观探析""变化观念与平衡思想""证据推理与模型认知""科学探究与创新意识""科学态度与社会责任"5 个方面。

化学学科核心素养的具体内容如下：

1. 宏观辨识与微观探析

能通过观察辨识一定条件下物质的形态及变化的宏观现象，初步掌握物质及其变化的分类方法，并能运用符号表征物质及其变化；能从物质的微观层面理解其组成、结构和性质的联系，形成"结构决定性质，性质决定应用"的观念；能根据物质的微观结构预测物质在特定条件下可能具有的性质和可能发生的变化。

2. 变化观念与平衡思想

能认识物质是在不断运动的，物质的变化是有条件的；能从内因和外因、量变与质变等方面较全面地分析物质的化学变化，关注化学变化中的能量转化；能从不同视角对纷繁复杂的化学变化进行分类研究，逐步揭示各类变化的特征和规律；能用对立统一、联系发展和动态平衡的观点考察、分析化学反应，预测在一定条件某种物质可能发生的化学变化。

3. 证据推理与模型认知

能初步学会收集各种证据，对物质的性质及其变化提出可能的假设；基于证据进行分析推理，证实或证伪假设；能解释证据与结论之间的关系，确定形成科学结论所需要的证据和寻找证据的途径；能认识化学现象与模型之间的联系，能运用多种模型来描述和解释化学现象，预测物质及其变化的可能结果；能依据物质及其变化的信息建构模型，建立解决复杂化学问题的思维框架。

4. 科学探究与创新意识

发现和提出有探究价值的化学问题，能依据探究目的设计并优化实验方案，完成实验操作，能对观察记录的实验信息进行加工并获得结论；能和同学交流实验探究的成果，提出进一步探究或改进实验的设想；能尊重事实和证据，不迷信权威，具有独立思考、敢于质疑和批判的创新精神。

5. 科学态度与社会责任

具有终身学习的意识和严谨求实的科学态度；崇尚真理，形成真理面前人人平等的意识；关注与化学有关的社会热点问题，认识环境保护和资源合理开发的重要性，具有可持续发展意识和绿色化学观念；深刻理解化学、技术、社会和环境之间的相互关系，赞赏化学对社会发展的重大贡献，能运用已有知识和方法综合分析化学过程对自然可能带来的各种影响，权衡利弊，勇于承担责任，积极参与有关化学问题的社会决策。

从其内容上可以看出，核心素养相比于旧课标的三维目标框架，属于升级发展的内化、功能化和融合化。在新课标刚颁布的时候，人们习惯于要素化地解读和培养核心素养，而忽略各维度核心素养的内在关系，特别是融合整合性的理解和培养。所以，我们落实核心素养的同时，更应该综合性地理解，使之在联系中发展、综合中提高。

首先，从化学学科核心素养的意义上讲，"证据推理与模型认知"是科学探究与创新的思维核心，也是科学探究与创新的方法。这一核心素养的提出对于探究教学实践来说具有重要意义，将促使探究教学从只关注实验活动表面发展到更注重提高思维水平，实现科学思维与科学实践的融合。同时，科学探究与创新活动是培养学生的"证据推理与模型认知"素养的驱动剂及最佳平台和途径。

其次，"宏微结合"与"变化平衡"是化学核心素养的学科特征，具体表现在为证据推理提供角度、路径、推理的前提和判据，而分析和解决化学问题时，需要调用和建构的模型，都将基于并发展"宏微结合"与"变化平衡"素养。"证据推理与模型认知"素养的提出，促使我们认识到学习化学知识和建构学科观念的功能价值。换言之，如果学生接受了知识，甚至建立了观念而不能转化为推理角度、思路和判据，不能自觉主动地应用所建立的模型进行分析解释、推论预测、设计调控，不能迁移、建构和发展模型，不能创新应用和发现新知识，就不能说"宏微结合"与"变化平衡"化学学科核心素养表现出了高水平。

再者，"科学态度与社会责任"既是化学学科核心素养的价值取向和立场，也是科学探究与创新实践的驱动和需求（即出发点和落脚点）。一方面，高水平的社会责任需要建立在科学态度的基础上，对于社会性科学议题需要坚持科学态度，而这需要基于科学探究过程，特别需要基于证据推理的科学思维；另一方面，高水平的科学态度和科学精神不仅仅体现在严谨求实、尊重事实，而且体现在遵循既有科学规律的同时，创造性地解决问题，更深入地探索事物本质，建构新的"宏微结合"与"变化平衡"的理论和技术模型，实现创新实践，从而在更高水平上体现社会责任，为社会发展作出更伟大的贡献。

此外，各维核心素养的两类之间构成互为基础和水平进阶关系。例如，证据推理的高水平是模型认知，模型认知需要基于证据推理论证；科学探究的高水平是创新，科学创新则肯定需要以实验探究为基础；高水平的社会责任需要基于科学态度和科学精神，仅仅拥有严谨求实而不关注社会、环境的可持续发展的科学态度也是低水平的科学态度。

二、以学生人文素养发展为本位

（一）化学课堂中的师生关系重构

"白色絮状的沉淀跃然试管底，铜离子遇氢氧根再也不分离；当溶液呈金黄色因为碘酸钾，浅绿色二价亚铁把人迷，电石偷偷去游泳生成乙炔气点燃……"一名化学老师把周杰伦的《青花瓷》歌词改编成了化学用语，让学生能够轻松记忆和掌握。一时间里，这段化学版《青花瓷》视频走红网络，大量的化学反应、化学原理配合着极具古典文化气息的旋律让众多学生大呼强悍与过瘾。化学课程改革走到今天，我们经历了太多的"阵痛"，继而产生出要变革，要创新的冲动，然而在一番轰轰烈烈的大刀阔斧之后，我们似乎又陷入更多的困惑：课程改革应该究竟怎样深入？教学方法如何改进？师生互动形式如何开展？笔者认为：化学课堂教学要在文化浸润中构建和谐师生关系。

化学课堂教学文化是一个知识系统，它是由四个基本要素构成。化学知识体系、化学语言符号，化学思想方法、化学学科文化产品。知识体系是学科文化的主要载体；语言符号是学科文化的密码；思想方法是学科文化的观念；文化产品是学科文化的积淀与创新。课堂教学文化是学科在创建，发展，创新过程中所形成的具有学科特色，能促使学生个体在化学方面可持续发展的文化积淀。课堂教学文化是化学知识教育的补充和支撑，为化学知识教育提供丰富的文化底蕴，有助于学生对学习知识的理解和智能的全面发展，在学科教育中起着隐性课程的作用。因此，如何提升课堂教学中的文化品位就显得尤为重要。

《国家中长期教育改革和发展规划纲要》正在公开征求意见中，教育形势迫使我们冷静、理性地思考。新一轮教育改革的一大核心内容是该如何让学生减负。众所周知，学生的负担是"题海战术"造成的，并不是课程内容造成的。而那首化学版的《青花瓷》凭借文化使学生们欣然接受。所以说，化学教学实质是一种文化教育，要在文化浸润中构建和谐师生关系。

1. 文化浸润中和谐师生关系组成要素

（1）知识主题与文化主题的有机统一。例如，在讲授《溶液的物质的量浓度配制》这一课时，最关键的是让学生掌握溶液转移之后还必须有"洗涤"这一过程。那么为什么需要少量多次洗涤呢？笔者在讲授时和同学们一起讨论：一次使用洗涤液 10 mL，这是一种洗涤法；分 5 次洗，每次 2 mL，这又是一种方法。而后一种洗涤方法的效果一定比前一种好得多。这是化学，是知识，是科学。笔者由此引出另一个话题：有人为一项学术研讨活动召集一次大会，锣鼓、烟花、座席等花了一万元。但那种具备"洗涤"文化的人可能情愿组织 5 次小型的学术沙龙，每次花费一千元，这样也许更能研究出点实际东西来。一个类比，思想方法在这里就得到了升华，文化也悄悄地、细无声地并行着。

又如，《勒夏特列原理》这一课堂教学的重点无疑是要让学生掌握外界条件改变下的可逆反应平衡移动的方向。在教学中笔者始终把"动态平衡"作为引领这堂课的核心。由此引申出：社会就是一个动态平衡的体系。太平衡了，主观能动性就会丢失，社会就没有发展，那么就必须打破平衡，鼓励一部分人先富起来。后来，贫富差距过大，就要求新的平衡，那就是创造和谐社会：让富人多缴税，给穷人送温暖。在这里"和谐"就是文化主题。而恰恰只有化学才能把这种"动态平衡"演绎得如此具体、深入而且量化。

（2）提倡"地地道道"的化学课。《工业制纯碱》这一课堂教学中，总有很多老师把爱国主义教育作为"侯德榜制碱法"的文化主题。但笔者认为那只可以作为点缀、渗透，不能作为主题，占时不能超过2分钟。化学课的文化主题还得为化学服务。文化不是一朵塑料花，它是知识的灵魂，也是知识的一种载体。

又如《杜康酿酒话乙醇》一课，很多老师在讲乙醇之前总会让学生吟酒诗"人生得意须尽欢，莫使金樽空对月""对酒当歌，人生几何"，似乎只有这样才能让学生激发出对这一种"杯中物"产生无限的遐想和探究的欲望，但笔者认为这样的诗唯一说明的是乙醇就是酒精，诗与乙醇的性质没有任何关系，这样的文化主题就显得有些牵强。

在《打开原子世界的大门》一章中，有一节为《从葡萄干面包模型到原子结构的行星模型》，讲述的是人们对原子结构的认识经历的历史阶段，从庄子、墨子、德谟克利特、汤姆逊、卢瑟福到玻尔。从头到尾在教学中我们都不能离开原子本身。

讲《元素周期律》，明确周期的前提是重复。比如，时间上一个月30天是一个周期，一个星期7天是一个周期，一天24小时也是一个周期，总而言之就是周而复始。联系到数学、物理学上都有周期的实例。随后，笔者带领学生沿音阶练声，多来米法索拉西多，是要让学生们明白元素周期律是螺旋式上升而不是简单的重复。

由此笔者认为：知识主题和文化主题要为学科的核心理念和重大题材设立和提炼，形式一定要为内容服务，回归自然才是最高级的教学方式。

（3）深入浅出的教学方式。在学习《微粒间的相互作用力》时，学生首次接触化学概念——化学键。一下子要从微观结构的角度认识微粒之间的相互作用，掌握化学概念，会令学生感到非常的抽象，学习起来比较困难。其实学习"化学键"的根本在于明白"键"的含义，故可以在"键"字上下功夫。在现代汉语词典中可以查到"键"的多种意思：① 使轴与齿轮，皮带轮等连接并固定在一起的零件；② 也指插在门上，用以关锁门户的金属棍子；③ 在物理学上开关又称"电键"。以上均说明"键"有连接之意。由此再引人"化学键"的概念，这就是让学生在品味基本的汉字之后，能更容易理解其中的奥秘，并愉悦地学习。

又如在讲《电解质》这一课时，为了使学生更透彻地理解电解质溶液导电的根本原因，笔者又引用了一个文化主题：自由。金属导电的前提是自由电子，而电解质导电的前提就是自由的离子。同学们也就很自然的明白了为什么氯化钠固体不能导电，而熔化的氯化钠或其水溶液能够导电。

20 多年前电子云概念是初三教的，"时间""宇宙""黑洞"难不难？大物理学家把它们写成儿童读物，未满 10 岁的孩子不但能看懂，还津津乐道、欲罢不能。凭什么？凭文化力量的调动，就如同那首化学版的《青花瓷》。凭什么能调动得那么得心应手，左右逢源，顺理成章？答案就是基于教师自身对概念的深入理解，非常的深入，出神入化才是深入浅出的前提。

（4）关注时事和社会热点。热点即为热门话题，不只是时事热点，也包括社会实际中的热点，学生生活中的热门话题。如今化学教学中普遍重视热点的运用和评析，这既是贯彻理论联系实际的教学原则，提高课堂教学效果的有效途径，也是培养学生兴趣，增强吸引力最行之有效的方法。教育家赫巴尔说："教学应贯穿于学生的兴趣中，使学生的兴趣在教育的各个阶段能连贯地表现为注意、等待、探索和运动。"情景活动要顺应和发展学生的兴趣，教师要善于发现学生个体的兴趣差异，并通过设置有趣的、多样化的区域环境来激发和发展学生的兴趣。探究热点培养兴趣的功能是显而易见的。

在平时的教学过程中，注重引导学生关心时事，并结合所学知识有选择地收集整理信息，合理有效地运用热点，挖掘热点在教学中的多重功能。教学实践表明，把时事和社会热点融入课堂教学，不仅开阔了学生的视野，丰富了学生的知识，弥补了教材的滞后性，丰富了教学内容，而且也提高了学生收集和处理信息的能力以及认识问题，解决实际问题的能力。

2. 文化浸润中构建和谐师生关系的途径

（1）让教学语言显现文化韵味。学习元素化合物知识时，学生一般会感觉知识比较凌乱，很难记忆。那么，教师要在课堂上尽可能地让自己的教学语言使学生"过耳不忘"。例如，在讲授《生石灰制备和应用》时，引用明代英雄于谦的《石灰吟》："千锤万凿出深山，烈火焚烧若等闲。粉骨碎身浑不怕，要留清白在人间。"这首诗以拟人的手法，既反映出于谦正直刚烈的性格追求，又把石灰的整个生产过程惟妙惟肖地描述出来，可以说是化学教学艺术化、人文化的珍品。

在讲授《卤化氢合成反应中的能量变化》时，把氟、氯、溴与氢气反应时释放能量的情形分别比喻成三处瀑布。氟化氢合成时为尼加拉瓜瀑布，氯化氢为黄果树瀑布，溴化氢为人造瀑布。能量落差越大，对外表现就越剧烈。

在讲授《化学平衡》时，为了让同学们建立平衡的概念，提出"势均力敌"的理念。为了揭示氢氧化铝两性的成因，引用一个成语：兵来将挡，水来土掩。

……

（2）让中国汉字凸显文化底蕴。中国文化博大精深，中国的汉字更是历经千年，这使得每一个汉字的背后都有了深厚的含义。在化学教学中，若能充分挖掘出化学概念、化学术语等字词背后的意义，在体会汉字所带来的魅力、感受汉字之美的同时，更好地理解化学、记忆化学知识，岂不美哉！

在有机化学教学之初，笔者发现同学对有机基本概念的掌握感到非常困难。如"烃"：指仅含碳氢的有机物。为了让同学们掌握这个概念，我就从这个字的汉语拼音人手，烃（ting）取之为碳的声母（t），氢的韵母（ing）。在一些有机基团的教学中也采用了上述方法：如羟基（—OH）的"羟"（qiang）来源于氢的声母（q），氧的韵母（ang）；羰基（—CO—）的"羰"（tang）来源于碳的声母（t），氧的韵母（ang）。

3. 让实验教学展现文化价值

实验使化学教学如虎添翼，实验之美更被体现得淋漓尽致。

银光闪闪的银镜、五彩缤纷的焰火、火光四射的铝热反应、美丽的喷泉、变化莫测的酸碱指示剂……

化学仪器晶莹剔透，功能各异，令人赏心悦目。而各种仪器的完美组合往往给人以流畅、振奋的美感。

例如：化学多米诺实验。"化学多米诺实验"即利用反应中气体产生的压力和虹吸作用原理，使若干化学实验依次发生，整个过程只需控制第一个反应，就好像多米诺骨牌游戏一样。整个实验颇为壮观，在感官上给学生震慑之感，收到了奇妙的艺术效果（图 3-5-1）。

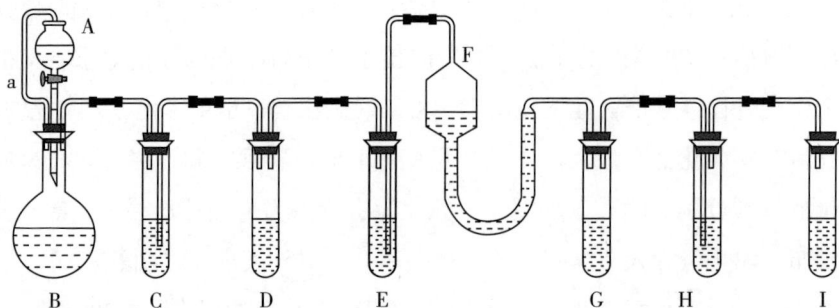

（各装置中试剂或物质是：A. 2 mol/L H_2SO_4 B. Zn C.2 mol/L H_2SO_4+$CuSO_4$ D.Zn E. $CuSO_4$溶液 F.$NH_3 \cdot H_2O$ G.30% H_2O_2 H.H_2S溶液 I.NaOH溶液）

图 3-5-1 化学多米诺实验

另外，生活中的各种物质只要课堂教学需要，都可以走进课堂，为教学服务。如在《原电池》一课中，可以在讲台上摆上柑橘，西红柿、苹果等水果，利用原电池构成的三要素，自行组装成水果电池。看着各种漂亮的水果电池，每个学生都兴奋不已。

4. 调动学生的化学兴趣

"亲其师，信其道。"用教师自身的人格魅力吸引学生，让学生喜欢化学教师，进而喜欢化学。在现行的高考制度下，教师往往注重知识的教学，忽视了学生的感受，加强与学生的情感交流就显得尤为重要。能让学生喜欢的老师可能拥有渊博的学识，自如的谈吐，更重要的是他们了解高中生的人格、思维特点：自我意识萌发，形象思维向逻辑思维过渡。根据高中生特点，教学中让学生感到被认同、被尊重，这样学生会认同老师，进而认同这门课程，激发起学习化学的兴趣。教师需要加强教学素养：扎实的学科功底，丰富的教学经验，一定的理论素养，开阔的实践视野，把上课作为境界，追求做得更好，以免出现学生喜欢老师、喜欢化学但不出成绩的尴尬局面。

课堂氛围的调动，特别是学生的互评，能带来意想不到效果。教无定法，嘲笑是贬义词，教师避之不及，然而笔者认为教学要用上三十六计，攻心为上，特殊方法带来特殊效果。笔者在课前往往会用两三分钟时间复习提问，若学生回答不出问题，其他学生会起哄，甚至带有嘲笑的味道。于是，每节课前，学生都会认真做好复习，不知何时起，学生对课前提问由害怕变成了期待。因此，课堂上总体气氛很活跃、轻松，许多学生由爱上化学课进而对化学产生兴趣。笔者刻意去调整出这样的氛围，但不是每个班级都能调整出这样的氛围，每个班级都有自己的性格，多了解班级特点，采用不同的方法调节课堂氛围，所谓知己知彼，百战不殆。

总之，化学是一种人类文化，它是人类文明的重要组成部分。教师要转变教学方式，促进学生学习方式的转变，让文化走进课堂，在文化浸润中构建和谐师生关系。课堂不仅是学科知识的殿堂，更是人性养育的圣殿；不仅是学生成长的舞台，更是他们发挥创造力，想象力和品味生活的梦想剧场；只有这样的课堂，才会使情感态度价值观、知识技能与方法过程三维教学目标一同实现。

（二）化学学科视野中的学生研究

当今世界，人们越来越关注个性发展，实施个性化教育已成为现代教育的主流。我们常说："世界上没有两片完全相同的树叶，也没有两个个性完全相同的人。"每一个人都存在着个性特征和个性差异。我们实施个性化教育，就是要充分认识到学生在社会背景、生理、心理和智力等方面存在的个别差异，重视学生在教育中的中心地位，根据其能力水平进行教育，因材施教，使其得到充分的发展。

那么，在具体的教学实践中，教师如何能够激发学生的主动性，积极性，让他们参与到"以学生发展为本"的个性化教育中来呢？又如何能够切实地改变传统的以教师为中心的教学模式，探索出一条适合学生发展的"个性化教育"之路呢？

1.激发学生的化学学习兴趣

我们常说兴趣是最好的老师，若高中生对化学感兴趣，便能促使他积极积累化学知识，研究化学现象，享受学习化学的乐趣，还可提高化学成绩。托尔斯泰将兴趣与教学的关系阐述得更明确：成功的教学所需的不是强制，而是激发学生学习的兴趣。那么该如何培养学生学习化学的兴趣？

（1）增强实验教学的魅力。化学离不开实验，许多概念，理论、物质的结构和性质等都是通过实验得到的。二期课改化学教材设有课堂实验、学生实验、探究与实践及家庭小实验等板块，充分体现了化学的特点，并通过化学课培养学生的实验设计能力、动手能力，观察能力、分析能力等。实验现象千变万化，满足了高中生爱动手实践、猎奇的认知特点，能极大地激发学生学习化学的兴趣。许多学生正是因为喜爱实验而爱化学，许多教师正因为实验设计组织得好而获得较好的教学效果。有时候，教师演示一个非常简单的，甚至学生早已知道结果的实验，坐在后面的同学还是会站起来看实验现象，所以化学教师一定要充分发挥实验对学生的吸引力，不要随意砍掉演示实验；要引导学生看演示实验，不要让学生只看热闹不看门道；还要创造一定条件让学生动手做实验，这样他们会在实验中感受到巨大的乐趣。

然而在实际教学中往往没能利用好实验，没有体现二期课改教材的优点，理由有很多：有些实验准备要耗用教师很多精力；有些实验有很多不确定因素，影响教师课堂时间控制；有些实验有一定安全隐患；有些实验药品有毒性，等等。于是课堂实验便改成了实验视频。例如，氢氯混合气体光爆，现在有了氢氯混合气体光爆装置，氯酸钾和镁条放入小试管，插到装置上，滴加盐酸后用软木塞塞住试管，闪光灯照射，结果没有爆炸，反复实验后终于找到原因：镁条除去氧化膜时不彻底。若爆炸了，又有问题了：软木塞没有因爆炸飞掉，小试管破裂，玻璃片飞溅，幸好装置有有机玻璃罩子，于是改用湿厚纸片放在试管口，确保安全。再比如，课前准备好了，上课时由于药品浓度、用量等原因，有时实验也会失败。某教师在几个班级做了氯气性质实验后感觉不适，检查发现白细胞偏高，怀疑与氯气有关。再如，用针筒给 NO_2 加压看颜色变化，但自己都看不清，怎么让学生有兴趣；铜片与浓硫酸的反应、乙烯的制取，搭装置、装药品，加热，还没产生气体，下课铃响了，学生又怎会有兴趣。

学生通过实验可提高学习兴趣，也会影响化学成绩。不打扫教室的同学怎么知道先擦桌子还是先擦窗？劳动过的同学就知道擦窗会踩着桌子，应擦好窗再擦桌子。做过的实验可以一幕幕在脑中浮现，若不做化学实验，背实验过程知识点，那化学真成学生讨厌的第二门外语了。

作为教师不仅要教书育人，更应该成为研究者，学生、课堂、教材都是研究对象。而作为化学教师还多一项研究内容：化学实验。因为实验存在问题，所以要改进实验，比如改进药品，以制氯气为例，以二氧化锰和浓盐酸为原料最麻烦，而用高锰酸钾与浓盐酸可以不加热，以漂粉精片和浓盐酸为原料可用启普发生器，不仅不需加热，还可以控制反应的进行与停止。再如微型实验，药品用量少，污染小，现象明显，可这些实验需教师自己收集方案，甚至自己研究设计方案和用具，需要用心投入。

当然，实验不是绝对可以激发学生学习化学的兴趣，有些学生就是因为化学要动手做实验，所以不喜欢化学；有些学生只是对实验感兴趣，而并不喜欢化学。

（2）创设适宜的问题情境。"不愤不启，不悱不发。"对未知的探索是最能激发学生好奇心和求知欲的，教师设置疑问，创设问题情境，不仅可激疑启思，活泼思维，而且能在解决问题的过程中培养学生的各种能力。从心理学角度来说，就是应用观念冲突论，促进学生产生学习动机。

以课例说明，高三学习定量实验后，学生基本掌握了定量测定方法。笔者从白猫杯化学竞赛题"橙汁中维 C 测定""碘酒中碘含量测定"中得到启发，从药品检验、食品检验中寻找情境，为同学上了一堂课——"可乐中二氧化碳含量测定的实验方案设计"，借此加强学生对定量测定的掌握。可乐并不稀奇，或许同学抽屉里就有一罐，可出现在讲台上并以此为题，学生就非常感兴趣。用重量法吧，磷酸会干扰；用滴定法吧，可乐有颜色，无法判断滴定终点。于是便用"调虎离山"这个成语引导学生，学生在用重量法（沉淀法）测定可乐中二氧化碳浓度时，为排除磷酸干扰，不是往可乐中直接加沉淀剂，而是将二氧化碳赶出来用沉淀剂吸收。若吸收剂定量且过量，还可以滴定，问题基本解决了。当堂打开一瓶可乐，发出"嘁"的一声，这会影响测定准确度吗？学生又被难住了，以"跑得了和尚跑不了庙"一句话作引导，使学生想到测定二氧化碳跑掉前后可乐的质量差，顺利解决问题。简单的展示，换来不一样的教学效果，一堂课内设置几个小障碍，让学生更灵活地运用课本知识，使其对定量测定有了更深的理解。

问题难、偏、怪使学生产生厌学情绪，但创设情境后，逐步指导学生解决能力范围之内的问题，引导学生解决情境中的最终问题，就像攀登华山，一步步走上不算困难的台阶到了山顶，再让同学回头看，他就会产生成就感，激起了学习化学的兴趣。让学生成为学习的主体不是放手，而是要设想好明确的教学目的，设计更多的台阶与支架，在不知不觉中，把学生领入知识的海洋扬帆起航。

（3）寻找有效的思想方法。"授之以鱼，不如授之以渔。"知其然而不知其所以然的话，背化学方程式学化学就是受罪。有些学生的复习就是一头扎进茫茫题海，甚至老师也带领学生畅游题海，费时费力，事倍功半。学习不是苦行，要让学生对学习化学产生兴趣，不仅要教会学生学习，还要展现化学的魅力，展现化学基本思想方法、核心观念，这是对教师的挑战。

2. 培养学生的观察能力

观察能力是人们全面、深入，正确地认识事物的一种能力。而学生的系统化学知识大多来源于课程教学之中，因而，在教学中，运用实验手段，通过某些化学现象的再现，使学生由观察获得感性认识，再经过逻辑思维上升到理性认识。

实验中观察能力主要是指有目的、有重点的观察实验的基本仪器、装置设备以及教师规范化的实验操作过程和实验现象及数据的变化等等。学生的观察能力是通过教师的正确引导，在实验的观察活动中逐步培养和发展起来的。教师在教学中要有意识地为学生创造观察条件，培养他们的兴趣和良好的习惯，不断地提高他们观察的准确性、深刻性、灵敏性，逐步提高观察能力。

（1）利用"好奇心"。高中生的年龄比较小，好奇心强，他们学习化学的动机往往是以满足个人的好奇心和感兴趣为主。有的学生说："看到老师拿着实验仪器进教室特有劲，而只拿着一本书走进教室，就感到懊丧，听起课来就无精打采。""针对学生的心理，教师应充分利用一切机会，给学生创造观察化学现象的条件。生动地演示实验会像磁铁一样深深地吸引学生的注意。

（2）掌握观察方法。对初学化学的高中低年级学生来说，他们常常不知道观察些什么，怎样观察。这样便出现"外行看热闹，内行看门道"的情况。因而教师要教给学生正确的观察方法。按一定的顺序去观察，掌握规范的观察方法，使自己的观察认真而有目的。首先向学生介绍本次实验所需的仪器，包括仪器的名称、用途、单位、量程、最小刻度、零刻度线、精度和它的原理等，使学生准确地掌握该仪器或仪表在实验中的使用。许多化学实验，不仅使用的仪表多，操作步骤也多。所以教师必须讲清实验的步骤和方法，引导学生有目的地严格按照程序进行观察。教师做实验时，动作和步骤必须清楚，便于学生看清。在边做边讲的过程中引导学生按程序进行细致而周密的观察，以提高他们的观察能力。

（3）注意观察重点。每个化学实验都有其明确的目的。通过实验说明一种现象，建立某种概念、某个规律，或通过实验验证、探讨一些规律等。所以在实验中，教师就必须引导学生围绕实验目的，对某些特定的化学现象进行重点分析，不至于让学生一堂课下来不知什么是重点，出现舍本逐末的现象。观察方法简单介绍两种：第一，对比观察法，即对前后几次实验现象或实验数据进行观察比较。对比观察有定性和定量之分。定性观察就是对前后实验现象进行观察比较，进而找出结论。第二，全面观察法，即对现象进行全面的观察。使学生了解观察现象的全貌。学生观察能力的培养应循序渐进，到了高中阶段，应引导他们学会对现象进行全面的观察。因此在实验教学中，可以先观察几组实验，然后老师再提出一系列的问题，让学生来回答，让他们独立去总结。这样，既使学生学会了对实验的全面观察，又提高了课堂教学的效率。

（4）强调观察与思维并重。观察与思维密不可分。正确的观察是科学思维的基础，而严密的思维是得出正确结论的途径。因而，培养学生观察能力不能片面地强调观察力，而应注意观察和思维并进，引导学生积极思维，主动观察。

3.培养学生的探究能力

当今世界，科学技术的发展突飞猛进，知识经济已初露端倪，知识的创新和技术的创新是知识经济的两大特征。新世纪对教育提出了新的要求，如何培养学生的创新能力，如何更好地为高素质人才的培养打下基础已成为中学教育的重大课题。而学生创新精神和实践能力的培养需要通过学生具体的探究活动来实现。化学作为科学教育的重要组成部分，能发挥学科自身的优势，来要求学生懂得运用化学知识和方法去解释和解决日常生活中的有关问题，不断培养学生基本的科学探究能力，同时让学生获得终身学习的能力。

（1）开展基于生活的探究活动。化学是一门与实际生活紧密联系的学科。人们生活所需的衣、食、住、用、行等都离不开化学。因此，可以利用与学生的实际生活相联系，或者与学生在生活中遇到的实际问题和现象作为情景素材创设学习情景，激发学生主动探究兴趣，不断提高学生创造性地应用化学知识解决实际问题的能力。例如，2003年SARS流行期间，大家都用一种名为过氧乙酸的消毒剂，笔者学校也不例外，走廊里散发着浓重的消毒剂气味。而过氧乙酸的结构简式正好与当时所学的乙酸类似，在学习乙酸的同时让学生探讨过氧乙酸的结构式，并研究如何合成过氧乙酸。由于这个问题是由学生熟悉的物质引入的，所以一开始学生就产生了强烈的探究兴趣。这样同学们不仅了解了过氧乙酸，而且还加深了对乙酸知识的理解。巧的是当年上海高考也考到了这道题目，学生们做起来便得心应手许多。

（2）关注探究过程的方法指导。科学探究的一般过程为发现问题，提出假设、实验验证、得出结论.讨论和交流，其中每个环节都需要学生的活动和积极地参与。学生通过亲身的经历和体验，然后得出结论，从而激发学习的兴趣，培养科学的情感，形成科学的探究能力。

第一，发现问题。科学探究是从问题开始，而问题产生于怀疑。怀疑—问题—思考是学有成就的必要条件。问题是探究的起点，也是探究的归宿，探究的成效如何取决于问题的设计。刚开始时，学生们不善于发现问题，提出问题。这就要求教师深入研究教材，了解学生认知水平，精心设疑布阵，创设出能使学生质疑的教学情境。情境中的问题既要适合学生已有的知识水平、能力，又需经一番努力才能解决，这样才有利于学生形成对未知事物进行探究的习惯。

第二，提出假设。在科学探究中，对探究的问题所涉及的知识和事实材料不够充分的条件下，我们可以凭借已有的事实和先前的经验，以假设的形式进行大胆的探索，根据已有的资料和客观事实，对探讨的问题做出各种有益于问题解决的假设或猜想。

在探究性学习活动中，教师应引导学生自己提出假说，或在教师的引导点拨下提出假说。在可能的条件下，教师要组织学生合作学习，并在学生合作过程中进行引导，对假设进行理论论证，使提出的假设更具合理性。

第三，实验验证。为了验证提出的假设，就要动脑动手设计简便易做、针对性强的实验。这样才能使探究的过程有序、有效进行，避免了探究中的混乱和不必要的重复，提高了探究的效率。

第四，得出结论。根据实验的结果和对收集的证据进行筛选、归类、统计和列表分析等综合处理，并运用已有知识得出符合证据的结论。这是一种从实践到理论的升华过程，在这一过程中，学生通过自己的努力，发现了规律，心中自然涌现出胜利的喜悦。此时教师除了要及时对学生加以鼓励之外，还要积极地引导学生充分运用比较、分类、归纳、概括、分析等一些科学逻辑的方法，进一步培养学生的抽象思维能力。

第五，讨论与交流。在探究式学习过程中，学生以小组的形式围绕主题或问题进行探讨，公开表达和交流各自的见解。通过这样的交流与协作，不仅使探究的问题和结论更具有科学性，也有利于形成人际沟通与合作的良好氛围，从而发展出乐于合作、团结互助的团队精神。此时，教师要鼓励学生既要发表自己的见解，提出探究的结论，又要认真听取他人意见，纠正自己错误观点，提高自己的认识。这样才能形成活跃、开放、民主的师生互动氛围，把探究式学习推向高潮。

（3）孕育学生的自主探究精神。通过教师不断地指引，不断地训练，科学探究的方法和过程已潜移默化地停留在学生脑海深处，这样学生能逐渐养成探究习惯，把探究变成自己生活的乐趣，形成自主探究精神。经过这些磨炼，掌握思考和探究的方法，学生的一部分学习变成了"自我探究"的过程。有一次，一群同学主动向教师提出要到实验室做实验，原来他们在争论一个问题：向溴水中加入足量乙醛溶液，可以看到溶液褪色。产生该现象的原因到底是取代褪色、加成褪色还是氧化褪色。他们为此设计好实验方案，准备到实验室揭开谜底。这样的例子随着学生自主探究精神的增强越来越多，说明部分学生已初步形成探究习惯，并随时想到用科学探究方法去解决想要解决的问题。

总之，化学课程具有人文性质，《普通高中化学课程标准》（以下简称"标准"）的基本理念第六条中明确提出：在人类文化背景下构成化学课程体系，理解化学课程对培养学生人文精神的重要作用。"标准"还提出化学教育最终的目标：以进一步提高学生的科学素养为宗旨，激发学生学习化学的兴趣，尊重和促进学生的个性发展，提高学生的科学探究能力；在实践中增强学生的社会责任感，培养学生热爱祖国、热爱生活，热爱集体的情操；引导学生认识化学对促进社会进步和提高人类生活质量方面的重要影响。因此，化学教学绝不仅仅是一种单纯的技能、技巧训练，而应被视为一种文化学习。通过化学学习，使学生认识人的情感、态度、价值观的差异性；通过化学学习，发展学习化学的兴趣，了解与探索物质变化的奥秘，体验科学探究的艰辛与喜悦，感受化学世界的奇妙与和谐。

三、素养为本的化学教学设计

2018 年 1 月，《普通高中化学课程标准（2017 版）》（以下简称"新课标"）颁布，明确指出了在立德树人的背景下化学学科应发展的学生学科核心素养。学科核心素养是学科育人价值的集中体现，是学生通过学科学习而逐步形成的正确价值理念、必备品格和关键能力。高中化学学科核心素养是高中学生发展核心素养的重要组成部分，是学生综合素质的具体体现，反映了社会主义核心价值观下化学学科育人的基本要求，全面展现了化学课程学习对学生未来发展的重要价值。

教学设计（其产品通常也叫教学设计）和传统备课（其产品即为通常所说的教案）的差异不仅表现在指导思想和设计对象的不同，而且基本要素和操作流程也有显著差别。

"素养为本"的化学教学设计与传统的备课不可同日而语。

当然，学生化学学科核心素养的发展是一个持续的过程，是需要通过一节一节具体的化学课来加以落实的。因此，课时教学设计对于学生化学学科核心素养发展就显得尤为重要。

郑长龙认为，发展学生化学学科核心素养的课时教学设计应重视[1]：① 化学课结构的"板块化"设计；② 化学课内容的"任务化"设计；③ 化学课活动的"多样化"设计；④ 化学课情境的"真实性"设计；⑤ 化学课目标的"素养化"设计。

教学设计过程模式是在教学设计的实践中逐渐形成的，运用系统方法进行教学开发、设计的理论的简化形式，如图 3-5-2 所示即为其中一种[2]。

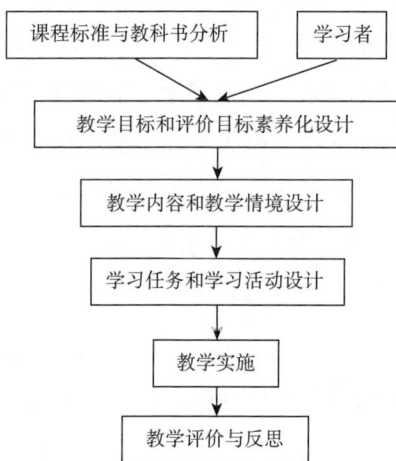

图 3-5-2 "素养为本"的教学设计过程模式

① 郑长龙，孙佳林. "素养为本"的化学课堂教学的设计与实施 [J]. 课程教材教法，2018（04）：71-78.
② 姜建文. 化学教学设计与案例研讨 [M]. 北京：化学工业出版社，2020：35-38.

第六节 高中化学单元整体教学设计

一、单元整体教学设计促进学生化学学科核心素养的发展

为了更好地发展学生的核心素养，教师需要学会单元整体教学设计。以发展学生化学学科核心素养为本的单元整体教学设计，首先根据一定主题单元所包含的内容按照知识的逻辑结构整合成具有结构化的教学单元，然后以教学单元知识逻辑为主线，分析各知识结构中所承载的核心素养培养要素，再根据课程标准要求确立教学目标、设计学习任务、创设学习活动、制订与之相应的评价目标组织教学。整个设计流程如图 3-6-1 所示。

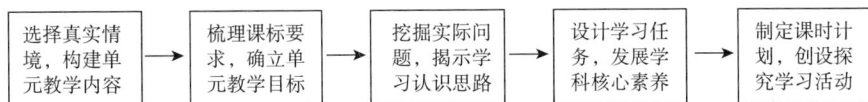

选择真实情境，构建单元教学内容 → 梳理课标要求，确立单元教学目标 → 挖掘实际问题，揭示学习认识思路 → 设计学习任务，发展学科核心素养 → 制定课时计划，创设探究学习活动

图 3-6-1　以发展学生化学学科核心素养为本的单元整体教学设计流程

促进学生核心素养发展的单元整体教学设计需要教师大胆创新，牢牢把握课程标准要求，合理使用教材，对教学内容进行深度加工，对知识进行有意义的统整，不必拘泥于教材中知识点的固有顺序和单元界限。这是因为核心素养理念下的学习除了关注知识本身以外，更要关注知识背后所蕴含的学科思想、方法和观念。一个有效的单元整体教学设计不是教材中内容的简单重复和堆砌，而是围绕一个主题由浅入深、层层递进的推进，发展学生的高阶思维，优化学生的认知结构。它能够弥补传统课时教学设计过分强调每节课独立的教学目标、关注具体知识技能培养、忽视学生化学观念的形成的弊端。以"氯及其化合物"为例[1]，通过单元整体教学设计，学生在实验探究的同时，概括物质性质、厘清认识物质及其转化关系的视角和路径，学生便有了思考的起点和落点。由起点指向落点，学生通过问题的解决，思维的深度和广度都有了极大的提升，在实际应用问题的解决过程中不断迁移学科知识、认识思路和方法，不仅实现了对知识的深度理解，掌握了多样化的学习方式，更重要的是体会到了所学知识的功能价值，有助于实现学生的深度学习。

---

[1] 中华人民共和国教育部. 普通高中化学课程标准（2017 年版 2020 年修订）[S]. 北京：人民教育出版社，2020：102.

不难看出，立足单元整体教学设计开展课堂教学是对教师专业素养、教学思维、习惯做法的挑战，也是对学生思维方式、学习方法、学习品质的变革。当然，这其中还有很多问题值得关注，如怎样更好地发挥基于"教材单元"的教学价值？这是因为教材本身蕴含着单元教学设计，这也是宝贵的资源。再如，怎样开展以核心素养为导向的作业和试题设计？这是因为只有使"教、学、评"活动有机结合，才能更加有效地诊断学生化学学科核心素养的发展水平。这些问题的解决不是一蹴而就的，需要长期的理论研究和实践探索，只有这样才能真正做到基于核心素养的教和学，实现"立德树人"的总目标[①]。

二、怎样进行单元整体教学设计

确定单元教学目标在具体操作环节可采取整体有序设计，其操作流程如图3-6-2所示[②]。

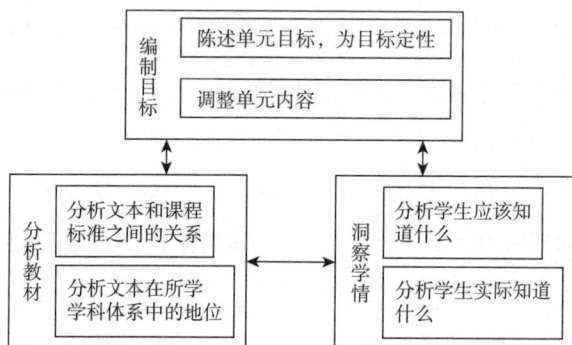

图 3-6-2　确定单元教学目标的基本环节

为了有效落实化学学科核心素养，发挥单元教学目标的导向和调节作用，单元教学目标可从设计环节、方法和目的三个维度构建单元教学目标设计的思路，如图3-6-3所示[③]。

[①] 喻俊，叶佩佩. 促进学生核心素养发展的单元教学设计实践探索 [J]. 化学教学，2020（5）：51-55
[②] 马兰. 整体化有序设计单元教学探讨 [J]. 课程·教材·教法，2012（2）：23-31.
[③] 梁俊. 单元教学目标设计框架、思路与表达——以"物质构成的奥秘"为例 [J]. 中学化学教学参考，2020（2）：22-25.

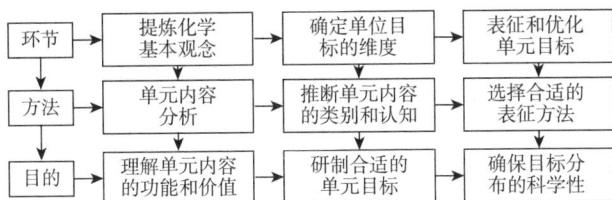

图 3-6-3 单元教学目标设计思路

确定单元教学目标主要有 4 个依据：教材、课标、学生、考试评价。结合学生的已有经验，对学段、模块或主题、单元和课时教学目标进行整体规划和设计[①]。例如，结构决定性质是化学学科的核心观念，是宏观辨识与微观探析思维方式的具体表现形式。对于这一观念的学习，就可以整体设计为四个阶段：在必修阶段元素周期律的学习中，要求认识元素"位""构""性"之间的内在联系，能根据元素"位""构"的特点预测和解释元素的性质；在选择性必修课程化学键与物质的性质的学习中，要求能根据化学键的特点，解释和预测化合物的性质；在选择性必修课程分子间作用力与物质的性质的学习中，要求能解释和说明分子间作用力、氢键对物质性质的影响；在选择性必修课程有机化学基础模块的学习中，要求能根据有机化合物官能团的结构特点解释和预测有机化合物的性质。

吕世虎[②] 在该研究基础上，将单元教学设计的整个过程细划为如下 6 个实施步骤：① 确定单元内容；② 分析教学要素；③ 编制教学目标；④ 设计教学流程；⑤ 实施教学；⑥ 评价、反思及改进。具体操作流程如图 3-6-4 所示。

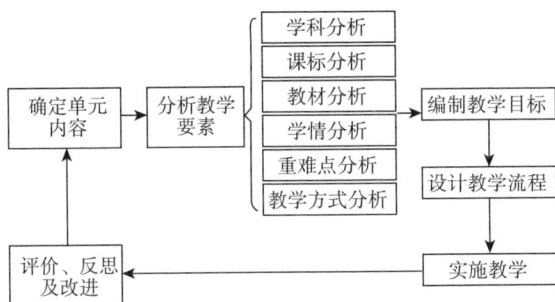

图 3-6-4 单元教学设计的实施步骤

① 中华人民共和国教育部. 普通高中化学课程标准（2017 年版 2020 年修订）[S]. 北京：人民教育出版社，202：69.
② 吕世虎，吴振英，杨婷. 等. 单元教学设计及其对促进数学教师专业发展的作用 [J]. 数学教育通报，2016（10）：16-21.

陈寅[1]则将单元教学设计的关键环节划分为3部分，分别为单元规划、单元教材教法分析与目标设计、单元教学活动/作业/评价/资源设计，如图3-6-5所示。

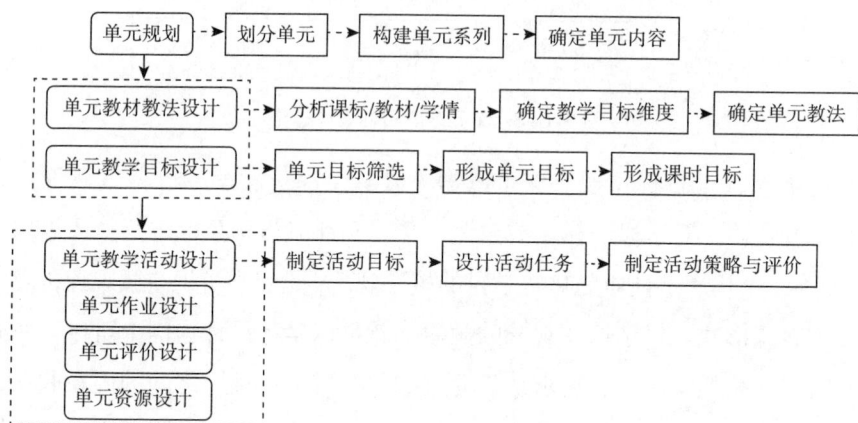

图3-6-5 单元教学设计流程

马兰[2]则认为单元教学设计重在"整体化""有序"，因此在设计教学时既做到目标为本、统揽全局，又实现有序操作、步步落实。它旨在改变"说做相悖"的经验式备课方式、"重细节轻整体"的教学思维、"做中学"与"用心想"双峰对峙的教师培养和学习模式，其五个操作步骤如图3-6-6所示。

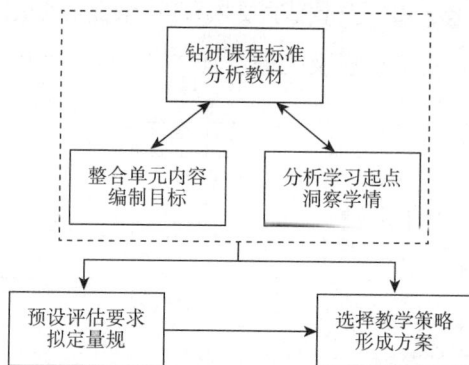

图3-6-6 整体化有序设计单元教学基本步骤

刘焕亮[3]则认为单元教学设计要研究指向学科核心素养的单元学习目标、以

---

[1] 陈寅,宋蕊.基于发展学生学科核心素养的化学单元教学设计:以"晶体的结构与性质"为例[J].化学教学,2020（1）：31-36.
[2] 马兰.整体化有序设计单元教学探讨[J].课程·教材·教法,2012（2）：23-31.
[3] 刘焕亮.基于学科核心素养的单元整体教学设计:以"物质结构元素周期律"为例[J].中学化学教学参考,2019（10）：36-37.

"情境—问题—活动"为主线的单元教学蓝图和以学科素养达成为导向的单元教学评价等要素，提出的单元教学设计框架如图 3-6-7 所示。

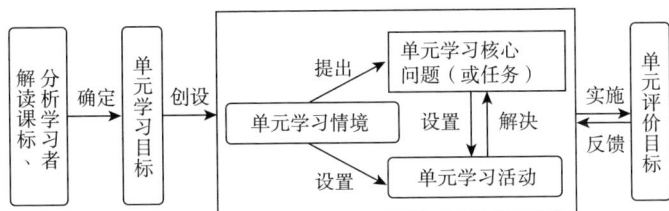

图 3-6-7 单元教学设计框架

单元整体教学设计在发展学生核心素养，落实学科核心素养方面起到的中观作用得到了各界的共同认可。整体分析来看，国际上比较有代表性的是埃里克森（Eriksen）等提出的单元设计的十一个步骤，威金斯（Wiggins）的逆向单元教学设计三步骤，以及查莫斯（Chalmers）等提出的单元设计 6 步骤。国内影响力较大的有北京师范大学胡久华提出的深度学习单元整体设计、上海教研室研发的单元教学设计指南和北京教育学院何彩霞提出的以大概念为统领进行的单元教学设计。下面将选择在我国影响较为深远的几种模式重点进行阐述。

（一）基于发展学生化学学科核心素养的单元整体教学设计[①]

化学学科核心素养是学生发展核心素养的重要组成部分，是学生综合素质的具体体现，反映了社会主义核心价值观下化学学科育人的基本要求，全面展现了化学课程学习对学生未来发展的重要价值。化学单元整体教学设计的各关键环节（图 3-6-8）需要紧紧围绕单元教学所承载的核心素养要素来展开。

① 上海市教育委员会教学研究室. 中学化学单元教学设计指南 [M]. 北京：人民教育出版社，2018.

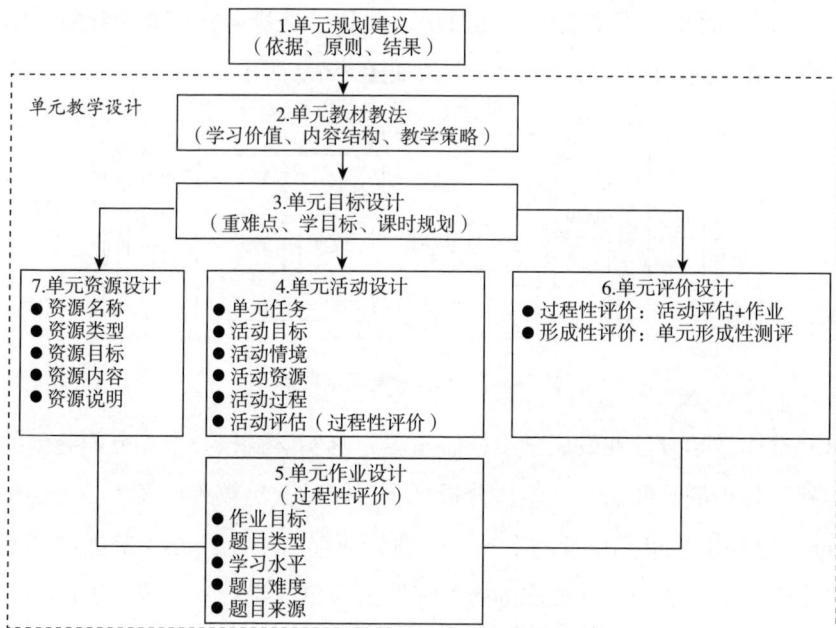

图 3-6-8　单元整体教学设计的流程设计

1. 单元规划

单元规划可依据如下标准进行划分：① 依据教材章节形成单元；② 参考课程标准主题构造单元；③ 围绕特定的化学问题解决构建单元；④ 基于专项能力构建单元。需遵循的原则是整体性、有序性和操作性。其具体流程为：划分单元→构建单元系列→确定单元内容，涉及的问题链如表 3-6-1 所示。

表 3-6-1　单元规划问题链

环节	问题链
划分单位	单元主题确定的依据是什么？ 单元主题体现了哪些学科核心素养要素？
构建单元系列	该阶段的课程整体目标是什么？ 该阶段的各单元均衡性、关联性如何？ 该阶段各单元的顺序是否符合学生认知和教学的规律？ 各单元的课时如何规划？
确定单元内容	可以选择哪些教材内容及考虑增补哪些教学素材作为单元教学内容？ 容量是否恰当？ 可以依据怎样的内容逻辑线索或者视角组织和编排单元教学内容，形成合理的单元教学内容结构？

2. 单元教材教法分析

单元教材教法分析的依据是课程标准、教材和学情，其中课程教材分析的内容如图 3-6-9 所示。

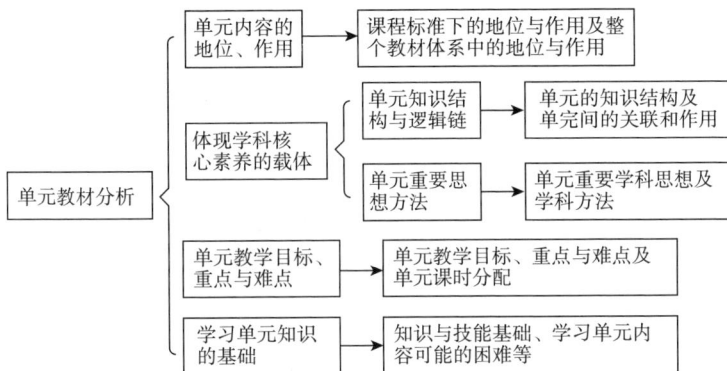

图 3-6-9　单元教材分析内容

单元教材教法分析的流程如图 3-6-10。

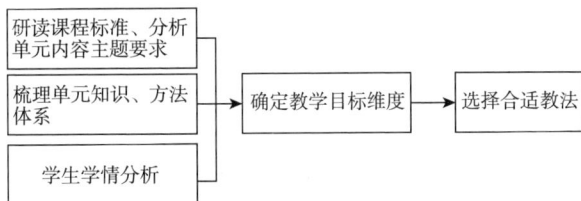

图 3-6-10　单元教材教法分析流程

单元教材教法分析问题链如表 3-6-2 所示。

表 3-6-2　单元教材教法分析问题链

环节	问题链
课程标准要求	本单元的教学内容课程标准是怎样要求的？
单元知识与学科核心素养	本单元的教学内容在学科中有怎样的作用？ 本单元知识与学科核心素养有哪些内在联系？
学情分析	学习本单元知识时学生已经掌握哪些知识与技能？ 已经掌握的知识与技能对学习本单元有何帮助？
确定目标维度	本单元有哪些目标维度体现了哪些学科核心素养？
选择合适方法	选择怎样的教学方法？

梳理与优化单元教学内容的思路如图 3-6-11 所示。

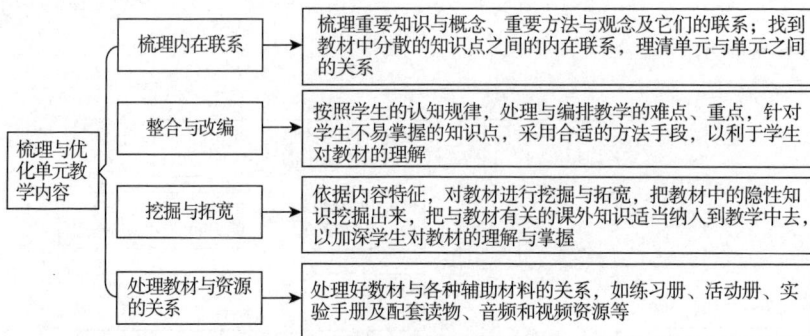

图 3-6-11　梳理与优化单元教学内容

3. 单元教学目标分析

确定单元教学目标的依据与单元教材教法分析的依据相似，是课程标准、单元教学内容、学生发展的需要。单元教学目标的设计思路如图 3-6-12 所示。

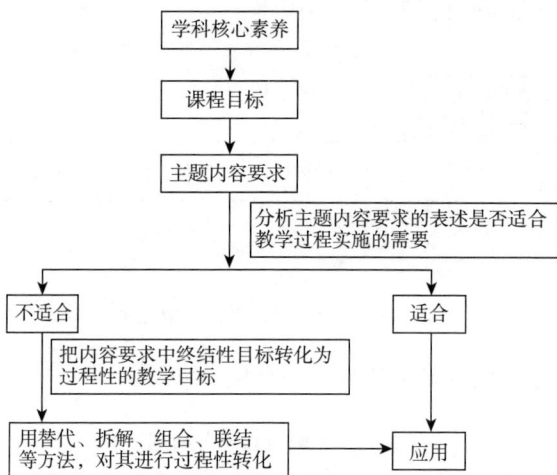

图 3-6-12　主题内容要求转化为单元目标的思路

单元教学目标的制订流程如图 3-6-13 所示。

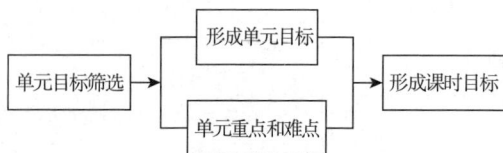

图 3-6-13　单元教学目标的制订流程

单元教学目标问题链如表 3-6-3 所示。

表 3-6-3 单元教学目标问题链

环节	问题链
单元目标筛选	如何根据课程标准确定教学目标维度？ 如何整体把握单元目标与学科核心素养的关系？
单元教学目标确定	如何陈述单元教学目标？
单元重点和难点确定	单元中哪些内容是核心知识、技能或方法？ 单元中哪些内容学生难以理解？

4. 单元学习活动分析

单元学习活动设计遵循整体性原则、体验性原则和灵活性原则，要素包含活动主体、活动任务、活动工具和活动评价，其设计流程如图 3-6-14 所示。

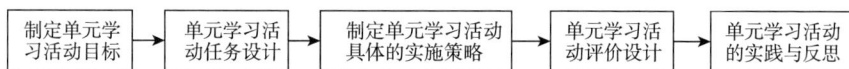

图 3-6-14 单元学习活动设计流程

单元学习活动问题链如表 3-6-4 所示。

表 3-6-4 单元学习活动问题链

环节	问题链
总体规划	单元学习活动目标如何体现三维目标的融合和学科核心素养的培养？ 跨课时活动如何体现单元学习目标？ 跨课时活动的综合性是否合适？ 课时活动的总体设计是否体现学科逻辑顺序、学生认知规律、单元学习重点和难点的有机融合？
细化设计	运用活动资源可以组织什么类型的学习活动？ 活动设计如何突出问题解决特征？ 活动过程是否体现了有助于学生自主建构知识和体验知识获得的方法？ 活动评价的设计是否做到客观、有操作性？

5. 单元作业设计分析

单元作业设计的原则是注重整体设计、层次性、形式多样，要素包含目标针对性、内容科学性、类型多样性、难度合理性、时间适当性、完成选择性等维度加以综合考虑，其设计流程如图 3-6-15 所示。

```
┌─────────┐   ┌─────────┐   ┌─────────┐   ┌──────────┐
│ 确立单元 │ → │ 设计单元 │ → │ 单元作业 │ → │ 单元作业设计│
│ 作业目标 │   │ 作业内容 │   │  分析   │   │ 反思与改进 │
└─────────┘   └─────────┘   └─────────┘   └──────────┘
```

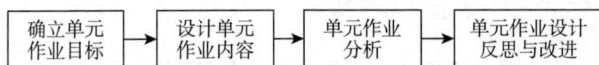

图 3-6-15　单元作业设计流程

单元作业设计问题链如表 3-6-5 所示。

表 3-6-5　单元作业设计问题链

环节	问题链
单元作业目标设计	如何确定单元作业目标？
单元作业设计框架	如何确定各次作业的题量、题型、难度？
单元作业题分析	如何判断单元作业题是否符合要求？
单元作业设计的反思与改进	单元作业是否体现了作业的多样性和层次性？ 单元作业中的不同目标、水平、类型、难度的题量是否合适？

6. 单元评价设计分析

单元评价设计的原则应体现多元化、精确化、系统化，评价的要素涵盖评价目的、评价内容、评价方法，其实施流程如图 3-6-16 所示。

```
┌───────────────┐   ┌───────────┐   ┌─────────────────┐
│ 确定单元评价    │ → │ 设计评价工具│ → │ 根据评价结果进行 │
│ 目标与框架     │   │           │   │ 反思与改进       │
└───────────────┘   └───────────┘   └─────────────────┘
```

图 3-6-16　单元评价设计与实施流程

单元评价设计问题链如表 3-6-6 所示。

表 3-6-6　单元评价设计问题链

环节	问题链
确定单元评价目标与框架	本单元各评价要求与评价项目、评价方式对应情况如何？
纸笔测试设计	各学习内容教学时数与相应题型配分比是否适合？ 试题内容、分布等与学习水平、双向细目表的匹配度如何？
表现性评价设计	评价项目内容、方式与标准的适切性如何？ 评价主体是否多元？是否具有代表性？
反思与改进	根据评价结果，评价目标的达成度如何？存在哪些问题？如何改进？

7. 单元资源设计分析

单元资源设计的思路如图 3-6-17 所示。

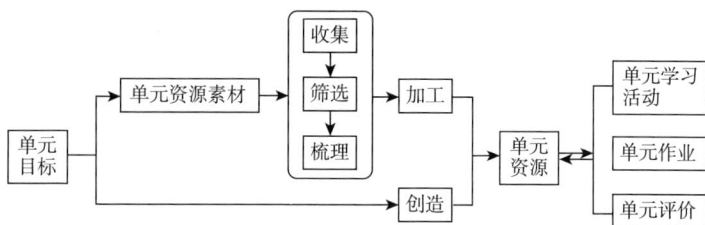

图 3-6-17　单元资源设计思路

单元资源设计的原则是促进体验、操作有序、整合交互、支持探究，其设计流程如图 3-6-18 所示。

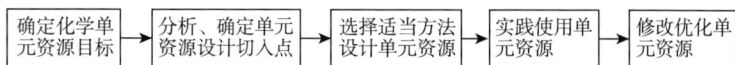

图 3-6-18　单元资源设计流程

单元资源设计问题链如表 3-6-7 所示。

表 3-6-7　单元资源设计问题链

环节	问题链
确定化学单元资源目标	单元资源目标怎样涵盖单元教学目标，并且能与单元教学目标相匹配，体现化学学科核心素养？
分析、确定单元资源设计切入点	怎样确定单元资源设计的切入点？
选择适当方法设计单元资源	如何确定单元资源的类型、数量和呈现方式？ 如何选择、梳理、分类和筛选单元资源内容？ 分类加工和开发创造，哪种方式进行资源设计比较合适？ 怎样确定单元资源中的资源功能，支持、促进学生学习化学？ 怎样处理单元资源内容的层次结构和逻辑关系？
实践使用单元资源	单元资源使用的实际效果怎样？
修改优化单元资源	单元资源使用后怎样修改？如何完善优化？

（二）基于真实情境发展核心素养的单元整体教学设计

我们团队融合以上模式的优点，重点借鉴核心素养视域下的单元教学设计，提出了基于真实情境发展核心素养的单元整体教学设计，基本框架如图 3-6-19 所示。

```
┌──────────────┐    ┌─────────────────────────────────────────────────────────────┐
│  构建教学单元  │──→│ 分析课程标准相关内容要求、学业要求以及教材编排，构建一个中心目标导向 │
└──────────────┘    │ 的、符合单元基本属性的教学单元，划分课时                         │
        │           └─────────────────────────────────────────────────────────────┘
        ↓
┌──────────────┐    ┌─────────────────────────────────────────────────────────────┐
│  制定教学目标  │──→│ 基于课程标准要求、单元内容、学生特点以及教学资源的综合分析制订教学目 │
└──────────────┘    │ 标。以总述单元目标及分述课时目标的方式呈现和表述                 │
        │           └─────────────────────────────────────────────────────────────┘
        ↓
┌──────────────┐    ┌─────────────────────────────────────────────────────────────┐
│  分析学习起点  │──→│ 分析与单元相关的学生已有知识经验、前概念或学习困难等，为相应教学策略 │
└──────────────┘    │ 的制定找到依据                                               │
        │           └─────────────────────────────────────────────────────────────┘
        ↓
┌──────────────┐    ┌─────────────────────────────────────────────────────────────┐
│  设计教学过程  │──→│ 包括单元情境、问题、任务与活动的整体设计框架，以及每个课时的具体展开 │
└──────────────┘    └─────────────────────────────────────────────────────────────┘
        │
        ↓
┌──────────────┐    ┌─────────────────────────────────────────────────────────────┐
│              │    │ 课堂中将评价任务嵌于教学过程中，课后精选作业、精心设计单元练习，以获 │
│  设计教学评价  │──→│ 得教学目标达成的证据。可在单元教学设计方案中用双向细目表形式呈现作业 │
│              │    │ 或练习，体现单元目标下"教、学、评"的一致性关系，避免作业或练习布置 │
└──────────────┘    │ 的随意性                                                     │
        │           └─────────────────────────────────────────────────────────────┘
        ↓
┌──────────────┐    ┌─────────────────────────────────────────────────────────────┐
│  反思教学效果  │──→│ 基于教学评价的证据。反思教学设计的成功和不足之处，以改进教学，促进师 │
└──────────────┘    │ 生共同发展                                                   │
                    └─────────────────────────────────────────────────────────────┘
```

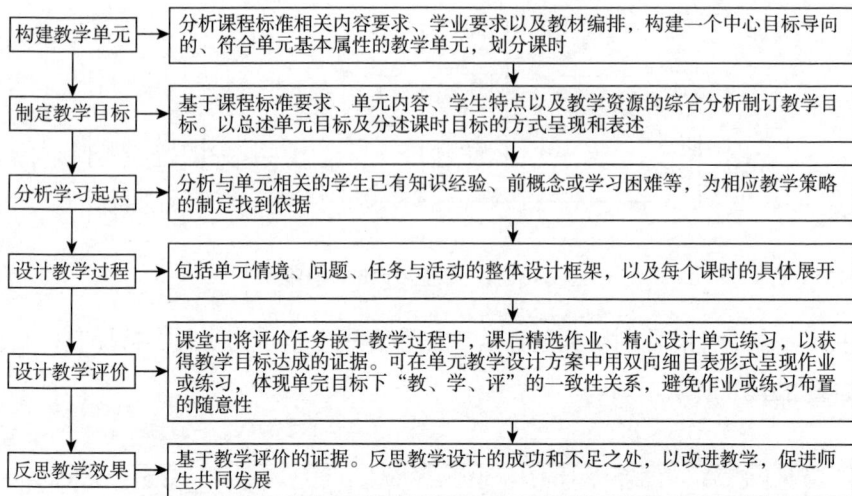

图 3-6-19 基于真实情境发展核心素养的单元整体教学设计流程

第四章　高中化学教学方法的运用

第一节　高中化学项目式教学法的应用

一、项目式教学基础

项目式教学是一种建构主义理念下以学生为中心的教学方式。它主张学生通过一定时长的小组合作方式，解决一个真实世界中复杂的、具有挑战性的问题，或完成一项源自真实世界经验且需要深度思考的任务，在解决问题或完成任务的过程中，精心设计项目作品、规划和实施项目任务，进而逐步习得包括知识、可迁移技能、高阶思维能力、关键品格等在内的 21 世纪技能与核心素养。它将基于知识传授的传统教学转变为专注于项目完成、职业体验和解决问题的多维交互式教学。传统的课堂教学活动主要由教师主导，学习对象及学习媒体为教科书，学习内容和形式单调，学习环境固化，学习过程同步，所以无法满足学生的个性化发展需求。而项目式教学通过调整教学内容、拓宽教学环境、改变教学模式、改革评价方式等，最终使学生充分发展创造力和创造性思维，取得良好的教学效果。

（一）项目式教学研究历史

梳理项目式教学兴起和发展的历史，可以使我们弄清其在国内外的研究内容、模式、价值及研究现状。

1. 项目式教学的兴起

根据诺尔对项目式教学的研究，项目式教学起源于 16 世纪的欧洲建筑和工程教育运动。当时，一些建筑大师认为，作为建筑工人和石匠接受的职业培训不足以满足艺术和科学的需求，这使他们无法设计出真正美观而实用的建筑。此外，他们希望将自己的职业上升到科学的高度，从而改善他们的社会地位，同时使其学员能够通过学习来改善他们自身的教育水平。当时从事相关工作的画家和雕塑家也有相同的愿望和需求。因此，1577 年，建筑师、画家和雕塑家共同创建了罗马的圣卢卡艺术学院。该学院将艺术创造力作为培训目标，并为优秀学生提供具有挑战性的设计项目，如教堂、宫殿或纪念碑的设计等。该课程的学习方法是在教师示范下，学生通过动手操作来理解原理，并从实践中学习技术。这是最早的项目式教学。但是，当时所谓的"项目"都是虚拟的，学生并没有真正参与事实上的建筑工程设计。1671 年，法国巴黎的皇家建筑学院成立。该学院设立了普利斯竞赛奖，并将该奖项设置为进入大师班以获得专业建筑设计师头衔的前提。该学院所有培训课程都是通过事实项目学习的，这些项目已完全融入课程中，并逐渐发展成为常规学校课程的一部分。此时，项目式教学已在欧洲扎根，并成为学术界普遍接受的教学方法。但是，当时人们对项目的理解仅仅停留在设计结果的水平，所谓的项目式教学实际上是在弥补纯书本理论学习的不足。

2. 对项目式教学实施模式的探索

18 世纪末，项目式教学不再是建筑的专利。受第一次工业革命的影响，许多国家在技术学院和技术大学中建立了与建筑紧密相关的工程专业。项目式教学完成了从建筑到工程的飞跃，并从欧洲传播到了美国。这对项目式教学的实际应用和理论发展具有重要影响。项目式教学可以弥补书本知识的不足，提高学生的操作能力，并考量学习者的实践能力和艺术创造力。这种教学模式引起了越来越多学者的关注。1876 年，美国麻省理工学院院长约翰·丹尼尔·兰格创立了机械艺术学院，并很快发现学生的操作能力不足。因此，他建议应该将手工培训作为对科学知识的补充，使其成为学校常规课程的重要组成部分。尽管手工项目作为补充被纳入常规课程，但它们仍与理论课程相分离。后来，美国伊利诺伊理工学院机械工程学院的鲁滨孙教授提出，项目式教学应贯串整个课程，因为理论与实践是密不可分的。学生应进入工作坊，将设计转化为产品，并经历完整的创作过程。

伍德沃德是美国华盛顿大学的机械工程学教授。1879 年，他在圣路易斯建立了第一所手工培训学校。他借用了当时俄国的教学体系，将手工培训从大学转移到了中学，实施项目式教学的"线性模式"。该模式让学生分两个阶段熟悉手工工艺。首先，让学生通过完成一系列基本练习来了解工具和技术的基本知识，如让学生锉方槽、旋螺丝刀、钻柱面等。其次，在每个教学单元结束或在学年结束时，他们必须独立开发并完成该项目。在第三年末，必须完成最终的毕业项目。这种从概念原理到实际应用的教学模式在随后的 40 年中得到了普遍认可，并在美国的基础教育领域得到了广泛的应用。在手工培训学校成立后的十多年中，成千上万的美国学生在中学期间参加了各种教学培训，如木工、烹饪、缝纫等。该模式迎合了当时人们对项目式教学的理解，即项目仅与技能培训相关，不包括复杂的认知活动。

19 世纪末，伍德沃德的思想开始遭到强烈反对。反对者认为，项目的推动力不应该是工作和学习的需要，而应该基于学生的兴趣和经验；项目不应仅侧重于技能，创造性对于学生同样重要；项目不仅应考虑系统性，还应考虑学生和学科逻辑等。这些观点引发了项目式教学模式的重大变革。作为美国实用主义教育家的代表，杜威反对传统的灌输和机械训练的教学方法，提出"学生应该在体验生活中主动学习"，主张"教育即生活，学校即社会""为社会生活做准备的唯一途径就是投身于社会生活"，教师应引导学生"从做中学"。1896 年，他建立了实验中学作为其教育理论的实验基地，并担任实验中学的校长。他的教育理论强调个人发展，从实践中学习和体验式学习，这成为 20 世纪项目式教学研究和探索的重要理论支持。1900 年，理查兹教授在霍瑞斯曼学校实施了"自然与社会学习"项目。该项目中，学生自始至终是群体共同参与合作活动，促进项目学习的是综合"建构"而不是"讲授"，项目从设计到实施是一个综合系统，可实现知识和技能的双重目标，学生的学习动机被大大激发，被称为项目学习的"整体模式"。

3. 项目式教学的内涵发展

随着时代的发展和研究的深入，人们逐渐认识到，项目式教学除了使学生掌握技能外，对于个人兴趣和经验也具有特殊意义。项目式教学不仅要考虑从设计到结果的单个项目的完整性，还要考虑学科逻辑。斯奈登将项目定义为"教育活动单元"，并指出其主要特征是项目成果有明确而具体的形式，学习者最终将通过执行活动任务而获得丰富的知识和经验。但是，该定义并未明确说明项目属于哪种教育活动，而是将完成项目视为一种体力活动。查特斯指出，项目是一项在自然环境中实施和完成的活动，需要解决相对复杂的问题，学习者在解释原理时应提出问题。他不仅将"项目"和"问题解决"进行了链接，还提出了定义问题的时机，强调项目应与现实生活的真实场景相关。埃利斯指出，所有程序，包括游戏、社交体验、自然体验等，都是儿童入学前日常生活的一部分，应继续成为他们学校生活的一部分。伍德霍尔指出，项目应具有下列特征：必须从问题开始、基于价值或意义、学生积极投入、很少以完成的形式结束。上述项目式教学的定义具有不同的观点，但都不具有通用性，并且难以在整个教育领域为项目式教学提供概括和宏观指导。

1918 年，杜威的学生克伯屈重新定义了项目式教学，并给出了项目式教学的广义定义。根据杜威的经验理论和桑代克的教育心理学，克伯屈将项目定义为"在社会环境中发自内心地进行有目的的活动或活动单元"。他认为，项目式教学是旨在实现儿童自主学习的教学活动，内部学习动机是项目式教学的重要特征。它的主要内容包括以下几个方面：项目必须是一个要解决的实际问题；它必须是有意义的单元活动；学生必须负责计划和实施；它需要包括一项有始有终的活动，可以增加经验，以便学生可以通过该项目实现重大发展和良好成长。克伯屈倡导"废止分科的教材"，以特定的"有目的的活动"为单位整合各科教材的单元。也就是说，项目不仅限于手工培训和特定的教学阶段，而是适合于任何时间和任何学科，包括各种形式的活动和学习。他设计了四种类型的项目活动：第一种是建构式的，即生产者的项目或建造性项目，其目的是以一种外部形式反映一个想法或计划，如制作模型、编写研究报告等；第二种是体验式的，即消费者项目或欣赏项目，其目的是享受某种审美感觉并提高对美的欣赏，如编写戏剧、欣赏油画等；第三种是问题式的，是以问题为基础的项目，其目的是克服一些智力上的困难并解决一些实际问题，如探索为什么鸟类在空中飞翔、为什么季节会改变等；第四种是特定类的，即练习项目或特定学习项目，其目的是完成一项任务或获得一定水平的知识和技能，如学习阅读、游泳和打球等。克伯屈还将项目式教学过程设计为 4 个阶段：① 确定目的，即要求学生根据自己的兴趣和需求选择要解决的问题，目的通常由学生自己决定，教师可以引导学生作出选择，但不加强制；② 制订计划，即达到目的的行动计划，包括材料的选择、工作任务的分配、实施步骤等，学生制订计划，教师仅指导和监督学生的执行情况；③ 实施计划，即学生使用选择的材料通过实际的"活动"完成计划；④ 评估结果，即教师提出评估标准和方法，由学生自己评估，如计划是否按照原定方案执行、预定目标是否实现、学生从项目中学到了哪些知识和技能等。

在 20 世纪 70 年代末和 80 年代初，美国的一些教育先驱者认为，应将基于项目的学习与传统的教学模式协调起来，以解决课程教学和项目式教学之间的矛盾。基于项目的学习不再局限于手工操作和建筑，而被认为是一种深度学习。它不仅用于解决或探索现实生活中的问题，还可以培养学生动手能力以外的其他能力。其他学者认为，基于项目的学习应该使学生能够深入学习某个领域的知识，并获得其他学科的知识和方法以扩大视野，因此项目应该是更复杂的任务。为了解决需要回答或处理的挑战性问题，学生必须全身心投入到决策和研究活动中，以设计方案并解决问题。项目结果可以是论文、研究报告、档案、计算机程序、模型或口头报告等。这些研究极大地丰富了项目式教学的内涵和主导思想。这样，项目式教学从"是什么"到"如何做"都有了非常清晰的概念，其思想也被普遍接受。

4. 项目式教学的价值提炼

项目式教学不仅是 21 世纪技能运动的先驱，而且是学习方式的一场革命。它从根本上改变了学生、教师、学习材料和学习环境这 4 个教学要素之间的关系及作用：授课的教师成为资源的提供者和学习活动的参与者，从教师变成学生学习的顾问或协助者；过程性评价或绩效评价与表现性成果相结合；关注学生的兴趣，最直接的学习材料是现实生活中的实际问题，而不是教科书；因为知识是用来解决问题的，所以学生在解决实际问题的过程中会通过决策整合、批判性思维和合作学习活动来了解世界，从而获得知识，发展个性并获得能力。因此，基于项目的学习是一种跨学科的深度学习，项目式教学包含了传统教育无法替代的创新教育理念。

目前，项目式教学受到了教育界的广泛关注，各国逐渐开展了基于项目的学习理论和应用研究。自 21 世纪以来，项目式教学已应用于美国、加拿大、马来西亚、德国和其他国家或地区的不同学科，如高等教育中的医学、建筑、工程和心理学等。

（二）项目式教学要素和设计要求

1. 项目式教学要素

项目式教学要素包括内容、活动、情境和结果 4 个部分。

（1）内容。内容主要是指项目的主题选择和学习目标，它是现实生活中的实际问题与课程标准的结合。在教学设计过程中，教师一般以学科的基本概念和原理为中心，选取聚焦学科概念、体现学科素养和关键能力的教学主题进行分析，诊断出学生的已知点、障碍点和发展点，找到该主题对学生素养发展和能力提升的功能价值与教学要求，然后对学科内容按照专题进行整合，整体规划出项目目标。一般而言，基于项目的学习是从查阅资料开始的，有些项目需要进行深入的调查研究。因此，在实施该项目之前，教师需要根据项目式教学内容、学生现有的能力和经验、学时的安排及自身能力来确定项目的范围。

（2）活动。不同主题的项目，其目标和活动的主体也不同，因此需要在具体分析的基础上确定活动单元、活动任务及评价方案。分析项目式教学的目标，设计适当的项目活动方式，如调查、实验、模型制作、情景剧编排等，制订项目计划并准备相关资源。项目活动的安排强调三个"完整"：首先，教师应引导并要求学生经历事情的完整过程，在实践中体验项目的意义和价值，并产生取得项目成果的强烈愿望；其次，教师应指导并要求学生完整地研读学习内容，以完成项目或学习任务并解决核心问题，在小组互助学习、合作交流的基础上，形成总体的展示思路和展示内容，然后进入展示环节；再次，教师要特别强调学生就某一话题、某一成果或某一任务进行整体性展示，避免教学过程中的碎片化展示或师生间的问答式教学。与传统的教学活动相比，项目式教学活动更加复杂，更具挑战性，更有利于培养学生应对未来挑战的能力。

（3）情境。项目式教学应创造一个适合探究的情境，以充分调动学生的求知欲，激发学生的好奇心，并吸引学生参与到教学活动中。好的情境是由真实问题或任务驱动的，并允许使用各种学习资源和工具来支持学生的学习。一个丰富的问题情境可以促进学生之间的团队合作。好的问题情境还可以长期保持学生的学习兴趣和学习热情，从而促进学生的深度学习。

（4）结果。项目式教学的结果以作品的形式体现。每个项目都有明确的学习目标，完成项目活动后，学生需要掌握相关知识并发展某些技能。项目式教学通过项目作品展示学生的学习结果，作品形式可以是模型、报告、论文、设计方案、艺术品等。项目作品是学生在项目学习中所获得的知识与技能的重要表现性评价指标。

2. 项目式教学设计要求

巴克教育学院的 PBL 框架（图 4-1-1）表明，要设计一个成功的学习项目并尽可能调动学生的学习和参与热情，必须专注于核心知识、关键能力和成功素养。项目式教学向学生教授重要的内容标准、概念和深度理解的技能，这为学生掌握学科知识奠定了基础。如今，学生在学习中仅掌握知识并理解概念还远远不够。无论是在学校、工作场所还是在社会上，人们都需要学习如何批判性思考、如何有效地解决问题、如何与他人合作，以及如何有效地管理自己。这些能力被称为"成功必备技能"，也被称为"21 世纪的基本技能"或"大学及工作的预备技能"。我们建议所有项目式教学都应注重这些成功的技能：批判性思考的能力、解决问题的能力、团队协作的能力、创新创造的能力及自我管理的能力。当然，项目式教学还可以促进其他技能的发展，如思维习惯、工作习惯和某些个人素质。

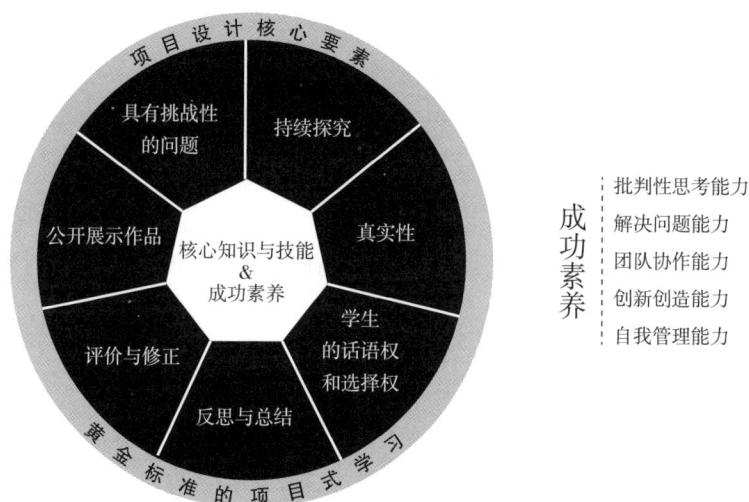

图 4-1-1 PBL 框架

设计项目时，应包括以下 7 个元素。

（1）具有挑战性的问题。研究和解决问题，探索和解决困惑，是项目式教学的核心。一个有吸引力的问题将使学习对学生更有意义。这个问题应该毫无疑问地对学生构成挑战，并且最好是一个开放性的、学生通过科学探索能够解决的驱动性问题。

（2）持续探究。与在书本或网络上随意浏览不同，探索意味着更积极、更深入地搜索或查找信息。探索通常需要一些时间，这意味着该项目将至少持续几天。在基于项目的学习中，探索是逐层加深的。当学生遇到具有挑战性的话题时，他们会提出问题，通过各种途径寻找问题的答案，然后提出更深入的问题，重复此过程，直至找到一个令人满意的解决方案或答案为止。

（3）真实性。真实性意味着学习的内容或任务与现实世界相互关联。项目的真实性将增加学生学习的动力。项目的真实性可以体现在以下几个方面：项目具有真实的背景，项目可以使用现实世界中的工作流程、任务、工具和绩效标准，项目可以对其他项目产生真实的影响等。项目还可以反映个人的真实性，如该项目与学生自身的烦恼、兴趣、文化、身份或生活中的其他问题相关。

（4）学生的话语权和选择权。这使学生对项目有一种主人翁感，他们将更加关心该项目并更加努力地学习。能力强的学生可以自主选择项目的主题和性质、编写自己的驱动性问题，并决定如何探索问题、展示所学知识及分享工作成果等。

（5）反思与总结。在整个项目中，学生总是反思自己在学习什么、如何学习以及为什么学习。对知识内容理解和掌握的反思可以帮助学生巩固所学知识，并思考如何在项目之外应用这些知识。对技能发展的反思可以帮助学生内化对技能的理解，并为进一步发展技能设定目标。对项目本身的反思可以帮助学生决定如何设计和实施下一个项目。

（6）评价与修正。通过深思熟虑的评价与修正，可以创作高质量的项目作品。教师应指导学生设计合理的评价量规和评价标准，并且教会学生如何利用同伴反馈信息及建设性的评价建议，这些反馈将改善项目流程和项目产品。除了同伴和教师，其他人也可以通过展示真实的观点为评估过程作出贡献。

（7）公开展示作品。在项目式教学中，要求创建作品并公开展示。作品可以是有形的，也可以是一个设计方案，或者是 个复杂问题的解决方案。

二、化学项目式教学的基本特点

化学项目式教学以建构主义理论为指导，以小组合作方式引导学生进行项目规划及解决项目任务。教学过程中学生始终围绕一个或几个具体的项目学习任务，选择和利用最优化的学习资源，通过实践体验、分析讨论、探索创新等环节，获得具体知识、形成专门技能、发展个人能力、落实化学学科核心素养。与常规教学相比，项目式教学更加提倡从真实问题任务的解决中，实现学生的自主探究和自主学习；更加强调学生自我导向的学习能力，倡导学生自主决策或师生共同决策，注重学习过程技能和核心素养的培养。化学项目式教学从问题的提出到解决问题的方案设计、实施，结论的得出，研究成果的评判，均由学生自己完成，因而具有自主性和创新性。其学习内容、学习目的、学习方式及学习结果可用图来表述（图4-1-2）。

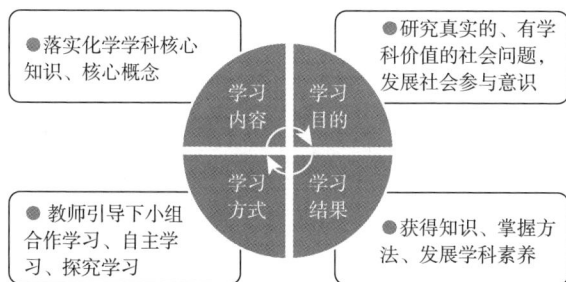

图4-1-2 化学项目式学习要素关系图

1. 化学项目式教学体现了多方面的学习优势

项目式教学以完成真实的事情或任务为目标，旨在促成学生学习状态、学习内容、学习方式及学习成果等方面的变革，具备情境学习、任务学习、自主学习、生成学习、综合学习、探究学习、体验学习等的学习优势，具体分述如下。

（1）情境学习。根据情境学习理论，只有当学生在他们自己的意义框架（他们自己正在经历着的实际生活或是其内在世界的记忆、经验和反应）中，赋予新的信息和知识以意义，才能称之为学习。这种对学习的理解意味着大脑会自然地搜索情境脉络的意义，与个人现实的环境建立联系，即通过搜索使学习有意义和有用的联结关系，完成联系。基于这样的理解，我们认为，项目学习同情境学习，关注学习环境的各个方面，无论是教室、实验室，还是实际生活环境、实际生活需要等，它鼓励教育者选择并设计真实的学习环境，尽可能多地融入不同形式的社会、文化、生理、心理等经验，以期达到理想的学习结果。在这样的环境中，学生会发现抽象概念和现实生活情境下的实际应用之间有意义的联系，然后通过"发现—强化—关联"的过程使概念得到内化。

化学教学中的情境具备以下4个特征：① 情境是由一定的社会场景、时空构架成的实践共同体。这个共同体具有如下特征：学生要参与其中，通过交流和参与发展他们对实践共同体文化的认同；情境要围绕核心事件提供学习支架；情境必须与学生的最近发展区相一致；情境是来源于学生的日常生活、具有重要社会发展意义的主题。② 情境必须包含化学学科问题。情境必须围绕核心事件明确而详细地描述学习任务，必须包含与学习任务相关的化学学科问题，并为将要在课堂教学过程中讨论与交流的核心问题设计好框架。③ 情境能够让学生形成对概念的整体关联性认识。学生通过讨论与交流，达到理解情境中核心概念的目的。教师在建构教学情境时，要充分了解学生的已有知识背景，以便引导学生将情境中的概念与大概念及已有的概念联系起来，形成对概念的整体关联性认识。④ 情境能够帮助学生形成对知识的迁移学习。学习情境要围绕核心事件，将核心事件与相关的外部环境、已有的知识背景联系，帮助学生形成自己的理解和自己的知识结构，并能够将所学的知识重新情境化，能够运用知识来解释发生在自己生活中的相关事件。

化学项目式教学最大的特点就是以真实情境下的问题解决为依托来开展探究性活动，所以我们开发任何一个项目，都必须选择合适的情境，只有在真实、复杂的情境中才能真正落实化学学科核心素养。

（2）任务学习。项目式教学的核心动力就是在任务驱动下学习，"任务"（task）是指学习者面临的一个当前学习的困惑，没有现成方法可以使用，需要调用自身知识、经验、技能来探究并尝试解决问题。它既可以是学生在现实生活中碰到的实际问题，也可以是由教师为教学任务而特别设定的。

将基于驱动任务的学习应用于课堂教学，学生面对的不是知识点的学习，而是需要运用自身知识、经验等去尝试解决的问题或课题。在此类学习中，学生要做的不是类似传统课堂中对知识进行记录、记忆，而是在一定的情境下，以解决一个任务为驱动性目标指向，采用各种手段、策略，独立或借助教师的支持，自主寻求或自主建构学习意义的过程。简言之，学生解决问题的过程就是获取知识的过程。

为了完成任务，学生必须进行一系列的思维活动，如抽取任务、对任务的基本条件进行拆解、提出假设、搜集资料以及验证假设等。对于项目学习而言，项目的来源是开放式的，没有现成的答案，也没有一定的规则限制，需要学生结合已有知识背景，在实际操作中运用创造性思维、发散性思维、批判性思维等来帮助项目的完成。项目式教学，一方面，可以在课堂中学习完成各种与生活实际贴近的任务；另一方面，也可以让学生切实走进生活，其共同目的是让学生在完成项目的过程中梳理知识，并能在活动后的元认知反思中，使学生的思维层次得到提高，解决问题的实际能力得以提升。任务的驱动是项目式教学开展的原动力，也是项目式教学问题拆解的子问题，所以说没有任务的项目式教学是不存在的。

（3）自主学习。有关自主学习含义的界定，国内外专家学者都有不同的见解。我们认为，自主学习就是自我监控的学习，自主学习可分为三个方面：一是对自己学习活动的事先计划和安排；二是对自己实际学习活动的监督、评价和反馈；三是对自己的学习活动进行调节、修正和控制。它实际上是指教师引导学生自己最终主动地对学习的各种影响因素作出选择、进行控制和适时调节的学习方式，是作为学习主体的学习者自觉主动地确定学习目标、营造学习环境、选择学习方法、监控学习过程、评价学习结果的过程。自主学习具有主动性、独立性、有效性和相对性。更深层地来理解，自主学习还可以是就学习的内在品质而言，相对的是"被动学习""机械学习"和"他主学习"，"是指教学条件下的学生的高品质的学习"。

在此，我们所探讨的化学项目式教学，它首先也是对传统"被动学习""机械学习"和"他主学习"的一种超越，是以激发学生内在动机为主的自主的自我学习。化学项目式教学很注重学生的学习兴趣，注重学生的自主品质，关注学生在项目小组乃至项目活动中的独立能力、管理能力、评价能力。我校邢瑞斌老师开发的项目"'岛城居民科学补碘'海报制作"，是以青岛居民体检查出的甲状腺结节病症为问题引入展开的，为给大家一个预防疾病的宣传，由各小组自主讨论海报制作方案为活动主线，把"氧化还原反应基本知识的复习"作为核心问题贯穿于整个活动，在真实问题的驱动下，把需要复习的氧化还原反应理论性知识得以应用，以实际生活中问题的解决为终端学习，从而达到了项目式教学的核心目的——做中学、用中学的基本思想。问题任务的拆解、任务的合理分工都需要小组合作、同学协助才能完成，更体现出了新课程理念的合作探究之思想。

（4）生成学习。生成学习是美国教育心理学家威特罗克提出的一种人类学习模式。关于生成学习理论，威特罗克最基本、最重要的假设是："学习是一个主动的过程，学习者积极参与其中并非被动地接纳信息，而是主动地建构自己对信息的解释，并从中作出推论。"生成学习理论重视学习信息加工过程中的主动建构意义、生成新知识的语义关系或某种实用关系，不仅重视知识之间以及知识与经验之间的相互作用，更重视学习过程中知觉环境对学习的影响。生成学习理论最核心的内容就是学习者主动对所知觉的新信息进行意义的建构，即生成新的意义。生成学习理论包括四个要素，即生成、动机、注意和先前的知识经验。其中生成是指形成新知识的内在联系和新知识与已有经验之间的联系；动机是指积极生成这两种联系的愿望，并把生成联系的成效归因于自己努力的程度；注意是指引生成过程的方向因素，它使生成过程指向有关的课文、相关的原有知识和经验；先前的知识经验包括已有的概念、反省认知、抽象知识和具体经验。

生成性，是 21 世纪课程改革所彰显的重要的教学理念与实践追求。项目式教学受生成学习理论的影响，注重激发学生的学习动机，注意发挥学生的生活经验，强调学习的主动性。

（5）综合学习。综合学习是一种学习的方式，是一个理念性、过程性的概念，所以到目前为止，人们对于综合学习的定义都未能达成共识。根据日本文部科学省最新的说法，综合学习是"使学生将在各学科等的学习中获得的单个知识结合起来，进行综合运用的学习"。具体说来，在"综合学习时间"里"根据地区和学校、学生的实际情况，学校开展具有创意的、有特色的教育活动"，"开展诸如有关国际理解、信息、环境、福利与健康等跨学科的课题的学习"。

有教育学者认为"综合学习，是以学生的综合活动为中心，并与学科目标相联系，使学生得到进一步的发展"；"综合学习，是以现代社会的课题为中心，如国际理解教育、信息教育、环境教育、福利与健康教育等"。从以上可以看出，综合学习是从发挥学生主体性的思路出发，以现代社会的课题为中心，综合各科知识进行运用的学习。从这一点来看，项目学习也正是突破校内课程资源的束缚，将学生引入社会，把学生的学习与学生的生活经验进行实实在在的联系，在利用校内资源的基础上又做到合理开发校外资源。"联合办厂——基于项目式教学的含硫物质转化复习"项目的开发就充分利用了综合学习的特点而开展；"车用燃料的选择和优化——基于项目式教学的化学反应中物质和能量的变化复习"项目，也是利用综合学科知识，在完成车用燃料选择任务时，首先需要基于能量变化的本质考虑对燃料进行初步筛选，其次需要综合考虑能量变化和物质变化对燃料进行优选；在完成延伸任务——如何处理尾气时，需要从快慢和限度的角度考虑。因此，一个项目的完成必须具备全面的核心知识和能力。

（6）探究学习。探究学习是指在教学中创设问题情境，学生围绕一定的问题、文本、材料，在教师的帮助和引导下，自主寻求、建构答案或理解的过程，通过学生自主发现问题、搜集与处理信息、表达与交流等探究活动，获得知识、技能、情感的发展。学生探究关于项目的各种问题，可通过引入一个具体情境作为项目背景，并将学生以 6~8 名分为小组。小组在得到案例和具体任务后，要通过多种途径寻找文献资源和现实事例，并通过向专家咨询以及网络查询等方式，获取解决案例所需的学习资源。"探秘 84 消毒液——基于项目式教学的氧化还原反应复习"项目的开发就是基于学生对 84 消毒液性质的不熟悉开展了一系列的实验探究，从而达到落实学科素养的教育目的。

（7）体验学习。体验学习是指学生作为学习的主体，亲自参与或置身于某种情境，投入全部的心智去感受、关注、欣赏、经历、评价某事物或过程，从而获得某种知识、技能、情感，加深对原有知识、技能、情感的认识，学生参与到教学的各个环节。设计并体验的全过程，注重对学生基础知识的综合运用，情境的所有要点均需要学生主动调用相关知识，教师则起到引导的作用，发挥学生的学习自主性，使学生主动地获取知识、解决问题，从而培养学生的综合素质与创新能力。项目式教学则完全具备了这一系列特点，从真实社会问题的提出开始，强调学生生活体验的重要性，从真实的体验中归纳出亟待解决的问题，进而设计解决问题的产品或者提出相应的解决措施。如"探秘膨松剂——碳酸氢钠的性质"项目，就是通过学生调查馒头制作过程中发现需要加入膨松剂，由此对膨松剂的性质展开研究调查，学生利用学过的知识、理论解决实际问题，在家中真正蒸出一锅大馒头，亲身经历知识的应用过程，达到构建元素化合物知识系统的目的。还有"灭火器的制作——盐类水解的应用""海水电池的制作——基于项目式教学的化学电池学习""解酒药的研制与开发——基于模型建构乙醛性质的研究"等项目都是让学生实实在在地开发出日常生活中感兴趣的产品，亲历其中，达到学习核心知识、提升关键能力和落实素养的目的。

2. 项目式教学体现了多角度的开放性

（1）项目学习的内容、目的和过程。项目学习内容基础年级有时不会涉及化学学科的难点知识，学生在学习过程中较容易理解，而且学习的目的是了解或者解决来自社会、生活中的问题，因此学习的过程中没有了考试压力，学生更容易进入学习情境。

（2）项目研究内容的来源。基于国家课程开展的项目研究，其内容多数源于教材、社会热点或身边的生活常识。如《化学与生活（选修）》中的"营养物质"，教学中可以设计成项目式教学的形式，让学生查阅教科书及其他资料，了解各种营养物质对人体的作用、富含营养物质的食物、缺乏各种营养物质的危害等。项目的研究内容也可以不拘泥于教材，选择更接近于学生日常生活和社会生活实际的内容，如学校或家庭附近的水质情况调查、检测水中的某些污染物、提出防治水污染的措施等，这些问题具有学科价值和社会价值，可以借此学习发展学生的社会参与意识。

（3）学生学习的个性化。学习更具有个性化，学生可以结合自身的特点，在小组合作中发挥优势和特长展开学习。

（4）学习的时空和手段。学习的时空开放，可以在课下，也可以在课上，还可以是课上和课下相结合的方式；而学习的手段可以利用网络、图书馆、教科书等查阅并收集信息，将其运用于项目研究。

三、高中化学项目式教学的内容选择与目标制订

项目式教学以项目的驱动性问题为出发点，以学生为项目的学习和执行主体，在教师的整体把握和指导下，将学生的学习置于有意义的"问题"情境里，使学生通过分析真实问题、完成项目任务来构建项目承载的科学知识和科学方法，提高解决问题的综合能力。

化学项目式教学的教学内容应该符合三方面特征，符合化学学科学习的课程目标，能提升学生的化学学科素养，是真实的、完整的、复杂的真实问题。

在具体的项目式教学的设计过程中，如何进行项目式教学内容的选择？首先根据选择的课程内容，查阅《课程标准（2020年修订）》，确定相应的学习目标和对应要发展的化学学科核心素养。以李晓倩老师的"探秘84消毒液——基于项目式教学的氧化还原反应复习"项目为例，内容选自鲁科版化学教材《必修第一册》第2章微项目《科学使用含氯消毒剂——运用氧化还原反应原理解决实际问

题》。查阅《课程标准（2020 年修订）》，确定内容要求：① 认识元素在物质中可以具有不同价态，可通过氧化还原反应实现含有不同价态同种元素的物质的相互转化；② 认识有化合价变化的反应是氧化还原反应，了解氧化还原反应的本质是电子的转移，知道常见的氧化剂和还原剂；③ 结合真实情景中的应用实例或通过实验探究，了解氯及其重要化合物的主要性质，认识这些物质在生产中的应用和对生态环境的影响。确定学业要求：① 能从物质类别、元素价态的角度，根据复分解反应和氧化还原反应原理，预测物质的化学性质和变化，设计实验进行初步验证，并能分析、解释有关实验现象；② 能从物质类别和元素价态变化的视角说明物质的转化路径；③ 能说明常见元素及其化合物的应用对社会发展的价值、对环境的影响。其中给出的情境内容建议里有"含氯消毒剂及其合理使用"。由此可以确定，此项目作为一个复习课，要对本章节的重点知识内容进行回顾总结，对发展学生的能力素养进行再强化、再归纳。最重要的是要通过这个微项目发展学生的价—类二维模型思维，完成建模、用模的过程。

确定好知识主题后，再来思考核心素养和元素化合物部分，要重点发展的化学核心素养有两个，一个是变化观念，一个是证据推理与模型认知，如果项目活动中能够有实验活动，还能提升学生的科学探究与创新意识。

知识主题和核心素养都确定以后，我们要找一个教学内容来承载知识主题和核心素养，同时要具有真实性、复杂性、完整性。结合新课标给出的情境建议以及学校里真实存在的游泳池消毒的问题，确定教学内容主题——科学使用含氯消毒剂，按照教学内容最终选取三个教学情境——学校游泳池含氯消毒剂、家用 84 消毒液、里约奥运会泳池变色事件。这个项目选择的教学内容同时具有了真实性、复杂性，完整性上稍有欠缺（不是一个完整的情境），项目主题如果能找到一个完整的情境贯穿始终是最好的。

我们举一个更通俗易懂的例子来回顾一下选择教学内容的流程。比如初中化学中《空气的成分》，首先根据课程标准确定教学目标：① 了解空气的主要成分及其用途；② 通过对"测定空气中氧气的含量"的实验操作、观察和分析，了解空气的组成，培养实验探究精神。本节课教师希望能通过氧气的重点学习使学生认识到氧气在生产生活中的重要作用以及空气中主要的气体成分。素材一：中华人民共和国成立 70 周年阅兵式解说员输氧进行解说；素材二：氧疗适应症；素材三：2017 年诺贝尔生理学或医学奖"发现细胞如何感知和适应氧气供应"；素材四：空气提取医用氧气。

由生活中的化学出发，寻找能够承载相应知识主题和素养主题的真实情境，在化学项目式教学中比较常见。除了生活中的化学外，根据《课程标准（2020 年修订）》中提供的情境素材，还可以选择化工生产。比如，"联合办厂——基于项目式教学的含硫物质转化复习"项目中以硫酸工业生产为项目情境素材，进行硫的转化的项目式教学。实验也是常用的项目式教学素材，化学是以实验为基础的学科，项目式教学以真实复杂情境为依托，在解决问题的过程中发展学生的化学学科核心素养，如果实验作为项目式教学中解决问题行之有效的方法，能提高学生的科学探究与创新意识。

综合来看，一个好的项目内容，要能够承载知识主题和素养主题，能够让学生在真实地解决实际问题的过程中提升能力。

化学项目式教学内容的确定过程，伴随着目标的确定过程。无论是不是项目式教学，教学目标的制订都以课程标准为依托，在课程标准的基础上，根据课型是新授课还是复习课，是章节复习课还是高三复习课等具体情况，通过前测确定真实学情，最后根据项目内容确定教学目标，项目的实施过程才能有的放矢，达到教学效果的最大化。

以"车用燃料的选择和优化——基于项目式教学的化学反应中物质和能量的变化复习"为例，定位课型为章节复习课。根据《课程标准（2020 年修订）》，内容要求为：认识化学能与热能的相互转化，恒温恒压条件下化学反应的反应热可以用焓变表示，了解盖斯定律及其简单应用。学业要求为；① 能辨识化学反应中的能量变化形式，能解释化学反应中能量变化的本质；② 能举例说明化学在解决能源危机中的重要作用，能分析能源的利用对自然环境和社会发展的影响。能综合考虑化学变化中的物质变化和能量变化来分析、解决实际问题。根据前测结果分析得出学生的学情：面对陌生问题，一半学生能从能量变化角度认识问题，极少数学生能从物质变化角度认识问题，几乎没有学生能从两个角度同时分析问题。项目内容是车用燃料的选择和优化，根据项目内容，发现用到了价—类二维知识。作为章节复习课，要提升学生解决问题的能力，完善学生认识问题的角度。综合确定项目的教学目标：① 建立化学反应中物质变化与能量变化的关联，多视角理解掌握物质能量变化的原因；②了解化学反应限度，掌握化学反应速率的影响因素；③借助氧化还原反应的知识，探究汽车尾气的处理方案；④初步形成利用化学反应中的物质变化和能量变化指导生产实践的基本思路。

教学目标的确定要综合课程标准、学情分析、课程类型和项目内容四个方面。

第二节　高中化学活动教学法的应用

一、教学活动的本质

概念创立，定名用字本身构成了文化的一部分，我们在对概念的使用中也因此自觉不自觉地扩展了它的本义，创造着新意，体现着一定的个人意愿。对"教学"的理解也不例外，因理解意义时每个人心理侧重的不同，教学可以更多的是"为了学生学习的教师的教"，可以更多的是"在教师教之下的学生的学"，当然也可以是二者的统一。这种差异的根源其实来自人们对教育教学活动主体认识的观念。

教育（教学）活动，归根结底是人的活动，这在一定程度上决定了我们对教学活动本质的认识。既然是人的活动就至少有一个谁是主体的问题，是教师，是学生还是二者兼有？当我们从"教"的角度把教师视为主体而把学生视为客体时，很难解释学生作为客体在接受教育的过程中是如何发挥自身主观能动作用的，又是如何对教学过程和结果产生影响的。反过来，当我们从"学"的角度把学生视为主体而把教师视为客体时，也很难解释教师作为客体在学生的学习过程中为何能发挥主导作用。如果我们只能分别从"教"的角度肯定教师的主体性、从"学"的角度肯定学生的主体性，就无法真正把教学活动视为教师和学生共同参与的不可分割的整体性的活动。教育（教学）活动中能否有两个主体，如果有，二者之间又是什么关系？在这类问题的争论中，胡塞尔"主体间性"的概念范畴的提出给了我们新的视角，为我们如何把握教学活动中的师生关系开拓了思路。师生之间不再是"主体—客体"关系或"互为主客体关系"，而是一种主体间关系。这也为教学活动中各要素之间关系的合理阐释提供了前提。

比较普遍的教学活动"三要素说"，认为教学活动的三个基本要素是教师、学生和教学资源。从主体间性的视角来看，教师和学生是教学活动的主体，教学资源是教学活动的客体；教师与学生之间的关系是主体间关系；教师与教学资源、学生与教学资源之间的关系是主体—客体关系。这些要素只是教学活动得以进行的基础，决定教学活动实际进程和结果的各要素之间的相互关系和作用，尤其是师生间的相互关系和作用。据此，我们可以形成这样的认识：即教学活动是教师和学生作为主体，以主体间关系为纽带共同作用于教学资源以认识客观世界和提升主观世界为目的的认识活动。

以化学教学实践中的探究性教学活动——空气中氧气含量的测定为例，其中既包含了师生分别对客观世界（空气中氧气含量）的认识过程，也包括师生之间的双向互动交流社会关系的构建（提问设疑，答疑解惑）。一方面，在教师的引导和帮助下，学生提升了自身对空气组分的认识以及对如何研究这一问题的方法的体会；另一方面，通过和学生的交流，教师也丰富了自身对空气中氧气含量这一问题的认识角度了解了学生在解决相关问题中的思维变化特征（其本身属于教师所拥有的学生知识的丰富），积累并发展着自身的学科教学知识。

二、化学教学活动设计的一般思路

针对一个化学教学设计案例，或许我们可以从不同角度、依据不同的理论框架对其中的教学活动设计进行一种诠释性的剖析，分析其教学活动设计效果的优劣、得失。进一步，我们也可以从诸多优秀的教学活动设计案例中大致归纳出一些优秀教学活动设计所具有的一般特征。然而，这些仍无法满足我们对教学活动设计的基本诉求：即化学教学活动设计的一般思路是什么？有没有一种基本的、可参考的、具备一点可操作价值的方法路径？其实，加涅在其著作《学习的条件和教学理论》当中，就已经为我们提供了一种可能的思路或建议。

加涅认为，"有关学习过程的知识，与根据教学理论而对学习任务所做的分析二者结合起来，可以直接应用于教学设计"。具体到教学活动，正如我们此前谈到的，可以看作是教师有目的、有计划，有组织地引导学生共同完成教学任务的活动过程，这一过程的顺利实施与我们对学生自身学习过程的认识是分不开的。进一步来看，教学活动可以看作是教学事实中一系列行为相互引发的教学事件在一定时空内的集合体，而相应的教学事件从工具理性的角度来看都能够与学生特定的学习过程相联系。因此，根据学习过程：① 注意，警觉；② 预期；③ 提取到工作记忆；④ 选择性知觉；⑤ 编码：进入长时记忆储存；⑥ 反应；⑦ 强化；⑧ 提示提取。我们可以设计相对应的教学事件：① 引起注意；② 告知学习者目标，激发动机；③ 刺激回忆先前知识；④ 呈现刺激材料；⑤ 提供学习指导；⑥ 引出行为；⑦ 提供反馈；⑧ 评价行为；⑨ 促进保持和迁移。

下面我们就计划学习的阶段、指引注意、动机、编码的学习指导、学习者的行为和反馈、促进学习的保持和迁移等六个方面教学事件进行详细论述。

（一）计划学习的阶段

发生在整个学习过程之初的一个非常短暂的学习阶段就是选择性知觉，它能够把感觉记忆器的输出转换成具有输入到短时记忆中的特征。接下来的阶段是为在长时记忆中储存而做的编码，再接下来一个阶段则是储存。而根据学习过程，我们又可以设计相对应的教学事件。简而言之就是，首先需要通过激发学习者的动机并告诉他们学习所要达到的目标来建立预期。接下来就需要计划教学事件，使其能够将学习者的注意力引向句子的特征，从而完成选择性知觉。编码过程要求有一些刺激回忆前提条件的外部事件，编码中的下一个步骤就是给学习者提出一个或数个图式，这些图式最好能够加大所学概念的差异。那些通过变换外部刺激情境来为增强回忆和学习迁移提供线索的事件，针对每一个例子进行练习。

总体来说，教师在设计教学活动时应该设计些什么？教师能为教学事件的安排做出哪些概括说明？教学的计划首先从激发学习者的动机着手，这一点毋庸置疑。

（二）指引注意

教学设计的最初几个步骤中包含着为指引注意所做的准备。教学设计者需要非常熟悉各种可用于引起学生注意的技巧方法。人们一般将注意分为两种类型，分别具有两种意义。

意义一，警觉性功能。依靠这种功能，学习者的动作姿势和全部肌肉的活性都处于一种准备接受刺激的状态。此外，他们可能会转动头部，并把他们的感官对准刺激源。为了引起学生的警觉，教师可以运用各种手段，如引入新奇的刺激或变化音高等。这种情景的变化，可以维持学生的警觉水平。

意义二，选择性知觉。教师要将施加给学习者的刺激加以安排，以便强调所呈现刺激的区别性特征。这种功能也可以通过各种方式来实现。例如，在课文中，可以用下划线、斜体字或黑体印刷来突出一些单词或短语。图画和示意图可以使用粗线条轮廓、箭头，圈定范围或不同颜色来突出需要选择性知觉的特征。

（三）动机

教学设计者的任务就是识别学习者的动机，并将这些动机引向完成教育目的的活动。

学习的动机问题，不是给予学习者动机，而是要为研究和学习安排条件，使这些条件具有强化作用。教师必须经常创设并运用"即兴创造的即时强化物"，以此来帮助传授知识，使学习者勤于做好各种学习准备。

告知学习者目标。动机能够有效地应用于教学设计，那么就必须把作为学习结果而期望获得的成就性质告诉学习者。例如，在学习"难溶电解质的溶解平衡"时，教师要告诉学生，通过本节课的学习，学生要归纳出难溶电解质的溶解平衡的概念、特征及影响因素，并能用难溶电解质的溶解平衡原理解答以下现象。

（四）编码的学习指导

编码过程把信息转换成可以储存在长时记忆中的形式。学习指导可以呈现实际的编码方案，也可以只是提出这样的方案。通常，学习指导由对学习者的言语交流形成，一般可以称之为语言指导。它们的作用不属于严格意义上的"教学"，而是要告诉学习者在任一特定的时刻要做些什么。指导本身并不是要学习内容的一部分，但是它们却具有一种萌发的功能。

学习指导的两个方面影响编码过程。一方面是能够刺激学习者回忆长时记忆中必备的前提条件及其他支持性材料，所涉及的过程是把信息从长时记忆提取到工作记忆中；另一方面是呈现或提出一个编码方案，它将会影响新习得的材料在长时记忆中的储存形式。

1. 刺激回忆有关的前提条件

如果正在学习的是一种新的智慧技能，那么就必须先提取它的从属技能，以便对这些从属技能重新编码，使之成为新技能的组成部分。如果正在学习的是语言信息，那么可能需要提取先前习得的有组织的知识，以便使这些知识构成新获得信息的较大的有意义背景的一部分。

两种不同的语言指导可以用来引发对先前习得实体的提取，其中每一种都有其适于应用的特定情形。如果所学习的是一个相对简单的概念的定义，那么提供一些指导来刺激学习者再认一次学习过的知识就足够了。例如，学生在高中学习"物质的分类"一节时，需要认识同一类物质可以依据不同的标准进行再分类，对于初中已经学过的盐类化合物可以分别依据其组成中包含的金属阳离子或酸根阴离子分别对其进行归类，如 Na_2SO_4 既是钠盐又是硫酸盐。不难发现，对盐类化合物再分类的这一概念的建立过程相对简单，只是需要指导学习者从另一种新的角度再认学过的知识"盐"而已，这一简单的指导即是让学生"从组成中的阴、阳离子特征来分析"。如果要获得的是复杂的规则，那么可取的指导可能是要求回忆从属的智慧技能。例如，学生在学习"化学平衡的移动"时，要掌握"向一个恒容体系中充入某种气态反应物平衡如何移动？"可取的一种做法就是要求学生从"浓度对反应速率影响"的角度判断正、逆反应速率在条件改变的一瞬间发生的变化（碰撞理论解释浓度对速率的影响），进一步根据二者变化值的差异确定正，逆反应速率的相对大小，并最终获得平衡移动的方向。只要保证必要的下位概念能提取到短时记忆当中，那么新规则的学习就会令人满意地进行下去。

2. 编码的指导

为将要储存在长时记忆中的材料提供编码的指导，可以采取多种形式，这在很大程度上要视所预期的学习结果而定。

（1）提出编码方案。程序的学习往往伴随着一种称作提示的学习指导形式，在学习指导中，语言指导通常用于提出建议，而不是用于详细说明学习者要使用的编码形式，也就是人们通常所说的教学中常用的有指导的发现法。引导学习者发现编码方案的那些指导语，往往是以问题的形式出现的。例如，在学习氯气的物理性质时，教师可以说，"大家观察一下氯气的颜色是什么？"，而不是直接告诉学生氯气是黄绿色的气体。这种问题的设计要注意，在问题中要暗示所需要的答案，引导学习者的思维远离极端错误的假设，去向正确的方向思考。因此，这种指导可以加快学习的进度，让学习者不必将时间浪费在发现那些极端错误的规则上。

（2）利用表象编码。编码过程既可以利用单词和命题，也可以利用表象。

例如，可以将示意图和图表呈现给学习者，用以表征规则、定义、程序或者信息的集合。在教学中，可以使用图片和图解提供具体的、能够发挥编码功能的视觉表象。另一种做法是只把作为编码方案的表象的使用方法提供给学习者，然后由学习者形成自己的表象。在教学中，图片的使用对编码过程发挥着重要的支持作用。

（五）学习者的行为和反馈

为达到学习目标而设计的教学是从建立学习者的一种预期状态开始的。学习的每一单个的活动都包含有大量的中间过程，在学习者表现出的行为之后跟随一个强化事件时，这个活动就算完成了。从理论上讲，这样一个事件为学习者提供了其行为是否正确的信息，而且经常是关于行为的正确程度的信息。

1. 学习者的行为

将反映新习得的行为引发出来，似乎是一个合乎情理的自然事件。如果一个学生已经学会了一种知识技能，那么就要创造条件使他将该知识技能应用于新例题中，从而演示出这个技能。要求在一个或更多的实例中表现出行为这一原理，同样可以应用于其他类型的学习结果中，如认知策略，态度和信息的学习。在学习之后，学生的成绩也可以通过测验的方法做出比较正式的评价。通常，测验设计是为了评价经过较长一段时间的学习之后若干教学目标的达成情况。因此，它所表明的是学习结果的保持情况以及教学的及时结果。

2. 反馈

与引发表象新学习的行为紧密相连的教学事件是为学习者提供反馈。在课堂上，教师可以通过继续教学来表明一个行为是正确的，也可以使用其他微妙的提示如点头、微笑或者扫视来表明一个行为是正确的。大多数情况下，诸如动作技能和认知策略等学习结果而言，反馈必须要表达出学习者的行为接近某种标准的程度。学习者知道他们是正确的，这是因为他们能够对自己的行为做一种内部的检查，以后他们可以基于此进一步进行学习，并立即利用回忆起来的规则提供自我强化。

（六）促进学习的保持和迁移

教学设计能为所学内容的保持和学习向一个新情境的迁移做准备。人们可以运用各种方法来确保学习者获得提取的线索。教学中，可以通过提供学习任务的各种特征以及学习发生的各种背景来完成学习向新任务和新情境的迁移。习得性的基础越广泛，向新情境迁移的机会就会越好。因此，如果一个习得的性能在尽可能多样的情境中加以练习的话，那么它的可利用性就会增加。例如，在学习二氧化硫的性质时，可以将其与自然现象和硫酸工业联系起来，那么就增加了知识技能的可迁移性。

第三节　基于构建主义理论的高中化学教学法的应用

构建主义学习理论强调学生在学习中的主动性和主体性，它主张学生在学习中要主动对所学知识构建起自己所理解的知识框架，旨在培养学生自主分析问题、解决问题的能力，有利于提高学生的综合素质。构建主义应用在高中化学教学中也对学生提出两点基本要求：第一，学生应当主动积极学习知识；第二，学生应当对知识有自己的理解。然而在目前的高中化学教学中，学生往往是被动按部就班地学习，没有自己的认识，达不到构建主义的要求。

一、当前高中化学教学中存在的主要问题

（一）教学教师对新教材掌握程度不够

目前，在新课改下的新版高中化学教材分为必修和选修部分。教材内容与之前的老版本有了较大的差异，内容丰富了许多。然而很多教师对新的教学素材没有及时学习和掌握，对新教材的内容理解不够深入和全面，这就在一定程度上限制了新教材的价值，也限制了教学中教师对构建主义理论的应用。

（二）教师教学思想滞后

新课改要求教学中要以学生为本，强调学生是教学的主体。构建主义也主张教育教学应当以学生为中心，培养学生自主学习的能力。然而，现在大多数的高中化学教师教学思想仍然比较落后，教学中仍以教师为中心，采用"灌输式"教学，在课堂中缺少对学生的引导，学生被动听课，缺少主动性。

（三）教师教学方式落后

新课改要求学生要学以致用，要求教师加强对学生动手实践能力的培养。构建主义也倡导学习与实践相结合，要求学生要形成自己对事物的理解。然而目前大多的高中化学教师教学仍以教授为主，缺少实验课，这样学生对化学课本中不常见的物质缺少感性认识，不利于学生对化学物质形成自己独特的认知，不利于构建主义教学的开展，也不符合新课改的要求。

二、基于构建主义理论完善高中化学教学方法的意义

（一）契合新课改对高中化学教学的要求

新课改要求高中化学教学要以学生为主，强调要通过实践与理论学习相结合的方式，培养学生动手实践能力，教师要做好引导工作，培养学生自我学习的能力。构建主义不仅主张在教学中学生要积极主动学习，还对高中教学提出了更深的要求，即要求学生要通过实践，对搭建知识架构形成自己的理解。这很好地契合了新课改对当前高中化学教学的要求。

（二）有利于学生对教材更深入的理解和掌握

构建主义主张学生要积极主动学习，强调实践的重要性，并要求学生要对所学知识构建出知识架构，形成自己的理解。在这样的基础之上，学生再通过与老师的沟通，同学之间的交流，以问答或者争论探究的方式，就可以巩固和加深对教材的理解和掌握。

三、基于构建主义理论的高中化学教学方法实现的具体措施

（一）督促教师对新教材的学习并加以考核

由于教师对教材掌握不够全面，很容易就会导致课本中小的重点在教学中被遗忘。比如，在氧元素的同素异形体的讲解中，教师往往重点讲解氧气的性质，对臭氧往往是一带而过，不对其重点讲解。在考试中，学生碰到关于臭氧可能发生的化学反应时，问题出现的往往比较严重。因此，学校应当督促教师对新教材的学习，促使教师全面深入地掌握新教材。

（二）教师应当转变教学思维，以学生为本

教师在教学中应是学习的引导者而不是指挥家。在教学中，教师应当重视对学生主动性和自主学习能力的培养。比如，在讲氧化还原反应的课题时，教师可以针对铁（Fe）这个物质进行探讨，让学生自己回答这个物质会发生的氧化还原反应，并说明反应发生条件。这样，教师不仅调动了学生学习的主动性，还培养了学生自己分析解决问题的能力。

（三）教师应当丰富教学方式，注重学生综合能力培养

化学是一门应用学科，因此教师在教学中应当注重对学生的实践教学，提高学生动手实践能力。比如，在讲关于钠（Na）的专题时，教师可以在确保安全的情况下，在教学中演示钠的实验操作，在学习完钠的专题之后，组织学生到实验室进行实验，以验证课本中对钠的物理性质和化学性质的描述。对于一些危险性大的实验，教师可以借助视频教学给学生展示其实验发生的情景。学生通过自身的实践对课本知识有了更感性的认知，而不仅仅局限于课本。这样教师就实现了对学生实践能力的锻炼，有利于学生综合能力的提高。

第四节　基于学生科学精神培养的高中化学教学法的应用

作为高中阶段的重点学习科目之一，化学对学生的成长和发展有着极其重要的影响。在高中化学教学过程中，学生不仅可以掌握一定的化学知识，更可以得到科学思维和科学精神的培养，是提高学生科学探索能力的重要途径。但是由于高中学生面临着高考的压力，使得很多学校和教师忽略了对学生科学精神的培养，这对学生的全面发展造成了不利的影响。为了使高中化学教学更加符合学生的发展需求，就必须将科学精神的培养融入高中化学教学中，为学生全面发展奠定坚实的基础。

一、基于学生科学精神培养的高中化学理论教学

由于高中化学知识的理论性较强，整体教学内容较为单一和枯燥，导致很多学生在学习化学知识时，存在一定的抵触心理，甚至厌恶化学知识的学习。加之，

在高中化学教学过程中，很多学校采取了传统的教学模式，主要以教师作为课堂的主导，利用板书进行化学知识的传授，学生只能记录笔记并对知识点死记硬背，这种高中化学教学模式缺少互动性和参与性，使得学生的知识掌握程度有限，使高中化学教学的开展失去了原本的意义。为了使学生能够积极主动地参与高中化学的学习，必须激发学生的化学学习兴趣，减轻学生的化学学习抵触心理，使学生主动对化学知识进行探究，从而加深对化学知识的理解和记忆，也有助于学生更好地将化学理论知识应用在实际生活中，提高高中化学教学的实用性。教师还要将科学精神的培养作为高中化学教学的重要任务，使学生具备科学精神，从而加深对抽象化学知识的理解，利于对化学知识的掌握。

基于学生科学精神培养的高中化学理论教学，还可以成为沟通化学知识与实际生活的桥梁，让学生感受到化学来源于生活又高于生活，从而产生对化学学习的热爱之情，享受化学知识学习的过程，感受化学的独特魅力。例如，在学习"过氧化钠与水反应"的相关知识时，若是教师采取传统的高中化学教学模式，只针对相关的理论知识进行传授，将会使学生感到无聊，无法将注意力集中在化学知识的学习中，出现溜号、走神的情况。为此，教师可以先为学生演示"水能生火"的小魔术，使学生对本节课的教学内容充满好奇，其间教师再进行"过氧化钠与水反应"的理论知识讲解，就可以使学生容易理解，并且进一步产生对知识探索的兴趣，培养了学生的科学精神。

二、基于学生科学精神培养的高中化学实验教学模式

为了提高学生的动手操作能力，在高中化学教学中还设置了相应的实验课程。通过化学实验，可以提升学生的科学探索意识，并且逐渐提高自身的科学精神。但是在传统的高中化学实验教学模式中，通常采取教师演示、学生观察的方式，这种方式下，学生参与性较差，很多学生甚至借此机会打闹。为了使学生可以在高中化学实验教学中得到科学精神的培养，教师必须不断丰富高中化学实验教学模式，提高高中化学实验教学中学生的参与程度，尽量减少自身操作，提高学生的自主学习能力，使学生全身心地投入化学知识的探究中，培养其自身的科学精神。

例如，在学习"钠与水反应实验"的相关知识时，教师就需要转变高中化学

实验教学模式，让学生在其中得到更多的实践和锻炼。在讲钠的切割环节时，教师就可以让学生亲身参与，从而更加直观地感受钠的硬度。进行钠反应的实验时，教师可以引导学生对钠在空气和水中的不同反应现象进行观察，从而产生对钠与水反应的深入思考。还可以引导学生通过对钠与盐酸、硫酸铜的反应产生联系，充分发挥学生的科学探索意识，培养学生的科学精神，实现一举两得的高中化学实验教学效果。

三、基于学生科学精神培养的高中化学课外实践教学模式

高中化学作为一门应用性、实践性非常强的学科，在教学过程中需要加强课内教学同课外教学之间的联系，这也是培养学生化学科学精神的需要。但是由于受到高考导向思维的不利影响，高中化学教师过分强调课内教学，常常忽略同学生现实生活之间的联系，也很少会在课外给学生安排实践教学项目，没有引导学生利用化学知识主动解决现实问题，从而制约了学生化学科学精神的培养。知识来源于生活，又应用于生活。对于高中化学这门实践性、应用性、探究性比较强的学科而言，高中化学教师要有意识地加强课内教学同课外实践之间的联系，根据学生的学习需求和兴趣偏好开展形式多样的社会实践活动，这样不仅可以帮助学生更加深刻地理解所学知识，还能够增强学生的化学科学精神，达成"学以致用"的化学教学目标。

第五章　高中化学实验教学

第一节　高中化学实验及其教学艺术的功能

一、高中化学实验基础

（一）化学教学实验课的目的与任务

化学教学实验是指在化学教学中教师或学生根据一定的化学实验原理和目的，通过采用某些化学实验仪器、设备和装置等物质手段，在人为的实验条件下改变实验对象的状态和性质，从而获得各种化学实验事实，达到化学教学目的的一种教学实践活动。化学教学实验通常简称"化学实验"，它是化学教学中的一种基础教学实践活动。

当前，我国中学化学实验教学质量的现状不容乐观，化学实验教学的要求与教学目标还存在一定的差距。主要表现在以下两方面。

（1）资源的利用：县乡级中学化学实验仪器不齐，化学药品、试剂短缺。然而在城市某些重点中学却存在着化学资源闲置、浪费的情况，化学实验室利用率极低。

（2）教师的教学观念：目前高考仍然是以笔试为主，因此教师往往对学生的理论解题能力非常重视，却对学生的实验动手能力比较忽视。而普通笔试很难考查学生化学实验动手能力，特别是对学生观察能力、独立解决问题能力的考查。因此，在教师中认为化学实验仅是培养学生兴趣去获得感性认识以应付考试为主的居多，而以通过实验培养学生多种科学素质为目的的较少。在实验内容安排上以验证性实验居多，综合性、探究性的实验少。教学方法上采用黑板上讲实验、看实验，学生实验"按部就班"操作的多，学生亲自动手操作，自主发挥、独立探究的少。

化学实验教学研究课程是为高等师范院校"化学教育"专业学生开设的一门必修课程。该课程集化学实验研究和化学实验教学研究为一体，主要通过学习、研究中等学校化学实验内容和化学实验教学的原理、过程和方法，使师范生掌握从事化学实验研究和化学实验教学研究的基础知识和基本技能，培养从事化学实验教学工作和进行实验教学研究的初步能力，为将来独立进行中等学校化学教学工作，实施化学素质教育、创新教育奠定良好的基础。

培养创新精神和实践能力，尤其是科学探究能力，是基础教育化学课程改革的重要目标之一。化学的学科特征和教学特征都是"以实验为基础"，结合化学实验本身特有的探究性和方法性，化学实验及化学实验教学自然成为化学素质教育、化学创新教育的良好载体、措施与手段。这对于培养学生的探究能力、创新精神具有不可替代的作用。

基础教育中创新型人才的培养，需要具备创新性的师资去培养。一个创新型化学教师，不仅要懂得化学实验在化学创新教育中的重要性，有正确的化学实验教学观，而且要有利用化学实验培养学生进行创新的技能和能力。因此，通过化学实验研究和化学实验教学研究，培养新型的具备探究性、创新性思维的基础教育师资，也就自然成为化学实验教学研究课程的一个重要目标。

（二）化学实验及其教学的地位

化学是一门以实验为基础的自然科学，实验教学是化学教学过程的重要环节。在化学实验中，学生借助仪器、试剂观察通常条件下难以发现和理解的自然过程和规律，加深对化学基本理论的理解，掌握元素和化合物的基本性质，了解化合物的一般制备、提纯和分析方法，学习和掌握化学实验基本操作，学习独立观察问题、思考问题及解决问题的方法。在教学过程中恰当地引入化学实验，不仅可以激发学生的学习兴趣，巩固所学到的知识，培养查阅文献、设计实验方案的能力，还可以给学生提供一种了解和感受科学研究过程的经历。由此可见，实验在化学教学过程具有举足轻重的地位。

（三）化学实验及其教学的功能

化学实验是为阐明化学现象、检验假设、揭示物质结构、反应机理、得出结论而创设特定条件的外部活动过程。化学实验教学是按照一定的化学教育目标和教学计划，在教师指导下，让学生观察、研究和分析化学变化现象，从而进一步加深学生对所学习化学理论的理解，同时通过训练学生化学实验技能，培养学生化学实验能力，形成科学世界观与方法论的实践性教学过程。因此，化学实验是化学教学内容的重要组成部分，是科学探究的重要环节，是教师常用的教学方式，也是学生学习的重要内容和有效学习的方式。

1. 实验提高学生化学学习兴趣

兴趣是个性心理特征的重要组成部分，是个体力求认识某种事物或者从事某种活动的重要心理倾向，表现为人对某种事物、某项活动积极的情绪反应。兴趣是一种特殊的意识倾向，良好的学习兴趣是求知欲的源泉，是思维的动力。化学是以实验为基础的学科。化学实验现象具有直观、生动、鲜明、形象等特点，它是其他学科无法比拟的一种教学手段，化学实验中的奇幻现象是唤起学生学习兴趣的有效手段。例如，在学生刚接触化学的初期给学生演示一系列趣味性实验，如魔棒点灯、手掌生烟、一张烧不掉的纸、手指点火、土豆变色等。同时通过向学生提出一系列日常生活实例的设问，使学生觉得现有知识的不足，以激发他们的求知欲，从而产生学习的兴趣，树立学好化学课程的决心。

2. 实验培养学生的科学素养

学生通过实验所观察到的实验现象和所获得的实验事实，是学生认识和掌握化学知识的生动的感性材料。无论是化学运动规律的认识，还是化学理论的建立和发展，都是在充分的化学实验基础上所完成。学生正是通过物质颜色、气味的变化，能量的转移、沉淀的生成等实验现象中获得认知化学知识的途径，得到化学知识的感性材料。化学实验要求学生根据实验目的选择所需要的仪器、药品及实验条件，具备相应的实验操作技能，注意实验现象的观察，结合已知的化学原理，分析、判断、研究、解决化学中的实际问题。因此，我们说化学实验有利于学生科学观察、科学认识、科学思维、科学方法的培养，有利于加强学生基本操作技能、设计能力和创造能力等科学能力的培养。有时实验过程中由于试剂用量的不同、实验条件的改变、实验操作不规范等原因导致实验结果和课本结论有差别，如果能够科学合理地比较和分析其中的缘由，就有助于培养学生实事求是的科学精神和严谨的治学态度，坚定他们的科学信念。

3. 实验培养学生的创新思维能力

创新潜能，人人都有，只是程度不同，这种潜能通过努力是可以开发、培养的。化学实验是培养学生创新思维的主要形式之一。培养创新能力的关键是培养创新思维，而创新思维是在观察基础上进行的，只有使观察与思维相互渗透，才能激发学生的想象力，促进创新思维的形成。观察实验的过程和结果并重，培养学生思维的严密性；主副反应现象兼顾观察，培养学生思维的科学性；正视异常现象观察，培养学生思维的发散性。在教师引导下进行的探究性实验，经过实验设计，实验条件的选择，实验现象的观察，以及对实验结果的分析和讨论，对学生思维的严谨性、科学性和发散性的培养有着不可替代的作用。

二、高中化学实验教学艺术功能

让学生在真实的实验问题情景或问题解决的活动中得到更好地培养和锻炼，掌握方法，提高实验问题解决能力和创新能力[1]，是化学实验教学艺术的追求。具体功能如下。

（一）掌握化学方法

英国物理学家贝尔纳说过："良好的方法能使我们更好的发挥运用天赋的才能，而拙劣的方法则可能阻拦才能的发挥。"化学方法一直是化学实验教学中的焦点[2]。化学方法以化学知识为基础，包含有心智的技能因素。化学方法反映了化学知识产生和发展的过程，是理解化学知识的纲领，也是应用化学知识解决实际问题的桥梁。教师注意化学方法的教学，可以开阔学生思维，掌握解决化学学习问题的手段[3]。

科学方法很难像化学知识的教学那样通过讲授或讨论等直接、简明地传授给学生。科学方法的传授除了阅读化学史材料，更有效的途径是设计化学实验来强化科学方法的教学。学生只有亲身体验了实验探究的过程，才能学会如何使用有效的化学方法解决化学问题。

---

[1] 王磊，胡久华. 高中生解决化学实验问题的心理过程及其影响因素的进一步研究 [J]. 心理发展与教育，2001（3）：40-46.
[2] 唐建华. 化学实验教学如何培养学生的科学素质 [J]. 教育科学研究，2001：40-43.
[3] 王程杰. 中学化学实验教学应以学生发展为本 [J]. 化学教学，2001（9）：1-4.

（二）提升化学实验思维能力

化学实验思维能力是学生在学习化学知识，解决化学问题的过程中，根据一定的目的和任务，运用化学知识和信息，借助化学实验仪器，通过设计实验方案，完成实验操作，观察实验现象，收集实验证据，获得实验结果，并做出合理解释从而实现实验目的。中学化学实验思维具有以下特点：多样性、连贯性与跳跃性、监控性。化学实验思维的多样性是指化学实验思维活动贯穿于化学实验的所有环节。化学实验思维的对象包括：实验原理、实验方法、实验方案、实验仪器、实验操作过程中出现的实验现象，实验数据和实验结果等。化学实验思维的连贯性是指化学实验的整个过程要按照化学方案来完成；思维的跳跃性是指化学过程中经常有意外现象出现，找到原因或获得新的发现，以适应突如其来的问题。思维的监控性是指在化学实验的过程中，学生需要监控自己的行为，分析实验现象等。好的化学实验设计能够激发学生实验动机，促进学生积极参与，进而有利于学生实验思维能力的提升。

（三）提升化学实验设计能力

中学化学实验设计能力指的是学生在学习化学知识、解决化学问题和完成实验创新的过程中，根据一定的实验目标和任务，运用所学化学知识、实验技能和信息资料，设计实验方案，并通过实验操作改进实验方案，最终完成实验目标。

中学化学实验设计能力包括：实验课题的选择能力、实验方案的设计能力、实验数据的整理与分析能力及实验的改进与创新能力。其中，实验课题的选择是开展化学实验设计的关键环节，实验课题的选择能力决定了实验研究成果的质量。实验方案的设计能力是指明确实验目的，选择实验仪器、药品和材料，设计实验步骤等。实验数据整理与分析能力包括设计实验数据记录表格，运用计算公式、数据分析和处理等。实验的改进与创新能力包括对实验仪器、材料、药品、步骤等进行改进与设计，它是实验设计中的重要内容，属于更高层次的能力，难度大、灵活性强[1]。

（四）培养实验创新能力

学生的实验创新能力表现为运用已有知识、经验、能力独立地学习新的知识

---

[1] 李春密. 中学物理实验教学研究 [M]. 北京：北京师范大学出版社，2018.

和经验；对某一学习问题提出新的见解，提出解决问题的新思路和新方法；独立地发现新事物，提出新问题，设计新实验等。实验设计的创新主要运用抽象思维，运用所学的化学知识、信息资料，选择实验课题，并完成实验设计。在实验探索、思考、论证之后，靠灵感和直觉获得顿悟，并依靠形象思维对实验创新进行评价与论证。教师在课堂中留给学生足够的空间进行实验探究，使学生有充足的时间动手、动脑，体验创新的乐趣，提升创新能力[①]。

第二节　高中化学实验中的科学方法论

化学实验、化学研究性实验需要在一定的理论指导之下进行，该理论不仅仅是知识理论还包括科学方法论的理论。如果没有理论的支持和帮助，研究就会事倍功半，盲目实验很多情况就属于"乱试"的阶段，做了很多无效劳动。例如实验课题"氯酸钾制氧气最佳催化剂的选择与比例的研究"实验中，很多同学就是每次增加 0.1 g 催化剂。而这种方法是非常无效的，例如如果实验中选定氯酸钾的质量为 4 g，假定实验中发现 1.2 g 是最佳比例，从出现最佳点而后确定数据出现拐点，整个实验过程就需要 15 个以上的数据，实验数据量非常大，而 0.6 g、0.7 g 两组实验数据之间能有多大的差距？实验中还会出现测量误差，能不能就因为这一点点的差距就确定结果？这都值得商榷。因此实验中选择一个适当的实验方案非常重要，可以有效地提高实验效率，减少实验的次数。

一、传统的科学方法论

提高科学方法论，人们最初总结了三组方法，它们是比较与分类、归纳与演绎、分析与综合。其中归纳与演绎前面已有介绍，这里不再赘述。

比较与分类就是要认识事物，首先要区分事物，要判断就必须有比较，这是两种最基本的逻辑方法。比较就是在不同事物之间找到它们的差异和共同点的逻辑方法。在科学研究中，运用比较可以揭示出不易直接观察到的事物运动和变化。比较最简单但是也应用最广泛；运用比较方法可以揭示事物发展的特色和规律；运用比较方法可以对事物进行定性鉴别和定量分析；比较方法是对科学理论的真

---

① 王云生. 新课程化学教与学 [M]. 福州：福建教育出版社. 2003.

理性进行验证的基本方法。比较方法的要点：真正的科学比较就是要在同中求异，在异中求同。

分类是在比较的基础上根据一定的标准对各种事物进行类别划分的逻辑方法，根据共同点和差异点进行分类。第一，分类可以在各种纷繁复杂的事物之间做出异同划分，使各种繁杂的材料条理化、系统化，从而为进一步的科学研究创造条件；第二，对事物的分类可以提高认识效率；第三，可以指导人们的未来的研究。分类必须根据统一标准，否则会出现逻辑错误；分类必须完整；分类必须按照一定的层次，否则层次混乱会造成逻辑错误；要根据本质分类而不是现象。

我们教学中最经常使用的就是比较和分类的方法。讲解周期律我们既要横向比较，又要纵向比较，比较之后进行分类，从而为后续的实验教学打基础。

分析与综合包括分析、综合两个环节。分析是把一个完整的对象分解为不同的方面和部分，把复杂的对象分解为各个简单的要素，并把这些部分或要素分别进行研究和认识的一种思维方法。将大的物体分解为各个部分研究是一种典型的分析方法。运用分析根据研究对象的不同，一般分为 4 个角度：① 根据事物存在的性质进行分析，例如从分子角度；② 从对象存在的空间结构进行分析；③ 从对象的时间结构进行分析；④ 根据对象的功能结构进行分析。分析是综合法使用的前提，局限在于容易只见树木不见森林。

综合方法就是寻求研究对象的各个部分、侧面、因素的内在联系，把对象的各个部分联系起来作为一个整体来加以研究的思维方法。综合方法运用可以根据对象的性质从空间和时间两个方面或横向和纵向两个方面来加以开展。空间的综合就是将分析所划分的对象的不同部分、不同方面、不同成分通过寻求在性质上的内在联系而把它们联系起来，并从理论上说明对象各部分的相互关系，然后形成对有关对象完整的认识和理解。而时间的综合就是按照对象不同时期的认识，按照事物规律自身历史发展的内在逻辑联系起来，形成对象整个历史发展的完整认识。

综合既是人类认识事物的重要方法，也是认识事物的目的，即使是同一事物，也总不能只是停留在研究某一方面的性质上面，而要综合起来找到各方面的联系，并形成对这个事物的完整认识之后，也才更有价值。综合方法可以把对对象零乱的认识组织成系统的认识，可以避免对对象认识的片面性和狭隘性。

这几种分析方法不但在科学实验中可以运用，在社会科学中也广泛使用，是一种比较概括的说法，而对于科学技术而言，就需要更加具体的实验方法。

二、现代科学分析方法

随着现代科学技术的不断发展，传统的方法论越来越不适应科学技术的需要，在试验设计上越来越需要简化，在这个历史背景之下，现代试验设计方法发端于19世纪30年代，迄今已有80多年的历史。试验设计是由英国科学家费舍尔在20世纪20年代提出的，它成为数理统计学的一个分支，是进行科学研究的重要工具。

任何统计推断结论都是由两方面的因素共同决定的，一方面是数据的质量，另一方面是分析的方法。试验是在人为控制下的活动，是获得数据的主要方法，设计试验就是要在统计学知识的指导下来制订试验计划。

试验设计在广义上是指试验研究的课题设计，也是试验的整体的设计。不仅仅包括具体的试验操作过程，还包括目的、依据、预期效果、具体方案、样本分组……，乃至试验进度、人员安排。其主要就是为了能够控制试验，降低试验误差、提高试验精度、保证试验质量，使试验更具有代表性，使试验能够重复。经得起再次检验的试验才是可信的试验。试验设计方法是统计学的一个重要的分支，目前已经有多种试验设计得到广泛的认可和使用。主要包括全面试验设计、正交试验设计、均匀试验设计、分割试验设计、SN比试验设计、回归正交设计、混料试验设计等，其中前三种使用最多。

试验设计中根据试验目的的不同，可以选择一个试验指标，就成为单指标试验。例如研究甲烷气体的爆炸极限，其实研究的是甲烷和空气的混合比。如果同时有两个或两个以上指标就叫作多指标试验，例如，乙酸乙酯的制备涉及物料比例、温度、反应时间、催化剂种类与用量多种指标。

试验设计指标主要分为定量指标和定性指标。

定性指标就是只能用文字表述的特性，例如颜色、气味、手感，例如实验室制肥皂是否成功就要看制得的产品是否有油腻感，又例如滴定终点颜色的变化是否合适，滴定是否过量。在试验设计中，为了更便于分析试验结果，往往会将定性指标变为定量指标，例如不仅仅看指示剂颜色变化，还要看pH的变化。

定量指标是能够通过计数、测量、称量等方法获得准确数据表示物质特点的指标。

指标不是一成不变的，指标选择要依据试验的目的而定，例如皂化试验，肥皂的质量不是最重要的指标，试验时间才是重点，必须在20分钟左右完成试验，才符合教学要求，这就要求在试验设计上必须快而不得不放弃肥皂的品质，这就是实验室做出来的肥皂不好用的原因。再例如实验室制氧气，我们可以选择的指标有速率、纯度、安全性、经济性等，因为是教学试验，速率、安全性放在最前面，而经济性就不重要了。

在学习几种重要的试验设计方法前，首先要了解一些基本概念。

1. 试验指标

试验设计中用来衡量试验效果的物理量称为试验指标（简称指标）。试验指标按照指标个数可分为单一指标（包括综合评价指标）和多指标。试验指标按照性质不同分为定性指标和定量指标。定性指标是指不能直接用数值精确表达的指标，比如污水水质分析时的恶臭程度等；定量指标就是能用数值来表示的指标，如产率、回收率等。试验设计的目的就是要使这些指标最优化。试验指标的确定要考虑到这个指标是否能准确反映试验的效果，指标要选择客观性强的，避免主观因素干扰；容易量化的，敏感的，能够看到明显试验差异的数据；指标的数量也要适当，过多过少都不利于进行研究。

2. 因素

影响试验指标取值的物理量称为因素，有时也称为因子。如反应物的浓度、用量、反应温度、压力等。

由于客观条件的限制，有时一次试验不能将所有因素都考虑进去，我们需要事前进行取舍，选择可能重要的、影响力比较大的因素进行试验。把试验中所研究的影响试验指标的因素称为试验因素，而除去试验因素以外的对试验有影响的因素叫作条件因素。例如中学试验中制备乙酸乙酯一般不考虑温度的影响，直接使用明火加热，则该因素就是条件因素，其余四个因素就是试验因素。

根据考察的试验因素的多少，我们将试验分为单因素试验、双因素试验和多因素试验。

所谓单因素试验就是只有一个考察的试验因素，只有这个因素对试验指标产生影响。单因素试验处理由该试验因素的所有水平构成，它是最基本最简单的试验。例如，氯化铜溶液浓度与颜色的关系，浓度增大，颜色变深，此时不考虑温度的影响。

双因素试验就是考察两个因素的试验，同样是研究氯化铜溶液的颜色，如果考虑温度的影响，因为温度会影响水合键的稳定性，此时就是双因素试验。

多因素试验就是考察三个或者三个以上因素的试验，如乙酸乙酯的制备条件研究。

试验因素的确定是影响试验成败的一个很重要的主观原因。试验之前要充分对试验目的、任务进行仔细地分析，专注关键因素，首先要预估可能对结果产生最大影响的关键因素，没有完全掌握其规律的因素或者还没有考察过的因素，不要选择过多的因素，一般只要找到 1~3 个主要因素就可以，对于不能确定又难以取舍的因素可以将试验分为两个阶段，先做单因素的预备试验，进行初步观察，再根据预试验精选因素进行正式试验。预试验通常要采用较多的处理数，但不做重复。单因素法能够解决的问题就不必使用多因素法。例如硫酸铜溶液颜色的试验，硫酸铜溶液浓度较低，温度对水合键的影响不是很大，因此不考虑温度的影响，但氯化铜溶液就不同，温度的变化会带来明显的颜色变化。

3. 水平

因素在试验中所处的状态称为水平。在试验中一个因素有几种状态就称有几个水平。如 0.5 molL 硫酸亚铁和氢氧化钠溶液反应，假定氢氧化钠溶液的浓度可以采用 0.5 molL、1.0 molL、1.5 molL、2.0 molL，4 种可能，那么氢氧化钠浓度这个因素就是 4 种水平。一般情况下，所选因素的水平发生变化时，都将引起试验指标的变化，否则就认为该因素对指标没有影响，可以从试验方案中删去。

例如检验硫酸铜溶液浓度与颜色的关系，我们可以选择 10 个不同浓度进行比较，这 10 个浓度就是 10 个因素水平。研究乙酸乙酯的制备时，假定我们选定了两个因素，一个是冰乙酸与无水乙醇的体积比，我们可以称体积比为 A 因素；一个是加热时间，我们可以称其为 B 因素。体积比选定了 1∶2、1∶3、1∶4、1∶5，4 个比值，我们称 A 因素为四水平因素，而加热时间选定了 10 分钟、20 分钟、30 分钟，三个水平，称为三水平因素。

在试验中，水平的选择也是一件很重要的事，选择不当会影响试验结果甚至得不到预期结果。

4. 交互作用

如果所考察的两个因素在试验中相互影响，这时称这两种因素之间存在交互作用。交互作用的表示方式：如果因素 A 和因素 B 存在交互作用，则这种作用被记作 A×B。例如硫酸铜和氢氧化钠反应，其反应结果不仅仅和浓度有关，和反应温度也有关，那么浓度和温度就存在交互作用。

在试验设计时，既要考虑到影响因素，也要考虑到影响因子，通常我们在确定了因素之后，就要进行因子设计。考虑到每种因素在不同水平时组合的试验设计方法叫作因子设计法，也有的文献称作析因设计法（factorial design）（或称完全试验设计法）。对 k 个因素，每个因素取 2 水平的试验，用因子设计法设计试验时，需要做 2 k 次试验。同样若取 3 水平，则需做 3 k 次试验，4 水平需做 4 k 次试验，依次类推。由于试验次数以指数形式增长，每增加一个因素，工作量是可想而知的。

如中学试验中的银镜反应，涉及两种试剂和温度，如何控制最佳条件，这就是多种因素和因子的因子设计试验。譬如要设计一个有特定抗静电用途的塑料制品配方，那么树脂的牌号、抗氧剂、抗静电剂、增塑剂以及填料的种类和数量是必须要考察的几个因素，这就是 5 个因素了，如果每个因素考察 5 个水平，采用因子设计法则需要做 55 = 3125 次试验。这在现实中是不可能的。就需要采用更好的试验设计方法。

试验设计因为目的不同而设计不同。例如前面提到的皂化试验，皂化试验是为了在一节课完成皂化，而不是为了得到一块质量优良的肥皂，因此在试验设计时首先要考虑的是速度而不是质量。因此试验步骤是这样的：

在蒸发皿里，盛 10 mL 油和 5 mL95% 的酒精，然后加 10 mL40% 的 NaOH 溶液。用玻璃棒搅拌，使其溶解，把蒸发皿放在石棉网上（或水浴中），用小火加热 10 分钟，并不断用玻璃棒搅拌。将 20 mL 热的蒸馏水慢慢加到皂化完全的黏稠液中，搅拌使它们互溶。然后将该黏稠液慢慢倒入 50 mL 饱和食盐溶液中，边加边搅拌。静置后，肥皂便盐析上浮，待肥皂全部析出，用纱布过滤，挤压成型，肥皂即制成。

而下面的制肥皂工艺才是一个真正的制皂过程。

配制 50 mL30%NaOH 溶液。在蒸发皿中加入事前加热处理好的猪油（牛油也可以）40 g，恒温在 60℃左右，边加热边搅拌，反应 1 小时以上，加入甘油 30 mL，冰糖 4 g，搅拌，使其完全溶解，继续搅拌，得到完全均一的混合物，而后根据需要加入几滴香精和色素。趁热倒入模具中，待其冷却成型。逐一对比，各个操作环节和现行教材的主要差别在哪里？冰糖的作用是什么？

我们会发现，第一是原料不同，教学一般使用植物油；第二是温度不同，教学一般是沸腾；第三是时间不同；第四是甘油，教学试验时过滤操作滤掉了甘油，而真实制皂还要额外加入甘油；第五制皂需要加入冰糖。可以看出，试验教学与工业生产的差别导致试验方法巨大的差异。为何会有如此大的差异，就是因为指标不同，教学试验要求快，课内时间必须完成，不计成本，而工业生产要求质量和成本。

三、单因素试验法

单因素试验设计法又叫简单试验法，是现在化学试验中最常用的方法。很多发表的文章都采用这种方法进行研究，例如前面提到的氯酸钾分解制氧气催化剂比例的例子。按照大多数发表文章中使用的方法，其步骤是：通常为了考察其中一个因素的影响，总是先将另几个因素固定在某一定值（水平），然后考察该因素在不同水平下的试验指标值。通常取指标值最佳者作为最终条件。然后固定该因素的水平，用类似的方法考察其他因素，直到得到所有因素的最佳水平。先固定其他因素，只比较一种因素在不同水平上的试验方案有些文章或书里又称作简单试验法或简单比较法。

单因素试验设计法的数据分析通常将各因素在不同水平时得到的试验指标作曲线图，通过分析曲线的趋势而选出最佳试验条件。

单因素设计法的特点在于简单明了，易学易懂。由于只考察单一因素的影响，该法较容易归纳一些内在的规律。所以这种方法仍然为大多数科研工作者和工程技术人员使用。

单因素试验设计法由于设计比较简单，存在着一些不足。例如当因素间的交互作用影响比较大时，得到的试验方案往往不一定是各因素的最佳方案组合用单因素试验法安排试验，同样的试验次数，提供的信息量不够丰富；用单因素试验法做试验，如果不做重复试验，给不出试验的误差估计。

尽管如此，单因素试验设计法仍然用得很多，特别是做基础研究工作的最常用，这是因为单因素法可以看到各因素的变化趋势，对研究反应规律、揭示一些内在的因素很重要。

单因素试验法是中学教学中最常用的方法，我们做题时经常使用的控制变量或者受控对比法其实就是一种单因素试验法。我们研究乙酸乙酯制取时酸的选择也属于单因素试验法。研究电解水影响因素的试验中电流大小、电压大小、电解质浓度，虽然因素很多，但是每次都是其他因素不变，仅仅改变一个因素的水平，还是属于单因素试验法。

四、优选法

优选法是尽可能少做试验，尽快地找到生产和科研的最优方案的方法，优选法的应用在我国从 20 世纪 70 年代初开始，首先由我们的数学家华罗庚等推广并大量应用，优选法也叫最优化方法。优选法使用必须是变量具有单调性或只有一个极值，否则就不能使用。例如如果实验数据具有周期波动性，优选法就不能使用。

现实生活中一支粉笔多长最好呢？每支粉笔都要丢掉一段一定长度的粉笔头，单就这一点来说，越长越好。但太长了，使用起来既不方便，而且容易折断，每断一次，必然多浪费一个粉笔头，反而不合适。因而就出现了"粉笔多长最合适"的问题，这就是一个优选问题，因为存在着一个极值。

优选法在实际使用中的过程大致如下，假如我们试验中某关键原料的添加剂量在 1 g 至 1000 g 之间，这样我们就可以借用黄金分割规律来简化试验次数，而不必从 1 g 到 1000 g 做 1000 次试验，我们用一个有刻度的纸条来表示 1 g 至 1000 g。在纸条上找到 618（1000×0.618）g 的地点画一条竖线，做一次试验，然后把纸条对折起来，找到 618 的对称点 382（618×0.618），再做一次试验，如果 382 g 为最好，则把 618 以外的纸条裁掉。然后再对折，找到 382 的对称点 236（382×0.618）做试验，这样循环往复，就可以找到最佳的数值。由于现实中 0.618 数据计算起来比较麻烦，可以使用 0.6 进行分割。

前面提到的氯酸钾分解试验，选择优选法就是一种比较理想的方法。例如，氯酸钾为 5 g，催化剂可在 0.1~5 g 之间选择，按照黄金分割率选择试验点，而不是每次增加 0.1 g 催化剂。同样，电解水条件的试验，为了确定硫酸的最佳浓度，可以推定硫酸的浓度应该在 0~95% 之间，利用优选法就可以很快找到最佳浓度。

优选法在数学上就是寻找函数极值的较快较精确的计算方法。1953 年美国数学家 J. 基弗提出单因素优选法、分数法和 0.618 法（又称黄金分割法），后来又提出抛物线法。研究表明，用这种"优选法"做 16 次试验相当于用"均分法"2500多次试验所达到的精度，大大提高了试验效率。

五、正交法

单因素试验法尽管减少了试验次数，但是各因素各水平出现的机会不均衡，而且有重复试验出现。优选法虽然减少了试验次数但是还有一定的局限性。因子试验法要花费大量的人力、物力和财力，而且耗时过长，时间太长可能导致试验条件的改变从而使试验失效，过多的试验次数试验费用很高，非常需要一种既减少试验次数同时又不影响试验精度的新方法。

例如化学实验室购买的乙醛溶液上层都会有一层三聚乙醛来防止乙醛的挥发，并且随着放置时间延长，乙醛还会自己聚合，这样三聚乙醛层会越来越厚。但是这些三聚乙醛在试验中没有任何用处，被集中后当作废液直接处理掉，造成浪费，更为严重的是未经回收，直接排放到下水道中，污染环境。

三聚乙醛是乙醛的环状三聚物，三聚乙醛在酸性催化剂作用下发生解聚反应生成乙醛，对化学废弃物进行回收利用，并且保护了环境。

要进行三聚乙醛解聚，就必须控制一定的条件，适当的条件可以快捷、有效地处理三聚乙醛。初步确定硫酸浓度、反应温度、反应时间以及原料物料比对试验结果存在影响。

在这里，我们以转化率作为试验指标，如果按照单因素试验法设计，单一因素最佳是不是对于整个反应环境就是最佳？应该说是不一定，假定就是最佳，需要试验多少次？可见如果每一种可能的组合都要考虑到的话，则需要几十次。假定每次试验反应时间达到 1 h，意味着完成这个研究大约需要半个月的时间，因此，简化试验非常有必要。

于是根据经验，认为每个因素有三个水平，如表 5-2-1 所示。

表 5-2-1　正交表表头

水平	A 温度 /℃	B 硫酸浓度 /%	C 料液比	D 时间 /min
1	60	10	1：5	10
2	80	20	1：10	15
3	100	45	1：50	20

而后根据正交表设计原则绘制试验设计表，如表 5-2-2 所示。

表 5-2-2　正交试验表格设计

实验号	一	二	三	四
1	1	1	1	1
2	1	2	2	2
3	1	3	3	3
4	2	1	2	3
5	2	2	3	1
6	2	3	1	2
7	3	1	3	2
8	3	2	1	3
9	3	3	2	1

这样，一个非常复杂的试验就简化为只需要 9 次试验，最多两天就能够完成的研究。经试验验证 A，B；CD，（60℃，10%，1：10，10 分钟）试验条件，收率为 95%，试验验证性良好。

为什么正交法能够做到如此简单地完成试验呢?

单因素试验法存在着比较严重的重复试验问题。九次试验的水平组合为（ABC）：011、111、211、101、111、121、120、121、122（假定试验过程为：首先三组试验为 011、111、211，发现 111 效果最佳，而后进行 101、111、121 三个试验，发现 121 最佳，再进行 120、121、122 三个试验）（见图 5-2-1）。各因素和各水平出现的机会不均衡，此时使用正交法实验次数就大大减少。其试验选点方法如图 5-2-2 所示。

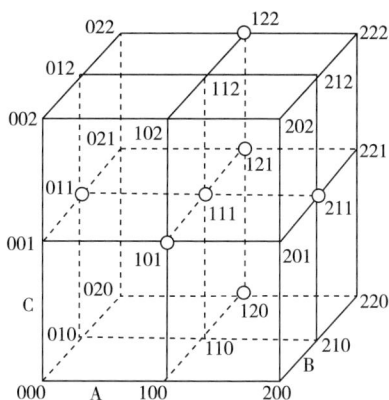

图 5-2-1　三因素三水平试验按照单因素法设计示意图

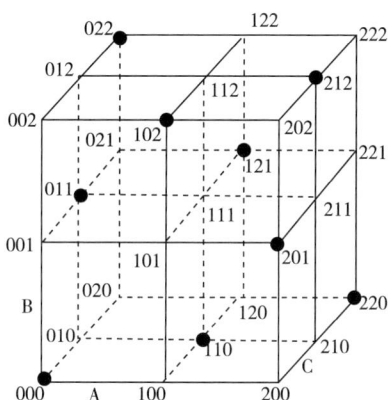

图 5-2-2　三因素三水平正交法试验设计示意图

可以看出，9 个试验点在选优区中分布是均衡的，在立方体的每个平面上，都恰好有 3 个试验点；在立方体的每条线上也恰有一个试验点。试验次数减少。其选点的特点就是已经出现的同因素同水平的试验不应重复出现。

正交法均衡分布，整齐可比。以较少的试验次数获得基本上能反映全面情况的试验结果。为了保证整齐可比和搭配均衡的特点，简化数据处理，试验点应在试验范围内充分地均衡分散，因此试验点不能过少。当想考察的因素较多，特别是因素水平数较多时，需要的试验次数仍然很多。

正交设计全称正交试验设计，又叫作多因素优选设计，是一种安排合理、科学分析各种试验因素有效的统计方法，理论源自数学的拉丁方理论，借助基于均衡分布思想设计的正交表，在众多试验条件中选择若干代表性较强的试验条件。该方法可以有效减少试验次数。

正交表有很多种，针对不同的因素、水平数有不同的正交表。这些常用的正交表已经由数学工作者完成，我们只需根据需要拿来使用即可，不用讨论设计原理。

每一个正交表都有自己的符号，通过符号就可以知道该正交表的用途。例如 L9（34）表示的就是四因素三水平的正交设计（见图 5-2-3）。其具体含义为：

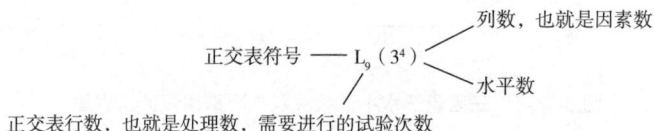

图 5-2-3　四因素三水平的正交设计

例如，乙酸乙酯制备条件研究涉及物料比例、反应时间、催化剂种类与用量 4 种因素，且我们设定每个因素 3 个水平，就是一个四因素三水平的试验，我们仅仅需要从化学角度确定好哪些因素和每个因素的水平，而后使用该正交表直接试验，不用再进行设计。

在设计使用时其实有的因素之间是有相互作用的，例如催化剂种类和用量，为了简化和降低难度，我们在此不考虑这种交互作用。如有需要请查阅有关书籍。

六、回归分析

如何在这些关系不确定的变量之间找到一些内在的规律，从而为科学研究做出一定的预测？譬如在我们的化学试验中，如何才能从有限的试验数据中找出一定的规律，从而为获得指标最优化做出正确的判断？

在科学研究过程中，往往会发现同一现象中的几个变量存在一定的关系，就如同半径与周长存在 $C = 2\Pi r$ 的关系一样，所以有必要对变量之间的关系进行分析与研究。

变量之间的关系与分析方法大致可以归纳如下：

统计学上采用相关关系分析来研究呈平行关系的相关变量之间的关系，对两个变量之间的直线相关分析称为简单相关分析，对于多个变量的研究一个变量与多个变量间的线性相关关系称为复相关分析，研究其余变量不变情况下两个变量的线性关系称为偏相关分析。在相关分析中，变量没有自变量与因变量之分，这是回归分析与相关分析最大的差别。相关关系分析是研究两个变量相关程度和性质或者一个变量与多个变量的相关程度，不能用一个或者多个变量去预测（见图5-2-4）。

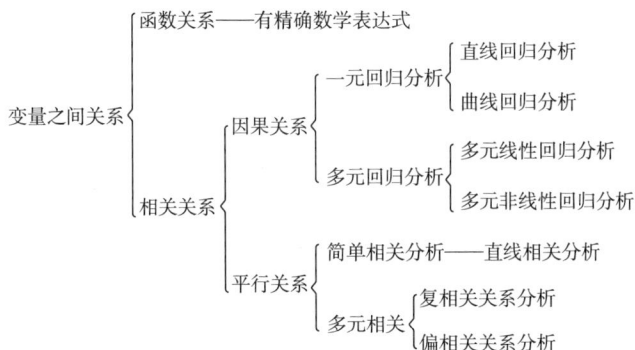

图 5-2-4 变量之间的关系

我们最常用的是一元回归分析。两个变量之间可能会出现的情况如图5-2-5所示。

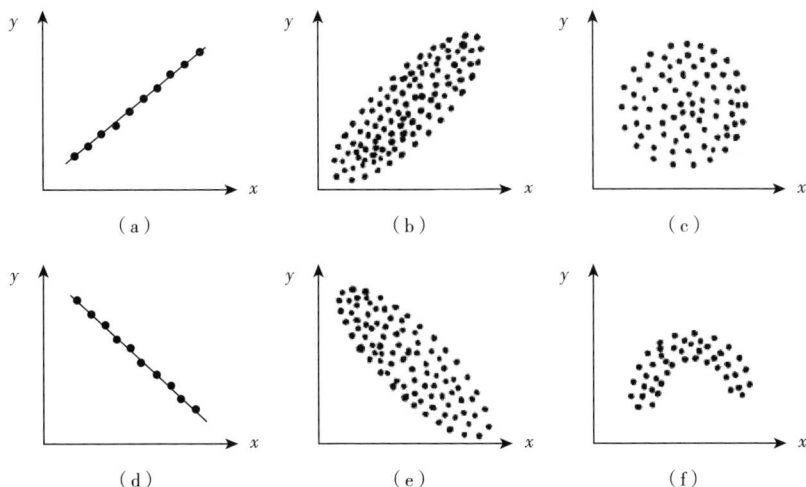

图 5-2-5 两个变盘之间关系示意图

从这些图中可以直观地看到两个变量之间的关系，如正相关或者负相关，是密切还是不密切。

回归分析是试验数据处理中最常用的一种方法，也是比较好的一种方法。所谓回归分析，其实就是研究相关关系的一种数学工具，它能提供变量之间关系的一种近似表达，即回归方程，根据回归方程作图，就可以得到对各数据点误差最小，因而也是最好的一条曲线，即回归曲线。

回归方程可用来达到预测和控制的目的。回归分析通常进行如下分类：按自变量的数目分类，一元回归：一个因变量和一个自变量（$r \& X$）；多元回归：一个因变量和多个自变量（≥ 2）（$r \& X$、$X \cdots$）

按回归关系分类，线性回归和非线性回归。

这两种分类方式相互交叉，可以产生常见的四种回归模式：一元线性回归、一元非线性回归、多元线性回归、多元非线性回归。

一元线性回归是我们最经常使用的回归分析，假设用（x，y）表示一组数据点（$i=1$，2，$\cdots$，n）。任意一条直线的函数关系可表示为：

$$y^* = a+bx$$

如果用这条直线代表（x，y）里 x 和 y 的关系，则每个点的误差为：

$$y-y^* = y-a-bx,$$

使用一元回归分析时要遵从以下原则：即应使回归方程与所有观测数值的差方和达到极小值。因为平方运算也称为"二乘"运算，因此这种回归方法就统称为"最小二乘法"。最小二乘法就是最小差方和法。在很多实际的工作中，我们碰到的 y-x 按线性回归时，相关系数很差，意味着 y-x 不是一个线性关系。这时需要考虑非线性回归。自变量只有一个时，就是一元非线性回归。在一些情况下，一元非线性回归经过适当的变换，可以转化为线性回归问题。

具体做法是：

（1）根据样本数据，先作出散点图；

（2）根据散点图推测 y-x 之间的函数关系；

（3）选择适当的变换，使之变成线性关系；

（4）用线性回归方法求出线性回归方程；

（5）最后返回原来的函数关系，得到要求的回归方程。

例如研究时经常需要进行数据统计，我们在进行比色实验时可能得到如表5-2-3 所示的一组数据。

表 5-2-3 比色实验数据表

x/nm	516	525	533	540	553	564	580
y/nmol	2.4	3.2	3.2	4.6	5.2	5.8	10.8

而要想找到自变量和因变量之间的关系，就需要画图。我们把它们在坐标纸上描出，得到如图 5-2-6 所示的结果。

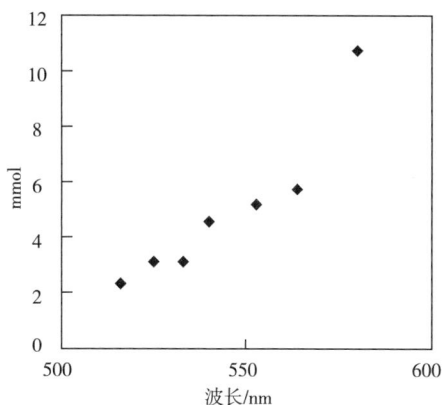

图 5-2-6 比色实验数据散点图

现在发现最后一个数据明显与其他数据关系不一样，此时如何处理这些数据就非常关键，假定我们认为数据之间应该是线性关系，且为一次函数，事实上我们已知浓度和吸光度就是线性关系，因此不会是二次方程。而且同时最后一次的数据经过平行实验后，确认属于有效数据不属于误差，因此不能予以舍去，这样就得到如图 5-2-7 所示的直线拟合结果。

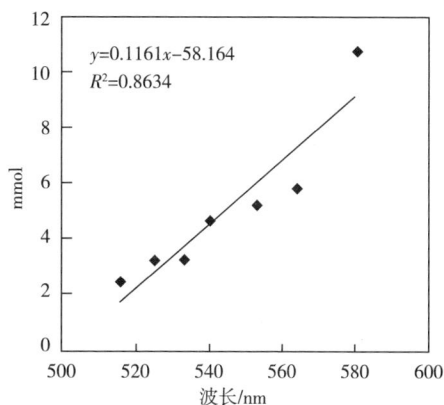

$y=0.1161x-58.164$
$R^2=0.8634$

图 5-2-7 比色实验线性回归分析图

187

如果确定最后的数据有问题，就可以将该数据剔除后再进行直线拟合。如果认为不能舍弃，认为一元回归不能准确表达，尤其是置信度不能满足分析的基本要求，就可以考虑进行二次回归分析，得到如图 5-2-8 所示的分析结果。

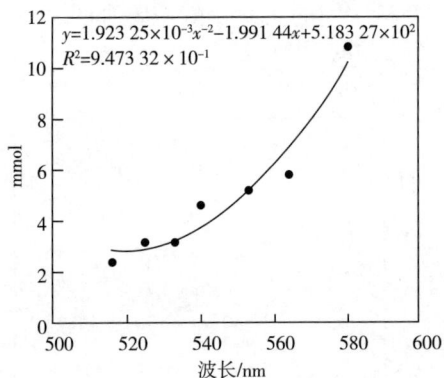

图 5-2-8　一元二次分析结果

此时，从 R^2 可以看出，回归有所改进。我们发现置信度与我们的目标可能还有一定的差距，假定我们的目标是 0.95，就可以考虑将多项式回归的阶数再增高一阶，进行一元三次回归分析，得到新的如图 5-2-9 所示的分析结果。

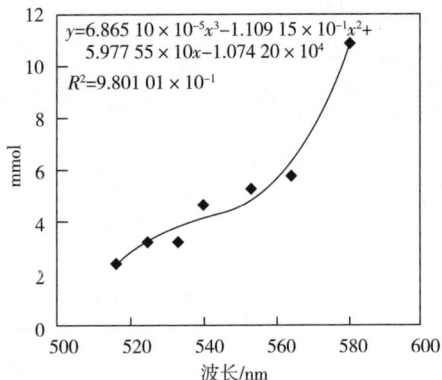

图 5-2-9　一元三次多项式回归

分析结果显示，置信度得到明显提高，达到 0.98，符合要求，那么是不是可以得到更高置信度的回归分析呢？可以更进一步，一元四次、一元五次、一元六次回归得到的图形如图 5-2-10 所示。

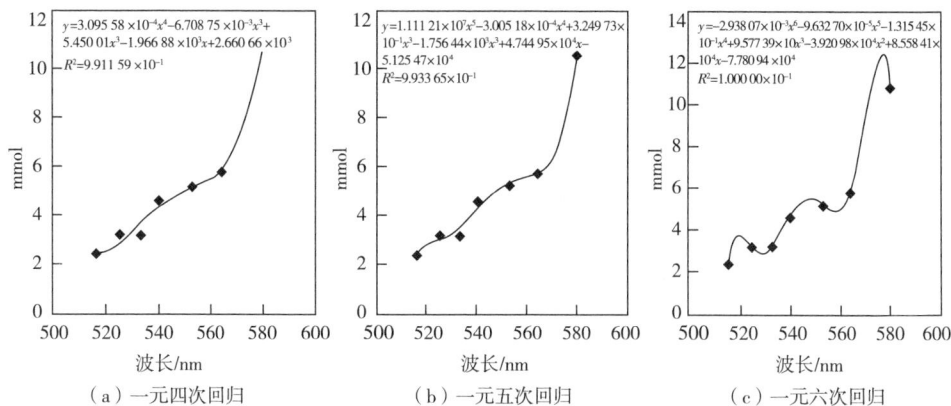

（a）一元四次回归　　　　（b）一元五次回归　　　　（c）一元六次回归

图 5-2-10　多元回归分析图

可以看出，似乎拟合阶数越高，回归的相关系数越高，但事实上六次式一般是不对的，因为实际上绝大多数都是单调增长的，并且该回归分析做到曲线通过每一个点已经失去回归分析的作用。而且，我们也看到，五次式、四次式、三次式的相关系数都大于 0.99，已远远大于 99% 的置信度范围的临界 R 值（对 7 个试验点，临界 R^2 值为 0.874），因此实际工作中选一元三次式回归方程。事实上，考虑到试验的误差、试验点数目的限制等因素，一元三次回归方程已经完全能满足预测功能。

同学们进行过的溶解热测量实例中尿素在水中溶解的热效应（论文全文请参见附录），有同学根据自己测定的数据进行了有关回归分析，首先是一元一次分析，如图 5-2-11 所示。

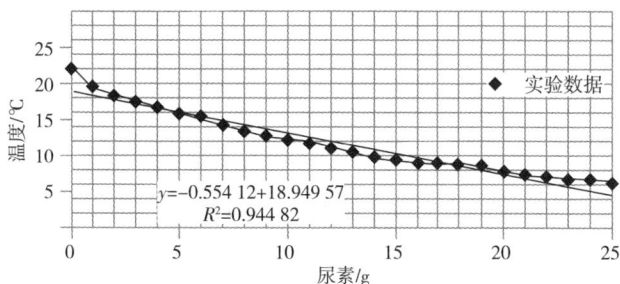

图 5-2-11　一元一次线性回归

回归分析显示，数据关系 R^2 略小，学生不满足于该结果，于是进行了二次回归。其结果如图 5-2-12 所示。

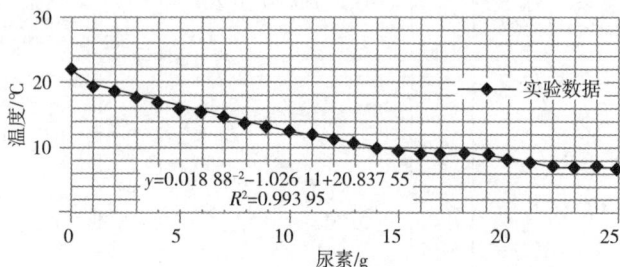

图 5-2-12　一元二次回归图示

二次回归之后，$R^2 = 0.99$，已经非常好，就没有必要再进行三次回归分析。

七、均匀试验法

前面学习过的正交试验法已经是一种非常好的方法，提供了效率，但当影响因素和水平较多时试验的次数依然很多，为此，寻找一种适用于多因素、多水平而试验次数更少的试验设计方法是很有意义的。

1978 年，我国一项军事工程（导弹设计）在设计中提出了 5 个因素的试验，要求每个因素多于 10 个水平，而试验总次数要求不超过 50 次。与此同时进行的农业选种试验中也出现水平数大于 12 的因素。如果按照正交法进行试验，试验的次数都超过 100，而对于导弹试验来说需要花费的资金太多，对于农业来说，育种试种一年最多也就三季，上百次的试验需要很多年才能完成。这在实际中都不太现实。如何寻求用最短的时间和最少的次数，达到完整全面的试验效果是亟待解决的问题。

1978 年，中国科学院数学所的方开泰研究员和王元院士提出用数论方法构造了一系列均匀试验设计表来安排试验。"均匀试验设计"理论、方法及应用于 2009 年获国家自然科学奖二等奖（当年一等奖空缺）。1993 年，由方开泰、王元合著，以论述"均匀设计"为主要内容的《统计中的数论方法》一书，也由英国卡帕兰－霍尔出版社出版。该方法得到全面推广应用。

均匀设计源自数论中的"伪蒙特卡罗方法"，它具有的特点可以概括为每个因素每个水平做一次且仅做一次，任意两个因素的试验点绘制在平面图上，每行每列有且只有一个试验点。例如一个 5 因素 8 水平的试验设计，均匀设计的基本理论可以使用图来表示（见图 5-2-13）。

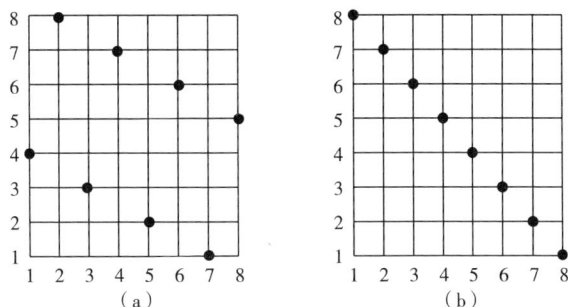

图 5-2-13　均匀设计示意图

两种试验设计明显（a）方案优于（b）方案，因为（a）方案分布更加均匀。均匀设计表本质上就是一个最佳的均匀分布的设计。均匀试验法也就是如何在众多试验水平中有效选择的方法。

均匀设计还涉及更为复杂的不等水平情况，更接近实际问题。因为中学一般不会用到均匀设计法，本书不做介绍。有兴趣的读者请查阅有关书籍。

第三节　高中化学实验教学策略

化学实验是化学教学赖以产生和发展的基础，学习化学离不开化学实验教学，因此化学实验教学在化学教学模式中是承载着化学教育的重要教学方法。与任何教学方法一样，要掌握在化学实验教学中的有效教学设计与组织，就需要在化学实验教学中作出特定的决策，采取特定的行为，这些行为是在特定化学实验教学情景中所独有的。本节着重探讨演示实验、边讲边实验、学生实验所独有的特征。

一、化学实验教学策略的构成与组织

如果我们把教学目标看成是一座山峰上的一面小旗，试想：如何让学生到达顶峰拿到那面小旗呢？登山经验告诉我们，在此情景下，需要作出判断的计划，如何到那里去？怎么去？知道为什么要这么去的理由。这就是我们通常说的谋划、策划与方略，即策略。可见，教学策略是为达成教学目标而采用的一切行为活动方案，其最主要的目的是为解决问题而服务。

（一）化学实验教学策略

关于教学策略的定义与研究很多，结合刘知新主编的《化学教学论》的教学策略定义，在此认为化学实验教学策略是问题驱动下，为解决教学问题，完成教学任务，达到教学目标而确定的化学实验操作活动序列、学生内隐知识内容信息加工过程及课堂有效组织的教师元认知过程。这一定义表明，它是一个复杂交织立体的教学系统。

图中表明化学实验教学策略是专门为促进学生掌握化学实验操作技能和获得事实性化学知识的教学目标设计的，进而培养他们观察、比较、辨别、分析、科学抽象和基本逻辑推理等较高级的思维能力的一种活动方案；同时也表明，其内部存在着密切联系，主要以三个维度来具体呈现与组织。

（二）化学实验教学策略的构成与组织

如图 5-3-1 所示，从横向和纵向两个维度揭示，化学实验教学策略是为促进学生循序渐进地掌握化学实验操作技能序列和事实性化学知识而设计的，而事实性化学知识的巧妙有序设计与组织，也可以帮助学生循序渐进地掌握简单的、复杂的化学实验操作技能。

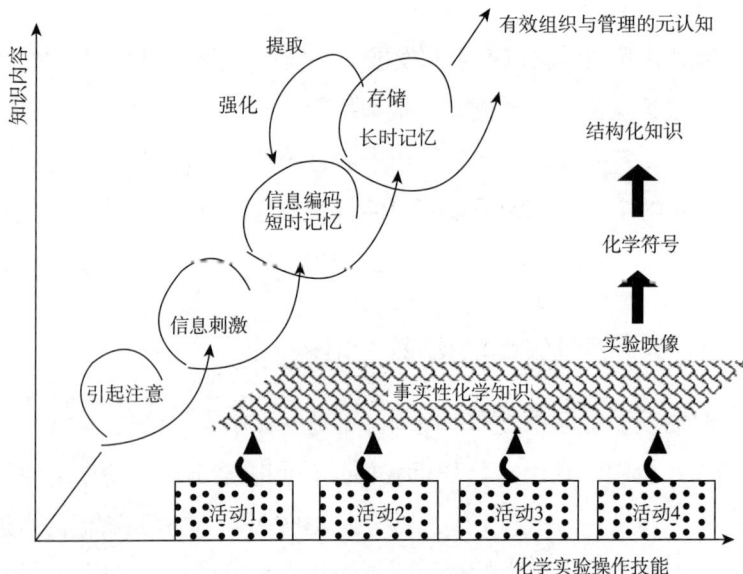

图 5-3-1　化学实验教学策略结构组织

图 5-3-1 列出了两套教学目标，在第一套目标中，要求学生了解自然界中水的组成的知识，属于事实性化学知识。虽然也许学生能够说出自然界中水的组成和净化的知识，但是并不意味着他能掌握净化水的实验操作技能。显然，通过教师对课堂的元认知策略调控，对教学进行有效的组织与管理，便能组织呈现化学实验教学中事实性化学知识和实验操作技能之间的一一对应关系。

化学实验教学策略始终指向化学实验教学的教学目标，让他们收获知识与技能。学生掌握化学实验操作基本技能是实施化学教学策略的必需条件，获得事实性化学知识是实施化学实验教学成功的关键。当学生有意识地注意捕捉刺激信号而获得事实性化学知识时，通过信息加工模式将此编码形成实验映像存入长时记忆，或同时将信息编码转换为化学符号存入长时记忆，以同化或顺应方式整合，形成大脑中新的结构化知识。这一过程是学生大脑内隐知识内容的信息加工过程，在这组织中呈现了循序渐进的线性特征。

在化学实验教学中通常采用演示实验、边讲边实验、学生实验 3 种方式，其中学生实验又可分为验证型和探究型两种。在解决问题、达到教学目标、获得知识的进程中，这 3 种教学方式在这一循序渐进的线性特征组织上表现出同一性，但却又在学习者收获方面不同程度地表现出强弱差异的特征，这就决定了这 3 种方式在特定化学实验情景中的教学活动流程安排作出特有的决策，采取特定的教学行为，是它们各自所独有的教学策略。

二、演示实验教学策略

（一）演示实验教学概述

尽管你还未开始学会在学生面前进行示范某个化学实验进行课堂教学，但是这样的图景曾经生动而鲜明地打动你，曾经深刻地印在你的脑海中，从某些方面来说你是熟悉的，但是这种模式的教学，其中隐含的基本原理、基本方法和基本技能无疑你还没有去全面思考过，演示实验教学简明易懂，你能在较短时间内学会掌握它，它是所有化学教师必须掌握的化学教学方式。

演示实验教学是化学教师在学生面前示范化学实验操作技能，呈现具体的化学实验事例，帮助学生获得化学实验操作基本技能和掌握化学知识的实验教学实践活动。这种教学的主要解决问题在于帮助学生掌握正确规范的化学实验操作基本技能，如化学试剂的取用，化学仪器的使用、装配、连接和拆卸，进行加热、过滤、溶解、蒸发、结晶、萃取、蒸馏、干燥和配制一定浓度的溶液，以及初步学习制取某物质，进行检验、鉴别和性质实验等操作。如果将此教学模式的主要目的放在关注学生的科学抽象、演绎推理等高级思维能力的培养和以学生为中心的方式学习，那么就不会有明显的教学效果。

演示实验教学是一种以教师为中心的教学模式，采用面向全班学生进行以任务为驱向的教学体系，全过程需要教师作出认真细致、有条理的安排。具体教学程序可以分为五步骤：创设情境，解释或示范，指导练习，反馈，拓展练习。

（二）演示实验教学策略模型

首先，我们必须清楚地认识该模式教学主要目标和重点是掌握化学实验操作技能，以此促进学生获得事实性化学知识的学习，而化学实验操作技能从属于程序性知识的学习，是解决如何做的问题；其次，通过明确程序性知识即动作技能学习的本质特征，整理形成如下演示实验教学策略结构模型，它将为我们在备课方面的教学设计做准备，上课教学的有效组织和设计安排提供策略问题的指导。

1.操作反应策略指导

在化学演示实验教学系统中，无论是教师还是学生，都是在不同时间相似的情景下，产生刺激反应的操作行为，呈现完成化学实验操作技能序列活动．此活动执行策略如下。

（1）创设真实实验情景，呈现任务形成和产生反应行为刺激信号的图景，为学生学习化学实验操作技能做准备。在这个准备阶段中，教师要唤起学生的注意，告知任务，阐释这节课的目标、背景资料，解释这节课的重要性。其实质是教师要让学生明确"做什么"，目的是帮助学生为后续阶段进一步理解如何做，为什么这样做。

（2）突出启动操作反应结果的鼓励奖赏正强化机制，特别要求教师或学生操作化学实验时，尽自己最大努力保证获得成功实验事例。教师给学生展示一个出色的实验事例，学生从中模仿、接纳和学习一些技巧，利于学生学习和培养形成正确规范的化学实验操作技能。

为了确保实验的安全与成功，要求教师做到课前预试，同时强化练习化学实验操作流程。对实验所用的药品、试剂的纯度、浓度、用量的比例，仪器的选用和安装，各种实验条件如何控制，所需要时间等做到心中有数，掌握实验成功的关键。在确保实验成功的过程中，教师必须要树立"安全意识"。

（3）去除负面刺激事故发生，进行负强化。为了避免学生养成错误的化学实验操作行为习惯，可以一边演示错误实验一边提问：我们要注意什么？如果…会发生什么事？这时一定要求学生小心观察错误，如果涉及安全问题的，就要避免使用这种方法。例如，观察实验录像就是一个很好的范例，展现了化学实验操作中不要出现错误的行为。错误的化学实验场景的负强化机制能给学生留下深刻的印象，在教学中强化实验注意事项有利于培养学生准确规范的化学实验操作技能。

2. 社会学习理论策略指导

化学演示实验教学目的是给学生提供优秀的范例让他们模仿，但不是简单模仿。例如，我们知道熟能生巧，事实上不是学生经常动手做化学实验就能具备良好的化学实验操作技能，就如一个每天都开车的司机不一定就是一个好司机。

由于模仿是通过提取储存在长时记忆中不太复杂的动作图景，再进行对照实施来实现的。因此教师在提供化学实验操作示范时，一定是简单易完成的实验动作，如果是复杂难操作的化学实验，教师必须将它分解成几个部分让学生学习，使之简单化。当然在示范每个"简单"实验操作时，要提供"做的细节"，在操作时进行适当解说。如"在盛有蓝色 $CuSO_4$ 溶液的试管中加入少许无色的 NaOH 溶液"，"点燃两支短蜡烛，分别放在梯形小铁皮架上的两个阶梯上，把铁皮放在烧杯中，缓缓地倾倒 CO_2"。这对学生学习化学实验操作技能技巧是非常重要的，它能展示化学实验是如何制备新物质的？实验是怎样完成的？能否顺利成功制取？通过边做边讲，保证学生明白每个实验行动的目的，知道为什么？也明白如何做？如果该实验技能学生已经训练掌握，就简单地告诉学生怎样做就足够了，无须熟悉提供"做的细节"。

为保证学生明白每个行动的目的，呈现模仿示范时的解说一般有两种方式：归纳式和演绎式。归纳式是呈现具体的示范动作时解说"做的细节"，是具体而生动的，促使学生分析和考察动作的原因。如"当导管口出现连续均匀的气泡时，

我们才收集 CO_2，将导管伸入装满水的集气瓶中，这时我们看到瓶口有气泡冒出，这是为什么？"演绎式的解说是抽象的，是要促使学生运用综合能力，并通过演绎推理方法来学习实验操作技能。如"我们可以看到水槽中这时产生气泡，我们能不能立即收集呢？""下一步是什么？能收集了吗？""为什么是先撤导管再撤酒精灯？"

无论是哪一种模仿教学示范的解说，其目的都是获取学生反馈的信息，检测学生是否已经学会所教的？是否掌握如何做、做什么和为什么做？教师在组织教学时，要特别注意演示实验操作的呈现和解说是互为镜像的，这有利于学生熟悉"做的细节"，利于模仿化学实验操作技能技巧的方法，形成良好的化学实验操作技能。

3. 教师效能策略指导

为了保证化学演示实验教学良好的教学效果，促使该模型教学机制的运行，必须充分发挥体现教师元认知策略，做到有条理安排教学课堂活动，给予足够的时间安排教师的示范操作反应教学活动和学生模仿的操作反应练习，这其中要做到如下几点。

（1）仪器有序地摆放。在实验开始前把仪器、药品有秩序地放在讲台上或学生实验桌上，右手拿的放右边，左手拿的放左边，常用的放近些，不常用的放远些，矮的用品放在高的前面，仪器和试剂瓶都应十分整洁。

（2）装置简单，合理美观。为了让实验现象清晰，增大可见度，演示实验用的仪器和实验装置应力求简单，大型易观察，可放在高于学生课桌的实验台面上。实验仪器装配要合理正确、美观紧凑，摒弃弯曲不合格的导管、打歪了孔的塞子和大小不配套的仪器。

（3）掌握好演示时间。一堂课的教学有若干教学环节组成，各个环节必须紧扣，计划在一定的时间内完成。在演示实验的教学中，教师一定要掌握好演示实验所需的时间。每次演示实验的时间都不宜过长，较复杂的实验也不宜超过5分。

三、边讲边实验教学策略

随着我国开展的化学课程改革将科学探究作为突破口，强调以科学探究为主的多样化教学方式，提高学生科学素养。在常态课的化学课堂中，边讲边实验教学已成为当今化学教学中较为普遍的课堂教学组织模式。

（一）边讲边实验教学概述

边讲边实验，又称并进实验或随堂实验，是指在化学课堂上，将教师讲授知识、演示或学生实验结合起来进行教学的一种综合实验教学形式，具体地说，是以教师或学生化学实验操作技能为媒介，获得有关事实性知识的实验映像，完成一系列化学知识的加工与表征等知识表象的过程。

教学模式的意图是非常明确的，其目的是获得事实性化学知识，形成知识表象，因此是要寻找证据的，但寻找什么证据？怎么找？它为什么是证据？为求证问题而找证据的任务驱动的问题解决教学模式特征由此凸显。

边讲边实验教学是讲与做同步进行，将动手、观察与思考相结合，践行了我国古代"学思笃行"，杜威以学生为中心的"做中学"等教育思想，也体现了化学课程改革的教学要求，但在课程教学实施过程中，对于这一种教学组织形式，出现教师讲授的特征，极易形成教师灌输知识给学生的接受式学习方式。

综上所述，课堂教学中要能体现边讲边实验教学特征，又能找到解决该教学中存在的问题的办法，组织安排有关教学活动时，应该意识到问题、实验、表征、共同体等特征的重要存在，由此形成如图 5-3-2 所示的教学策略模型。

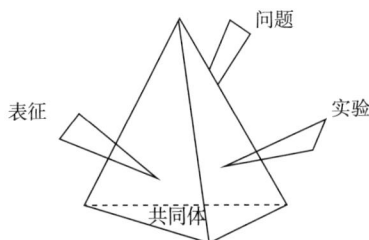

图 5-3-2 边讲边实验教学结构模型

（二）边讲边实验教学策略模型

建立边讲边学教学策略模型，为我们提供了一个观察边讲边实验教学课堂的视角，表明其教学活动具有相对稳定的结构特点，也决定了该学习方式的类型。

1. 建立任务体系的问题驱动

课堂教学任务是指学生应该完成的任务，以及完成任务而达到的认知要求和社会要求，结合基于问题的学习理论指示，为了让学生通过完成化学实验操作技能"做"的活动任务，发生有效的学生化学知识认知能力水平及社会交往能力的提升，需要化学教师课前根据化学知识学习内容设计具有难度的目标体系和任务。

2. 创设恰当的问题情景

抓住关键的核心而呈现真实、困惑、模糊的问题，不仅能激发学生的好奇心，还能突出指向学生活动的主要目标。

3. 提供学习帮助的"脚手架"

在边讲边实验教学中，学生有效发挥学习共同体学习效果，进行化学实验操作技能完成"做"的活动任务，其中活动任务的布置一般采用陈述句的方式表达和提出要求。

4. 实验设计

边讲边实验是随堂实验，也是课内内容，不管实验类型如何划分，即不管是定性实验还是定量实验，是验证性实验还是探究性实验，无论是要验证已知结果还是要验证未知结果，边讲边实验教学的共同目的都是指向于学生要寻找解决问题的证据，激发学生兴趣，促进学生积极开发思维动力的，因此实验的设计方面应具有如下特点。

（1）实验引入目的性明确。从实验目的来看是为要验证、解决问题而设计实验要达到的具体要求，是为突出重点和突破难点，是为优化教学效果围绕教学核心内容而设计的。因此需要首先明确选定探究对象代表物，其次聚焦探究任务。

（2）体现化学实验设计性的教学功能。化学实验不仅是学生获取化学知识的重要途径和方法，还是十分重要的教学内容，是形成完整化学知识体系的重要组成部分。为全面提高学生科学素养，在学生创新思维能力培养上发挥重要作用，在边讲边实验教学中，有经验的教师根据教学目标或课堂教学实际需要，有目的地进行化学实验设计教学。

化学实验设计性是实验自身的基本特征，它是根据命题完成的实验，自行设计实验方案，完成命题中所要求的物质的制备、检验，某种性质的验证或探索。具体地说有 3 种情形，一是反应原理的设计，侧重于某物质某性质，或某个知识点的应用；二是实验方案的优选设计，利用现有仪器、药品、反应条件设计不同的实验方案；三是实验方案相同，完成不同实验目的的设计。

实验设计教学一般能更大限度地发挥实验教学所承担的特殊任务，即培养学生的观察能力、思维能力和创新能力。例如，让学生设计如何制备 $Fe(OH)_2$，当有的学生没有观察到稍纵即逝的白色沉淀的生成时，探究原因的主动性会提高，会积极设法设计出有利于观察出产物的实验方案。

（3）实验设计的原则。要设计具有良好功能的化学实验，应该以科学性原则、可行性原则、安全性原则、简约性原则为基本的教学实验设计的指导思想。

5. 化学问题解决表征

认知心理学家将信息在头脑中呈现的方式称为表征，对问题的理解状态则称为问题表征。问题表征是问题解决的主要组成部分，是边讲边实验教学的主要目的之一，如何让学生历经化学实验活动之后，将其在化学实验过程中进行的实验所输出及表现的信息进行正确表征呢？即完成有关实验信息的正确识别和转换的过程。

对于化学问题解决过程中的表征主要有三个不同水平：第一个是宏观水平表征，表征感知或者可视的化学现象；第二个是微观水平表征，是在原子或分子水平上理解化学现象，通常使用粒子进行表征，也称粒子表征；第三个是符号水平的表征．指用化学式或化学方程式来表征物质或物质的变化过程。化学问题解决表征过程变化通常是实现这 3 个表征水平之间的自由转化，而平常教师较缺少对表征之间的转化过程进行解释，从而导致学生学习化学的困难。一般问题解决表征过程变化总体上由形象向抽象、由外部表征向内部表征转化，是陈述性知识、程序性知识被共同激活的过程。奥苏贝尔的有意义学习理论在关于问题解决表征过程变化方面给予策略的理论指导是显著的，只有和学习者通过以前的学习形成的认知结构联系在一起，新材料才有意义，以此为学生组织知识，精确清楚地呈现知识。下面结合具体教学案例分析问题解决表征的过程。

四、学生实验教学策略

教育的最终目标是帮助学生成为独立的、自律的学习者，就如叶圣陶先生说过："其最终目的达到不复需教，而学生能自为研索，自求解决"。显然，学生主动参与化学实验的学生实验教学为学生提供有效的学习经验，是学生获取知识、形成技能、培养智能和发展个性的最佳途径，同时更直接呈现教师面临教育最终目标的任务与挑战，如何为学生主动学习化学知识而教，学生实验教学策略的应用与实践，就更能彰显化学教师教学技术水平，以及善于反思与解决问题的教学智慧。

（一）学生实验教学概述

学生实验教学是指在化学教学中学生根据一定的化学实验目的，运用一定的试剂、化学实验仪器、设备和装置等物质手段，在人为的实验条件下，改变实验对象的状态和性质，从而获得各种化学实验事实，达到化学教学目的的一种教学实践活动。

结合以上教学实践活动，从系统观观点来看，学生化学实验是一个由实验者学生、实验对象和实验手段等要素构成的一个完整的系统。在化学教学中，只有充分发挥这个系统的整体功能，才能实现培养学生实验能力，养成科学态度和科学方法的目的。

各要素的相互联系和相互作用是从两个方向进行的：一方面，实验者通过实验手段来控制实验对象，使其发生变化，显示出其特有的各种属性；另一方面，实验对象所表现的各种属性，又作用于实验仪器，并通过实验仪器被实验者感知。

在系统结构中，学生实验的主体性是学生实验教学最为突出的本质特征，由此发展构建形成学生实验教学策略结构模型，其中教学策略核心问题是积极有效地发挥学生主体性学习，培养和发展学生的化学实验能力。在这种策略中，要求教师发挥有效的指导作用，激发学生对化学实验的直觉兴趣转向主动有目的的规范操作兴趣，要求学生发挥主动性和创造性，综合运用观察实验现象和学习事实性化学知识，了解化学理论知识和模型，发展推理技能、分析和研究化学认识论方面的问题，以及设计与安装实验装置，正确进行操作等技能，在科学思想、科学态度的调控下，达到智力技能与实验操作技能的融合统一。

（二）学生实验结构模型教学策略

基于系统论的观点和皮亚杰关于学习与认知（建构主义）的心理学观点，至少让我们理清和明晰学生实验教学策略结构模型的关键节点。

　　一个教学系统各要素的最佳状态，将优化教学系统运行的进程，而教学系统最突出本质与核心问题是要积极有效地实现与发挥实验者的主体性学习，发生由条件主体向责任主体的转变，而其中信息流的传递是系统运行的条件，即保证发挥主体性，需要建立主体具有持久的兴趣，通过操作使信息得以同化或顺应，实现主体在某状态下发生进程的变化，而达成新主体的建立。由此整理形成两方面的策略：系统要素状态策略和系统进程策略。

　　1. 把握系统要素状态策略

　　（1）明确学生实验教学目标。明确学生实验教学目标，意义在于明确实验者学生的当前状态及将要达成的改变状态，这将有利于教师有效教学，有利于发挥学生主体性，促使行为主体的学习状态发生有效的改变，即达成教学目标。

　　当进行学生实验教学时，首先要做到明确学生行为目标，准确编制实验教学过程中学生达成的结果性目标和表现性目标。学生当前状态是指具备的化学知识结构与实验能力结构水平，结果性目标是教师所预期的教学行为活动的结果，即学生当前知识结构与实验能力结构水平发生的变化，使学生又处于某一新状态下的结构水平。而表现性目标是具体的教学情景中产生的个性化表现，具有唤起、欣赏、创造性表现等特征，如学生的参与意识、合作精神、实验操作技能、探究能力、分析和解决问题的思路以及表达交流技能等方面的能力特征。

　　（2）化学实验对象的预备。化学实验目的在于认识实验对象的组成、结构、性质和变化的规律，认识化学实验对象主要是实验者借助操作实验仪器、药品、器材等感知和获取真实的化学实验现象。化学实验对象的实验现象准确表征，将影响系统内的信息流的传递与信息整合，是保证系统良好运行的条件。因此，在化学实验教学前需要做好化学实验对象的准备工作，认清有关物质化学反应原理，认识实验药品的潜在不安全因素以及采取措施避免其危险性的发生。教师应充分准备好实验仪器、药品、器材等，同时认真做好预备实验，并将实验仪器、药品等放置有序，保持实验室的清洁整齐。

　　如果在进行学生实验教学过程中，当学生很少一次性接触多种药品进行实验，或者甚至有些药品是第一次接触的，可以通过学案或课件展示给予有关的信息和提示。如在学生实验要求的学案纸上备注予以提示：① 浓氢氯酸具腐蚀性，它的蒸气会刺激呼吸系统。② 进行焰色反应实验时，应确保附近没有易燃物体。

③ 焰色反应实验所用的铂丝必须非常洁净，以免干扰结果。可先把铂丝浸于浓氢氯酸然后放入酒精灯焰中，重复数次，直至得到无光焰。④ 若利用热分解来测试碳酸根离子，须小心石灰水倒吸。

教师应在进行实验前一周安排课节，供学生讨论及计划本探究活动。学生应尽早呈交他们的计划，以提供足够时间让教师审阅及批核计划，及实验室技术员预备所需物品。

（3）化学实验手段（方法）的状态系统。化学实验手段是实验者发挥主体性，控制和认识实验对象的重要工具。按照性质的不同，可以将实验手段分成实物形态的手段（也称"硬件"）和观念形态的手段（也称"软件"）。在进行学生实验教学中，教师应该充分了解学生已经具备的实验操作技能及将要习得的实验操作技能和训练的化学实验科学方法。

① 实物形态的手段。根据实验的目的和对实验的不同要求，可以把实物形态的化学实验手段划分为化学实验的基本手段和化学实验的现代化手段两大类型。

化学实验的基本手段通常是指化学实验室中进行物质的组成、性质、变化规律和物质的制备与合成实验时常用的实验仪器、工具和设备。

常用的化学实验仪器主要指玻璃仪器（如试管、烧杯、烧瓶、量筒、试剂瓶、漏斗、干燥器、冷凝器、温度计、酒精灯等）和陶瓷器皿（如蒸发皿、研钵等）。

常用的化学实验工具有剪刀、螺丝刀、手钳、小锤、镊子、电烙铁和验电笔等。

常用的实验设备主要指电动离心机、电炉、烘箱、电热吹风机、电源等基本电器设备。

化学实验的现代化手段通常是指化学实验室中鉴定物质的化学成分（包括元素、离子、基团、化合物等）、测定物质各组分的含量和确定物质的结构时所使用的仪器，如红外光谱仪、紫外光谱仪、核磁共振仪、极谱仪、气相色谱仪、质谱仪等。

② 观念形态的手段。观念形态的手段是指科学地运用实物形态的手段，有效地控制和认识实验对象的工具。化学实验中观念形态的手段主要有实验方法论和化学实验方法。实验方法论是关于实验方法在科学实验中产生、形成和发展的理论，它包括实验方法的发展史，实验方法在科学认识中的性质、地位和作用，实验的构成要素及其结构和功能，实验实施的一般程序和所运用的一些具体的科学

方法（如测量、测定、实验设计、实验条件的控制、实验观察、记录、实验结果的处理等），实验方法与其他科学方法之间的辩证关系等。

化学实验方法是化学实验本身所特有的一类方法。从中学化学实验来看，主要包括：化学实验基本操作方法；物质的制备（或合成）方法；物质的分离与提纯方法；物质的分析（检验、鉴别与鉴定）方法。

物质的分析方法通常分为化学分析法和现代仪器分析法。化学分析法是以化学反应为基础的一类分析方法，包括定性分析（物质的检验、鉴别）和定量分析。在定量分析中，通过称量产物的质量来计算被测组分含量的方法称为"重量分析法"，通过滴定的方式将已知准确浓度的试剂定量地加到被测试液中与被测组分按化学求计量关系刚好反应完全，从而计算出其含量的方法，称为"滴定分析法"（包括酸碱中和滴定、配合滴定、氧化还原滴定和沉淀滴定等）。

现代仪器分析法是以物质的物理或物理化学性质（光、电、热、磁）为基础的一类分析方法，这类方法一般需要使用一些实验仪器，如光谱类的红外光谱、紫外光谱、原子吸收光谱、比色法和核磁共振仪，色谱类的气相色谱法，质谱类的质谱仪，电化学类的电化学分析法等。但并不是要求学生都掌握，其要求与通常化学分析法的要求程度是有区别的。

2. 安排系统进程策略

学生化学实验教学系统进程的初衷是促使学生最大限度地参与，促使学生实验能力的提高，是主体在充足的时间中，充分获得主动权，经历动态的、生成的进程的变化。在实施具体教学中建议安排采用以下系统进程的策略。

（1）建立持久的兴趣。兴趣是最好的老师，化学学习兴趣是指学生对化学学习的一种带有情绪色彩的特殊的活动倾向。化学实验能够激发学生的化学学习兴趣，学习兴趣是学习动机中最现实、最活跃的成分。

按照水平高低，可将化学学习兴趣分成"感知兴趣""操作兴趣""探究兴趣"和"创造兴趣"等4种水平。

感知兴趣是指学生通过感知教师演示实验的现象和观察各种实验仪器、装置而产生的一种兴趣。这种兴趣使很多学生对化学学习有较高的积极性，尤其是学生刚开始学习化学时更是如此。这种兴趣属于直接兴趣，在化学教学中不够稳定和持久。教师应注意将学生的注意力从他们感兴趣的变化和现象引导到明确学习目的，逐步深入地观察、分析变化产生的内在原因，掌握有关的基本概念、理论和元素化合物知识上，使直接兴趣逐步向间接兴趣转化。

操作兴趣是指学生通过亲自动手操作来获得化学实验现象所产生的一种兴趣。它比感知兴趣的水平高一级，不再仅满足于观察实验现象，更希望亲自动手操作。即使是简单的试管实验，也会表现出较高的积极性。这种兴趣还属于直接兴趣，只要把给定的实验做出来，兴趣就得到了满足。

探究兴趣是指学生通过探究物质及其变化产生的原因和规律而形成的一种兴趣。处在这种兴趣水平的学生不再仅满足于做一做，而是要探究引起某种化学变化的原因，或对日常生活、现实社会中的实际问题进行科学的解释和说明。这种兴趣不仅成为学习化学的重要动机，而且也成为学生形成和发展科学探究能力的重要影响因素。它比前两种兴趣的水平更高。属于间接兴趣。具有稳定、持久的特点，是促进学生形成较高科学素养的最基本动力。

创造兴趣是指学生在运用所学的知识、技能和方法进行一些创造性的活动中所形成的一种兴趣。这种兴趣是化学学习兴趣的最高水平，是推动学生形成较高科学素养的最强劲动力。

上述 4 种学习兴趣的水平是逐级升高的，低水平是高水平的基础，高水平是低水平的发展。教师在教学中一方面要注意鼓励和保护学生的感知兴趣和操作兴趣；另一方面又不要停留于此，要积极培养和提高学生的探究兴趣和创造兴趣。

为了使学生能在学生实验教学中享受化学实验的兴趣，引领学生化学知识的学习与实验能力的提高，需要化学教师尽可能多地创造机会，让学生更多地获得实验操作的主动权，激发学生持久的化学实验兴趣，如下提供一个学生实验教学参考案例。

【案例 5-1】氨

学习活动 1：观察烧瓶中气体的颜色。

学习活动 2：闻烧瓶中气体的气味。

学习活动 3：学习 NH_3 在水中的溶解性及其水溶液的酸碱性。

实验：在 250 mL 圆底烧瓶内收集满干燥的 NH_3，换上带尖嘴导管的胶塞，换用前在胶头滴管中预先吸少量水，将导管倒插入含有酚酞的大烧杯中，捏紧胶头滴管的胶头使少量水进入烧瓶。

现象：烧杯中的液体立即喷入烧瓶，烧瓶内形成喷泉；烧杯中的溶液仍为无色，而烧瓶中的溶液为红色。

问题：在烧瓶中已充满干燥的 NH_3，只提供装置而没有其他药品，请思考如何引发喷泉。

学习活动 4：请两位学生用玻璃棒分别蘸取浓氨水和浓 HCl 后相互靠近并观察现象。

基本理解：让学生参与到学习中。

学习活动 5：设计氨与 HCl 反应的应用。

实验：取约 10mL 爱氏试剂（爱氏试剂的配置：一份 25% 的 HCl、三份 96% 的乙醇与一份无水乙醚混合），置于锥形瓶中，塞上塞子，摇晃 2~3 次。然后取下塞子，并立即塞上下方插有一根细铁丝的橡胶塞，铁丝下端弯曲成钩，可挂住肉样（肉样不沾管壁，并距液面 1~2 cm）。

基本理解：若肉样不新鲜，就有 NR 存在，于数秒内即有 NH_4Cl 生成，可观察到白烟出现。

（2）适宜的任务驱动，有序的流程指导。在教学系统中，维系学生当前状态水平到教学后将要达到的状态水平之间的链条应该是问题，所以设计适合学生能力水平的问题，以问题解决的实验任务驱动对学生化学实验教学具有至关重要的作用。其作用主要表现在两个方面：一是通过特定的情境，激活学生问题意识，形成基于问题解决的学习任务，从而展开提出问题、分析问题、解决问题的学习活动；二是通过特定的问题情境，使问题与学生原有认知结构的经验发生联系，激活现有的经验去"同化"或"顺应"新知识，赋予新知识以个体的意义，导致认知结构的改组或重建。

以下是学生实验教学中动手参与实验操作时的任务活动流程的问题设计案例。

【案例 5-2】"SO_2 的化学性质"的教学片段

学习活动 1：设计 SO_2 实验方案证明是一种酸性氧化物。

提供试剂或用品如下：SO_2 水溶液、$Ca(OH)_2$ 溶液、NaOH 溶液、酚酞试液、石蕊试液、pH 试纸。

（实验一）按照自己设计的实验方案，完成实验。

学习活动 2：交流实验方案。

方案一：证明 SO_2 水溶液显酸性。

方案二：向 $Ca(OH)_2$ 溶液中滴加 SO_2 水溶液。

方案三：向 NaOH 溶液和酚酞的红色混合溶液中滴加 SO_2 溶液。

（实验二）教师演示方案三实验，溶液褪色。

学习活动 3：学生对方案三的设计者表示赞许、佩服。冷静思考后，又发现方案三中可能是 SO_2 与 NaOH 反应使溶液褪色，也可能是将酚酞漂白而使溶液褪色。怎样设计实验证明到底谁与 SO_2 反应了？经讨论，达成一致意见：重新加入 NaOH 溶液，看溶液能否重新变红。

（实验三）向刚才褪色的溶液中滴加 NaOH 溶液，溶液重新变红，问题解决了。

学习活动 4：讨论继续进行，如果向 NaOH 溶液和酚酞混合的红色溶液中改滴加氯水，现象如何？学生议论，期望自己的猜想能得以验证。

（实验四）向 NaOH 溶液和酚酞混合的红色溶液中改滴加氯水，溶液褪色。重新加入 NaOH 溶液，没有重新变红，问题解决了。

学习活动 5：总结 SO_2 表现出的化学性质，指出与氯水性质的不同之处，过渡到 SO_2 的漂白性教学，为 SO_2 与 HClO 的漂白性不同埋下伏笔。

（3）科学概念和科学过程的整合。要充分有效地发挥系统整体性功能，做到学生智力技能与实验操作技能的融合统一，需要在化学教师指导下建立科学概念和科学过程两个维度的整合。一个维度是建立在实验者学生在外显活动中，学生独立完成化学实验操作技能的活动序列，分为验证性实验活动和探究性实验活动，二者的区别在于验证性实验是结论在前，而探究性实验是结论在后。如【案例 5-3】属于验证性实验教学设计，而【案例 5-2】是探究性实验教学设计。另一个维度则是在学生实验教学中，主体的变化不断依赖于相互作用过程，不断地对实验对象表征的实验现象与内部化学概念原理知识、化学符号系统完成相互作用，经历感知、表象、归纳、演绎认知阶段，不断地发生融合内部概念或经验图式的顺应过程和外部事件与经验同化到已有观念或图式的过程。

【案例 5-3】氯水的成分与性质探究问题设计

（实验一）观察集气瓶中 Cl_2 的颜色，向集气瓶中加入少量的蒸馏水，观察集气瓶中颜色变化。

现象：Cl_2 是黄绿色气体，加入蒸馏水后颜色变浅，水溶液呈现黄绿色。

问题：氯水为什么呈现黄绿色？说明氯水有什么微粒？

（实验二）在洁净的试管中加入少量的 $NaHCO_3$ 粉末，再加入 2 mL 氯水，振荡试管，观察现象。

现象：固体溶解，试管中产生气泡。

问题 1：在氯水中加入 $NaHCO_3$ 粉末产生的气泡是什么？与什么物质反应产生气泡？

问题 2：说明氯水中有什么微粒？

（实验三）在洁净的试管中加入 2 mL 氯水，再向其中加入几滴 $AgNO_3$ 和稀 HNO_3，观察实验现象。

现象：试管中有不溶于稀 HNO_3 的白色沉淀产生。

问题 1：在氯水中加入几滴 $AgNO_3$ 和稀 HNO_3，生成的白色沉淀是什么？

问题 2：什么物质与 $AgNO_3$ 和稀 HNO_3 反应有不溶于稀 HNO_3 的白色沉淀生成？

问题 3：说明氯水中有什么微粒？

（实验四）分别用玻璃棒蘸取新制氯水和稀 HCl，滴在 pH 试纸上，观察并比较现象，分析原因。

现象：滴稀 HCl 的 pH 试纸变红，滴新制氯水的 pH 试纸先变红后褪色。

问题 1：滴稀 HCl 的 pH 试纸为什么变红？

问题 2：说明稀 HCl 中有什么微粒？

问题 3：新制氯水的 pH 试纸为什么先变红后褪色？

问题 4：说明氯水中除了氢离子外还有其他微粒吗？

问题 5：为什么用 pH 试纸无法测出氯水的 pH？

（实验五）在两个洁净的试管中分别加入 2 mL 新制氯水和稀 HCl，再分别加入两滴红墨水，观察现象，分析原因。

现象：滴稀 HCl 的红墨水颜色不变，滴新制氯水的红墨水颜色褪去。

问题 1：新制氯水中除了 HCl 外还有其他微粒吗？

问题 2：这种微粒有漂白性吗？

问题 3：Cl_2 溶于水有没有反应？

问题 4：写出 Cl_2 溶于水的化学方程式。

（实验六）检验 Cl_2 和 $HClO$ 谁具有漂白性。

在两个试管中分别加入干燥的有色布条和湿润的有色布条，然后依次通入干燥的 Cl_2，观察现象。

现象：干燥的有色布条没有褪色，而湿润的有色布条褪色。说明没有漂白性。

问题 1：起漂泊作用的可能是 Cl_2？也可能是 $HClO$，氯水能使有色物质褪色，真正起到作用的是 Cl_2 还是 $HClO$？

问题 2：设计一个实验检验你的推断。

学生结论：$HClO$ 具有漂白作用，而 Cl_2 没有漂白性，Cl_2 也能使湿润的有色布条褪色，是因为 Cl_2 与 H_2O 反应生成了 $HClO$。

(4）加强讨论与反思。反思是自我认识的提升，是进行自我反省和批判性思维的过程，是一种积极的自我中心到反思性的学习内化过程，是思维发展的高级阶段。

学生在完成实验的科学过程和科学概念的整合后，其思维变化完成基于从具体操作的符号过程到表象逻辑的符号过程。例如，学生学完关于 Cl_2 的氧化性质后，已经能够从 Cl_2 分子的原子结构核外电子排布规律分析 Cl_2 的氧化性，并对其与还原性物质如 H_2、金属化学反应现象表征和化学符号表征建立抽象知识的认识。而反思活动则是在所建立的新知识中，对所具备的符号能力或抽象知识重新进行质疑、搜集处理信息的过程，是提出问题、分析问题和解决问题能力的提升，是从事假设演绎推理的积极修正和发展思维过程。如再重新反省提出"Cl_2 具有氧化性，为什么干燥的 Cl_2 不能漂白有色布条？Cl_2 和 $HClO$ 在氧化性方面有差异吗？"加强实验后的讨论与反思活动，在教师与学生、学生与学生之间进行社会建构，互相交流与质疑，解释与表达，丰富知识结构，矫正个人偏见，优化学习评价过程，进一步优化与提升学生的化学实验知识结构与能力结构水平。

第四节　高中化学实验创新设计方法

在化学实验教学中，教师除了要用好课本经典实验，还要充分反思他人实验设计的思维方法。教师应灵活运用实验创新方法，充分发挥实验创新设计艺术，使得化学实验更加科学、简洁和完美。具体做法如下[①]。

一、移植方法

随着科学技术的发展，移植方法已经从一种特殊的方法发展成为一种普遍的科学方法。化学同任何学科之间都存在着相互移植的可能。例如：物理方法向化学的移植。化学接受物理学提供的移植方法很多，主要包括概念、原理和方法等。物理学概念向化学领域的移植，主要有两种情况：物理概念直接应用于化学领域和物理学概念移植到化学领域，而衍生出新的概念[②]。化学实验创新移植方法就是把已成熟的某种科学原理或实用方法引入化学实验中，从而设计出新的实验装置或操作方法。

二、替换方法

替换方法就是通过更换不同性能的实验仪器、材料、药品等，优化实验装置、实验方法、实验现象，从而产生更好的实验教学效果。

三、模仿方法

模仿方法就是通过借鉴已有实验中的某些有效因素（如操作方法、化学药品或实验仪器等）进行仿造。在发明创新时，模仿是一种很自然的想法和思路，但模仿不能生搬硬套。

四、组合方法

组合方法指的是把已有的化学仪器、药品及实验方法进行组合，从而达到 $1+1 > 2$ 的效果。

---

① 李德前. 例谈初中化学实验创新的思维方法 [J]. 化学教学，2013（3）：65-68.
② 王德胜. 化学方法论 [M]. 杭州：浙江教育出版社，2007.

第五节　教师如何提升实验教学设计艺术

我国著名化学家戴安邦先生说过：化学实验室应该是学生学习最有效和收获最丰富的场所 [①]。教师唯有深化实验教学改革，开展实验教学研究，化学实验教学效果方能有所突破。化学实验教学设计是教学设计中的重要环节之一，是教学理论落实于实验教学的关键，是教师日常教学工作的主要内容之一，是衡量化学教师教学水平和业务能力的重要标志。化学实验教学目标的形成与实现，在很大程度上取决于化学教学实验设计。

一、选取有价值的实验问题

"有价值的问题"能形成好的实验问题，它是化学实验教学成功的关键。其一，教师应根据不同年级学生，选取不同难度的实验问题。过难和过易的问题都难以调动学生实验探究的积极性，只有在最近发展区内的问题才能够有效激发学生探究的兴趣。其二，化学实验教学问题应体现教学重点、难点，针对学生学习中的缺陷，激发学生实验探究的兴趣，从而提升学生的化学学科素养。其三，化学实验问题不宜大，不宜复杂，应考虑所在学校的实验条件，使得大部分学生可以短时间内完成 [②]。

二、设计多种形式的实验教学情境

化学实验教学情境的创设离不开教学素材。因此，通过多种途径收集素材，是创设化学实验教学情境的首要环节。教师可以查阅有关化学教育书籍、杂志等。此外，随着网络资源的不断发展和完善，互联网越来越成为化学实验教学素材的重要来源。结合教学素材，教师可采用以下策略创设实验教学情境 [③]：

首先，结合具体的化学实验教学问题，有针对性地选取不同形式的教学情境。其次，根据学生特点和心理发展需求创设化学实验教学情境，促使学生主动学习、积极探究，让学生在愉悦的情感体验中开展实验探究活动。再次，联系学生的日常生活实际和化学有关的社会问题，充分利用学生已有的生活经验，使学生体会

---

① 赵华. 高中化学实验教学的问题与对策 [J]. 化学教育，2013（9）：53-56.
② 叶佩玉. 关于化学实验教学中研究性学习的思考 [J]. 教育发展研究，2001（8）：49-51.
③ 郑长龙. 化学实验教学情景及其创设策略研究 [J]. 化学教育，2004（12）：17-20.

化学对于人类生活与文明的特殊价值，激发学生学好化学实验的兴趣。最后，化学实验教学情境的创设，可以采取多种形式和手段。形式包括实验、问题、故事、化学史实、新闻报道、实物、图片、线图、模型等。手段包括录像、录音、网络平台等现代信息技术的运用，使学生有置身于多重感官的体验之中，有利于落实化学实验教学目的。

三、创设适宜的实验教学环境

适宜的实验教学环境，有利于学生全身心投入到实验的设计与实践中，能提升学生能力。教师首先要保证学生有充裕的实验探究时间和空间，向他们提供做实验的条件，让他们经历如同科学家那样的科研过程。其二，注意倾听学生的发言，促使学生善于表述实验现象、实验过程和实验结果，并做出分析与总结；鼓励学生之间相互争论、评价，为学生提供良好的创新学习氛围。其三，创设开放性的实验空间。鼓励学生在完成规定的实验教学任务以后，提出新的问题，并按照自己的想法设计与探究一些小实验，以此开发学生的实验兴趣和特长。

四、改革化学实验教学评价方法

化学实验教学评价的目的是改进化学实验教学。化学实验教学评价具有导向、激励和调控的功能。在评价的过程中教师应注意以下几点：第一，化学实验评价应与化学实验教学一体化，与教师的指导和学生的实验探究活动融为一体。也就是说评价是为了建构更完善的化学课程，应贯穿于选题，制定化学实验计划，开展实验操作，得出实验结论，交流与反思各个阶段，侧重于提升学生探究兴趣，增强学生实验信心。第二，化学实验教学评价既可以评价学生的实验报告、学习记录等纸笔信息，又可以采用录像、课堂观察量表来评价学生的具体表现。评价的设计应符合实用性、可操作性、可信性和准确性等原则，避免烦琐和形式化。第三，评价的目的是促使学生反思。学生可以思考自己对什么感兴趣，实验活动中的表现，实验过程中存在什么问题，如何改进自己的实验设计等。反思是学生获得自我感知的方式，是学生主体性的体现和走向自律的有效方式[1]。

---

[1] 教育部基础教育司. 教育部师范教育司. 综合实践活动的实施与管理 [M]. 北京：高等教育出版社，2004.

第六章　高中化学教师能力提升

第一节　高中化学教师专业发展

一、教师专业发展综述

教师的专业发展关系到教育教学的兴衰成败，因此，对教师专业发展的研究一直是教育科研的一个热点。

在国外，从 20 世纪 60 年代开始，就进入了教师专业发展的进程。在 60 年代初期研究中，主要是通过量化评价教师的课堂教学方式来促进教师专业水平与能力的提升，这阶段属于"外驱力"为主阶段，教育研究者主要以"旁观者"的姿态来调查研究教师，以期寻找出提升教师专业发展的普适之道。进入 80 年代后，对教师专业发展的研究进入了"内驱力"为主的新时期，代表思想有美国著名教育基金会"霍尔姆斯集团（Holmes Group）"发表的《明日的教师》等报告，在报告中提出教师教学是一个终生的、持续的教育进程，教师的自我发展意识与需要是教师专业发展的动力马达。

在我国，教师的专业发展起步相对较晚，但是发展很快。从 20 世纪 90 年代开始，特别是在近六年中，人们才对教师专业发展的认识逐步加深。代表思想有宋广文在《教师的发展》中提出的，对教师专业发展的研讨要以促进学生发展、促进社会进步的角度来进行，这阶段的研究不注重教师的个性需要，对实践的辐射力也相对较小。进入 21 世纪后，对教师专业发展的研究，进入了以教师需求为主体的阶段，这阶段的代表思想有卢乃桂等在《论教师的内在改变与外在支持》中提出的让教师自我定制发展的目标，并自主引领发展的进程来促进自身的专业发展，同时提出教师的专业发展要从"外控式"走向"内驱型"，要关注教师的自我发展需求。

综上可以看出，对教师专业发展的研究，国内外都从初始的外部驱动论走向现阶段的内部驱动论，而且对教师专业发展的研究在我国大部分都是建立在理论层面，真正的实践研究却非常少。

二、化学教师专业化的发展策略

（一）化学教师的职前培养

首先，要精通专业知识，了解当代科技的最新发展。除了化学以外，还要具备一些其他学科（如生物、物理等）的专门性知识与技能。

其次，要重视教育学、教育心理学、教学论等教育专业基本理论课程的学习，重视从教基本功和技能的训练，积极参加教育实习和中学教学实践。

最后，要不断提高自己的学历层次，以适应不同学校的需要。完整的教师教育和教学专业化的过程是：学士学位的通识学习、硕士学位的专业知识学习和资格证书的标准学习。

（二）化学教师的从教成长

1.善于反思

教学反思是指教师为实现有效教学，对已经发生或正在发生的教学活动以及这些活动背后的理论，进行积极、持续、周密、深入、自我调节性的思考。

教学反思具有以下价值。

（1）教学反思是提高教学质量的重要保障。化学教学是一种创造性的活动。在化学教学中，学生的知识基础和认知方式千差万别，教学理念和教学内容会不断变化，都需要教师根据实际情况不断设计和调整自己的教学。到底怎么设计和调整，需要教师在教学实践中去思考和感悟，这样，教学反思就发生了。只有不断去感悟和反思，才能不断提高教学质量。

（2）教学反思有利于教师的专业化成长。波斯纳曾经提出一个教师成长公式：经验＋反思＝成长。教学经验和教学反思是教师专业化成长两个不可或缺的组成部分。教学经验是重要的，但是要把经验上升为理论，还需要反思。教学反思就是教师对自身教学经验进行理性审视的过程。

（3）教学反思的实质是对化学教学开展的行动研究。行动研究是指教师为了提高教学质量，加深对教学活动的理性认识，在教学活动实践中对教学实践活动开展的研究。行动研究的基本方法是"对行动进行研究，以研究促进行动"。行动研究具有行动的自觉性、注重反思性实践循环、提高行动的理论水平、注重客观证据、合作公开性和成长性等五大特征。

教学反思就是教师为提升自身的教学水平，解决教学实践中的问题而主动自觉的、以教学现象为对象，与教学同伴合作而开展的，在教学实践中进行的循环式"观察—反思—行动"的过程。从这一点来看，教学反思本身就带有行动研究的性质。

教学反思的内容有。

（1）对教学设计的反思。一节课的教学设计虽然是课前精心设计的，但只有通过实施后才能知道对所教班级学生的适合程度。目标制定的如何，内容选择的如何，问题设计的如何，特别是哪些设计的内容没能实施，哪些没有设计的内容却进入了课堂等。为什么要进行这些调整？依据是什么？有什么价值等。这些都是对教学设计进行反思的内容。

（2）对课堂教学行为的反思。再好的教学设计也是通过课堂教学中一个个的教学行为来实现的。同一个教学设计由不同的教学行为来实施会产生不同的教学效果。因此要对课堂教学行为进行反思，包括讲授、提问、演示、实验、任务布置、学生回答后的评价行为、时机的把握、教学活动的时长、围绕的主题等。反思课堂教学行为对于提高教师驾驭课堂教学能力至关重要。

（3）对化学学科知识和化学教学理解的反思。化学学科知识是化学教学的基础。教师要对具体化学知识在化学学科知识体系中的地位和价值进行反思，认识科学的本质以及知识在人类社会发展中的作用。这些认识是不断深化的，并且会影响到教师对教学的理解和实施。

（4）对化学教学研究状况的反思。教学研究是教学实践的重要组成部分。教师要反思自己是如何解决教学难题的，是随意而为还是尊重客观事实，用科学的态度找出症结和解决办法；要反思自己是如何参与教研活动的，是旁观者还是积极参与者，是否与同伴碰撞出了值得思考研究的教学火花；能否根据教学研究活动判断出自己的教学研究水平究竟处于哪个层次，能否明确自己的教学优势和专长，最终能否形成自己的教学风格和特点等。

从教学实践来看，教师经常采取的反思方式有。

一是，同事合作讨论。教师在课余时间以自己在上课时发现的问题、困惑进行讨论，最好有骨干教师带领，围绕主题，持之以恒。找到解决办法之后付诸实践。同事合作讨论一般以"校本教研活动"的方式进行，比较普遍。

二是，利用"反思指导"或"课堂教学评价量表"，对自己完成的课堂教学进行评价，将自己评价的结果与他人评价的结果进行比较。这是一种有指导的教学反思，可以摆脱盲目性，对教师的专业化发展有很大促进。

三是，行动研究。教师以遇到的问题为课题，通过多种方法来研究解决问题。这是教学反思的高水平形式。这种方式解决问题最彻底、最系统，也最有效。

作为化学正在成长中的化学教师，首先要养成反思的习惯，让反思成为教师的生活和工作方式。其次要把反思真正落实到教学工作中去。教学反思能够使教师发现他们本该早已知道，但又忽略了的东西，从而获得对自己行为的新认识，明确自己行为的不足之处，并寻找改进自己行为的方法，采取合理的行动。教学反思会促使教师形成自我反思的意识和自我监控的能力。

2. 勤于研究

20 世纪七八十年代，英国学者劳伦斯·斯坦豪斯提出"教师作为研究者"的理论[1]。化学教师要主动参与教学研究，善于在教学实践中发现问题和不足，研究并提出进一步改善与发展的具体意见和方向，自主性、创造性地实施新课程。

（三）化学教师的在职培训

教师教育是终身教育。教师不仅要接受职前培养，而且要在职进修，终身学习。一方面，化学教师应主动争取参加由承担培训任务的高师院校和培训机构组织的进修培训；另一方面，化学教师要在实践中积累经验，逐步提高自己的理论水平，增强教育实践能力。

---

[1] 斯坦豪斯认为，在以过程原则为基础的课程中，教师应该扮演学习者和研究者的角色，它促使教师在教学上采用探究的方法而不是讲授、指导的方法。教师应以研究者的形象出现，而不是经验和技术型专家。

第二节　高中化学教师信息化素养提升

一、教师信息化教学能力的知识结构

在信息化社会中，教师的教学活动需要一定的知识结构与能力素质。至于教师的信息化教学能力需要怎样的知识能力结构，学者对此众说纷纭，莫衷一是，是需要研究者深入探讨的领域。近年来，一些主要的相关研究成果集中在教师的信息技术能力、教师的教育技术能力、教师的信息素养等方面，而专门针对教师信息化教学能力的知识结构研究则相对缺乏。

2006 年，米什拉（Mishra）和科勒（Koehler）发表了题为"技术教学内容知识：教师知识的一种全新框架"的文章，明确提出了现代教育技术条件下教师掌握的知识内容，即所谓的"技术—教学法—内容"（TPACK）知识框架，是一种融合技术的学科教学法知识体系研究（见图 6-2-1）。[①]

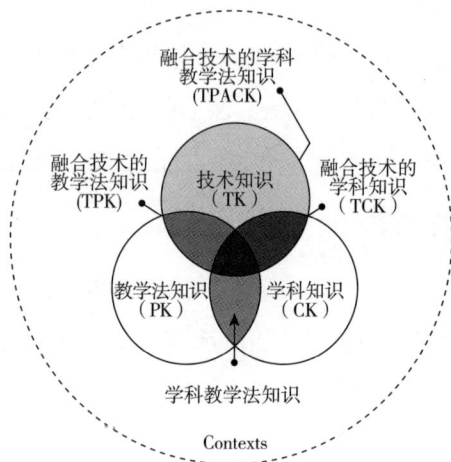

图 6-2-1　"技术—教学法—内容"框架

从图 6-2-1 可以清晰地看出，在 TPACK 知识框架中，三种基本的知识要素是：学科知识（Content Knowledge，CK）；一般教学法知识（Pedagogy Knowledge，PK）；技术知识（Technology Knowledge，TK）。三种基本知识要素相互结合，形成了四种综合性的知识：学科教学法知识（Pedagogiacl Con-tent

---

① 资料来源：TPCK–Technological Pedagogical Content Knowledge，http：//www.tpck.org/tpck/index.php？title=Main__Page.

Knowledge，PCK）；融合技术的学科知识（Technologiacl Content Knowledge，TCK）；融合技术的教学法知识（Technologiacl Pedagogiacl Knowledge，TPK）；融合技术的学科教学法知识（Technologiacl Pedagogical Content Knowledge，TPACK）。米什拉（Mishra）和科勒（Koehler）关于 TPACK 的教师知识内容研究，有助于探讨教师信息化教学能力应具有的知识结构。借鉴 TPACK 的研究成果，我们提出了教师信息化教学能力的知识结构框架（见图 6-2-2）。

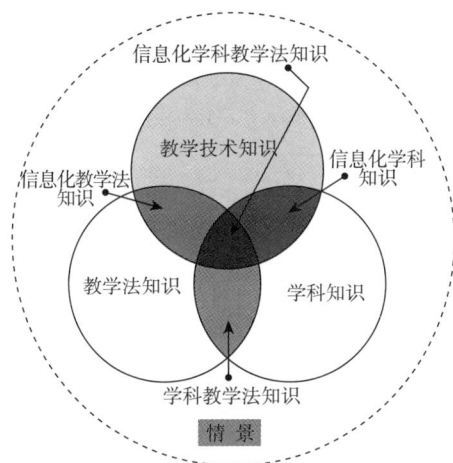

图 6-2-2　教师信息化教学能力的知识结构框架

　　本书认为，信息化社会中教师教学能力的知识结构具有明显的层次性。如图 6-2-3 所示，表示教师信息化教学能力中三个层次知识间的相互关系。

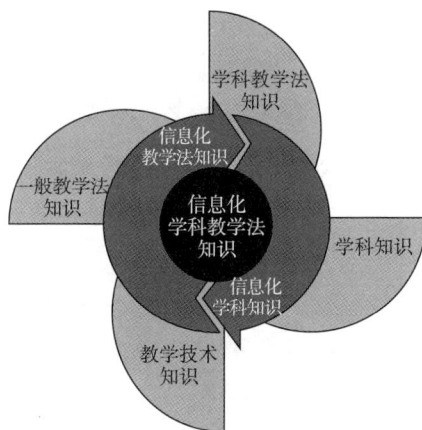

图 6-2-3　教师信息化教学能力的知识层次关系

教师信息化教学能力的知识核心，则包括教学技术知识、信息化学科知识、信息化教学法知识以及信息化学科教学法知识四个方面（见图6-2-4）。

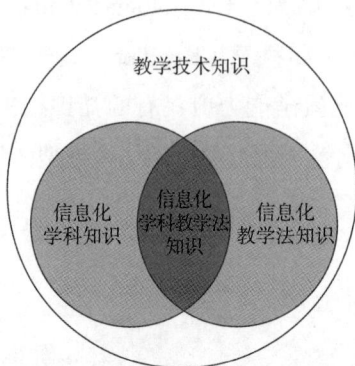

图 6-2-4　教师信息化教学能力的知识核心

二、教师信息化教学能力的能力结构

本书借鉴学者关于信息时代教师能力结构的大量研究，结合有关教师信息化教学能力构成的观点，在信息化社会中教师教学能力结构问题探讨的基础上，综合考虑教师信息化教学能力发展阶段的描述，将教师的信息化教学能力结构框架分为六种子能力（见图6-2-5）：信息化教学迁移能力、信息化教学融合能力、信息化教学交往能力、信息化教学评价能力、信息化协作教学能力、促进学生信息化学习能力。

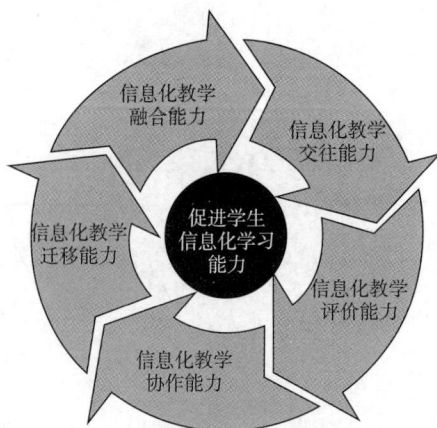

图 6-2-5　教师信息化教学能力关系结构

三、高中化学教师信息化素养的提升策略

（一）培养教师信息意识和信息观念

2018 年 1 月《中共中央国务院关于全面深化新时代教师队伍建设改革的意见》发布，明确要求"教师主动适应信息化、人工智能等新技术变革，积极有效开展教育教学"。同年 4 月，实施教育信息化 2.0 行动计划正式启动，提出要大力提升教师的信息素养。面对这种情况，一方面学校要积极响应国家关于信息化的号召，制定符合学校实际情况的信息化发展策略，直面教育信息化带来的挑战和机遇。同时，要详细掌握各学科的发展动态，以及信息化对学科发展产生的积极和负面影响，组织相关专业人士制定符合学科实际情况的信息化发展方案，转变传统教学观念和教学模式。另一方面，教师要加强自身信息技术的使用频率，经常使用电脑进行阅读、写作、教学以及处理日常工作事务等，培养信息意识。而且高中化学教师面临着高考的压力，教师可以借助网络资源，如官方网站、微信、微博、网课等途径，及时了解高校最新信息和教研动态，例如，部分省份的高考化学试卷随着新课改不断地发展，越发注重试题的情境化和真实化，如果教师在教学中仍然采用传统的教学模式，只注重学生应试能力的培养，而忽视了学生核心素养的提升，这将不利于学生化学综合能力的提升。因此，教师应该积极学习有助于化学教学的教学方法，如微课的制作、翻转课堂的开展、思维导图的应用等方式，积极地为化学教学服务，做到在课堂教学中自如使用信息资源。

（二）提高教师信息获取、制作、应用能力

以"互联网 +"为重要形式的信息化教学方式已经成为新时代下教师必备的条件和素养，信息技术在课堂教学中的普遍应用，促进了智慧教室和智慧校园的创建。同时，网络信息技术的蓬勃发展，导致大量的化学信息资源快速增长并大量积累，使化学信息学成为化学学科领域中的重要组成部分，高中化学教师承担着落实核心素养的重要职责，需要不断地完善、充实、拓宽自身的信息学知识，提高信息素养。从信息获取方面看，除了经常使用的百度、搜狗等浏览器外，教师应该充分利用专业化学教育网站、讲座、教育论坛、微信、微博、慕课、网络直播平台等方式，学习沟通交流教学经验。也可以在知网、万方、化学教学、中

学化学教与学、中国化学资料网等资料库内，查询最新教科研成果和相关文献资料，还要注重各院校和公共图书馆资料库的搜集和整理。除此之外，教师还要不断拓宽新的可靠的化学信息获取渠道，不断开阔视野，创建教师个人化学信息资源数据库。

从化学信息的加工、制作方面看，信息化时代的一个重要特征就是信息大爆炸，面对纷繁复杂的化学信息资源，教师需要具备较高水准的判断能力，不断从海量的信息中心鉴别、筛选、分类、整理出正确有效的化学信息，然后利用专业化学教学软件进行加工和制作，如制作课件的PPT、录屏软件，教学设计的思维导图、电子备课系统，视频动画处理的绘声绘影、格式工厂，试卷制作的试卷生成系统，网上阅卷系统以及化学专业软件中的化学仿真实验室、化学金排、ChenDraw等，使其能够为化学课堂教学提供充足的助力。例如在进行"化学元素周期表"的教学时，教师可以设计微课，将表内的各种元素转化为具体的事物，通过微观元素到宏观事物的转变增加学生对元素的理解，并通过动态的视频和图像增加学生的记忆点。

从化学信息的应用教学方面看，信息化教学能力是教师信息素养的重要体现，高中化学教师要将传统教学内容和各种信息资源有机结合，并且根据化学前沿知识和教学动态，借助先进教学设备和现代信息技术手段，不断创新化学教学方式，提高课堂教学成效和教学质量。当前时期，多数化学教师的信息化教学方法较为单一，对专业教学软件的认识不足很大程度上阻碍了化学课堂的发展，化学教师应该紧跟社会发展，不断学习新的化学理念和信息技术，将其创新应用在化学课堂中，以便更好地实现化学课堂教学的信息化。例如，在进行"苯酚的取代反应"化学实验时，教师可以先录制"向苯酚稀溶液中滴入浓溴水继而产生白色沉淀"的教学视频，在课堂上给学生演示，然后开展对比实验，在浓度较高的苯酚溶液中滴入稀溴水，没有白色沉淀，通过实验结果开展课堂讨论，然后引入三溴苯酚的相关资料卡片，并借助化学虚拟实验软件，将微观层面的化学反应过程呈现给学生，促使学生深入理解三溴苯酚的物理性质和化学性质。

（三）加强教师信息技术能力的培训

在教育改革深入推进中，教师是推动教育信息化的主体，教师必须坚持信息技术与教育教学深度融合的核心理念，以教育信息化引领教育现代化发展，这需要教师拥有较高水平的信息素养。为实现这一目标，学校应该全面推进教师信息技术应用能力的培训，充分发挥学校的教育资源，将化学教师信息素养测评工作与培育工作紧密结合，并通过测评以评促学，构建新时代教师信息素养发展的长效机制，为教师信息素养的全面、可持续发展提供坚实的基础保障。例如，学校可以通过座谈会、讨论会等充分了解化学教师的教学需求，将集中培训与网络信息计划培训相互结合，定期邀请专业学者和教学经验丰富的一线教师开展交流会，通过相互交流经验、学习，不断学习前沿化学知识和教学技巧，提高对化学专业教学软件的了解和掌握程度，增强自身的教学能力。同时，完善考核机制和激励机制，对教学成果突出、教学方式新颖有效的教师给予奖励和通报表扬，提高教师的积极性，变被动为主动，营造积极向上的教学氛围。此外，学校还可以开展丰富多样的信息技术教学竞赛以及化学专业教学软件比赛，增加理论与实践的融合度，提高教师对化学信息资源的实际应用能力，进而达成教师信息素养的提升。

综上所述，新课改背景下，教师是落实学生核心素养提升的主要实施者，信息素养是教师不断提升自我、完善自我的必要条件之一，也是学生核心素养提升的前提。因此，高中化学教师应该不断学习，积极提高自身信息化应用水平，进一步推动网络化、智能化、数字化教育体系的建立。

第三节　高中化学教师人文素养提升

教师是教育教学活动的直接承担者和实施者，一切教育改革和发展都离不开教师的参与。作为化学教师，如果自身不具备丰厚的人文底蕴，很难想象可以塑造培养出具有一定人文素养的学生，即便是有完备的课程标准和好的教科书也会无济于事。因此，提升化学教师的人文素养，是培育学生人文素养的关键环节。

若要提升化学教师的人文素养，我们需要夯实化学教师的学科知识，建构人文素养培训课程体系；不断地提升人文精神，并树立正确的化学学科观念；推动化学教师的教学研究，通过举行以人文素养培育为主题的说课、公开课、论文评比等活动，激发老师们的研究热情；培育化学专业的学科团队，通过建立共同愿景，营造团队研究氛围；利用 QQ 群组，搭建交流平台，培育一支在人文素养培育上有共同目标，有研究机制的学科团队。

一、夯实化学教师的学科知识

化学教师的知识一般包括化学学科知识、教育教学知识和教学内容知识。化学学科知识包括系统的化学知识和化学理论。教育教学知识包括教学原理、课堂管理、学习者、教育目标等。丰富的教育理论知识和教育技能是现代化学教师知识结构的前提和保障，即条件性知识。它主要由化学教师认识教育对象、教育教学活动和开展教育研究的专门知识技能构成。教学内容知识是教师在理解学科知识和教学知识的基础上有效促进学生学习的基本内容知识。教师经过中学教学实践，能将自己所学到的学科知识，技能结合教育教学理论进行重组和优化，从而转化成适合教学的，便于学生接受的学科教学知识。本节我们主要谈化学教师的学科知识结构以及结构中人文素养部分的夯实途径。

（一）化学学科知识

学科知识作为发展和提升教师专业素养的主要载体，是指引教师实现专业成长和优化师资队伍建设的一个重要途径，对教师、学校，社会的发展都具有重大影响。化学学科知识是化学教师从事化学教育教学工作的前提条件，也是教师的学科专业功底涵养所在。教师要有完备的学科知识结构，即清楚一级学科的发展和理论的来龙去脉，了解学科知识的产生过程，知识之间的相互联系以及整个知识体系的框架，并从中理解学科知识的一般和特殊的思维形式和思维方法。与科研工作者相比，虽然教师对于学科前沿内容的掌握不够详尽，但是应该知道那些前沿内容出现的理由，给本学科的发展带来的变化以及那些内容的创造性之所在。与工程技术人员相比，虽然教师不善于将科学转化为技术，但是善于将知识的科学形态转化成知识的教育形态，能清晰地确定核心概念及其在学科发展中的位置，清楚概念和理论所隐含的学科思想与科学价值对于育人的意义。

根据当前化学教师的工作任务，国内学者把化学教师的学科知识结构形象地比喻为"鸡蛋式"结构（见图6-3-1）[①]，包括核心知识、紧密知识和外围知识。

---

① 何彩霞. 对化学教师学科知识结构的测评与思考 [J]. 化学教育，2001（5）：22-25.

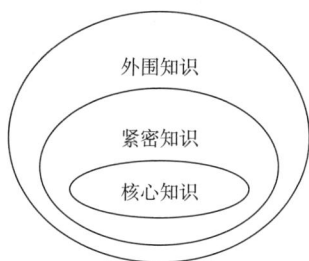

图 6-3-1　化学教师学科知识结构示意

1. 核心知识

核心知识是指化学教材中的学科知识体系，包括化学基础知识、基础理论、基本实验技能以及教材的结构安排等内容，以及知识体系构建中涉及的重要化学史实、研究方法、所体现出的学科思想。具体包括无机化学、有机化学、高分子化学、分析化学、物理化学、化工基础、结构化学等化学科学分支中与高中化学课程内容相适切的基本原理以及相关的化学史、化学研究方法、化学学科思想。

化学教师只有充分理解并能熟练驾驭"核心层"的学科知识，才能帮助学生学习化学基本原理，基本方法，帮助学生理解化学核心概念，发展其对物质及其变化的解释能力，形成物质观、变化观、微粒观、结构观等化学基本观念；才能将人类探索物质及其变化的历史整合于教学设计之中，合理高效地开展课堂教学，真正做到让学生不仅"知其然"，而且"知其所以然"，有效地促进知识的整合与迁移，促进学生能力的发展；才能使教师不徜徉于"题海"，使教学既关注细节，又注重整体，既关注短期目标，又关注长期目标。

2. 紧密知识

紧密知识是指与教材内容相关的较高层次的化学理论、化学学科的体系框架、化学学科发展史、探究学科知识的标准与思考方式，对化学学科及其发展的基本认识和价值判断等内容。紧密知识反映教师学科知识的纵深度，这部分内容不仅有助于教师讲清"是什么"，更有助于教师讲清"为什么"，使教学做到深入浅出，得心应手。

关注紧密知识，能使老师更好地把握教学中的适度原则，不会把知识讲死、讲机械。只有掌握了扎实的紧密知识，老师在教学中才不容易犯科学性错误。例如，初中教师在讲化学式的含义时，就要回避离子化合物；在讲原子结构示意图时，要告诉学生这只是一种模型，不能把它当成原子的真实情况；高中老师在讲元素周期律时，要注意规律之中有特例，有运用范围，不能把规律无线扩展。

3. 外围知识

外围知识是指与社会、生产，生活密切相关的化学知识；化学、技术，社会三者之间关系的知识；化学与其他学科的交叉融合，广博的人文社会科学知识，包括哲学、社会学等。

外围知识反映教师学科知识的宽度，这部分内容可帮助教师灵活多样地处理教材，缩小教学内容与社会科学和技术之间的差距，培养学生解决实际问题的能力。中学生要学习的"化学"不仅是"科学家的化学"，更应该是"公民的化学"。化学教师拥有的外围知识能很好地帮助他们在教学中更多地以学生的生活经验，以及广为关注的社会热点话题为切入点，引导学生感受化学给每个人生活带来的巨大变化，认识真实的化学，增强学生树立学以致用的意识。帮助学生在由"自然人"转变成"社会人"的过程中，能正确理解科学知识的社会性与两面性，理解科学发挥作用的途径，学会正确利用化学知识为人类造福的同时，合理规避副作用，培养社会责任感。教师的外围知识还可以帮助他们适时地利用化学与其他学科的交叉点及其在其他学科学习研究中的作用，渗透化学"中心科学"的地位。在提高学生科学素养的同时提高学生的人文素养。

（二）夯实学科知识的途径

从化学教师的现状来看，老师们普遍重视学科知识，也就是对核心知识比较重视，而相对忽视人文素养的充实和培养，即外围知识的宽广度不足。要培养学生的人文素养，老师必须自身具有深厚的学科人文素养，并且有培养学生人文素养的意识。为此，在教师的职前和在职培训中，我们需要系统地关注教师的人文素养的培育，构建教师人文素养培训体系。具体来说，就是精选核心知识和紧密知识，有选择地充实外围知识的数量和方向。

1. 职前教育渗透人文知识

现有的师范教育体系中，要适当降低化学专业教材的难度，调整课程结构，在教材中渗透人文知识，要特别注意化学与生活、化学与技术等相关知识的联系和引入。师范院校在开设系统的化学专业课程的同时，要开设化学史、化学自然哲学、化学美学等课程，并且争取将这类课程从选修课变成必修课，以提高师范生的人文素养。

2. 在职培训强化人文意识

教师在职培训体系要继续加强中学化学教师的人文素养培育。在职后的240培训，540培训课程中，要多开设与化学有关的环境、生活、社会方面的课程，例如，环境化学，化学与生活、STSE课程等；要及时开设让老师们掌握最新科学动向、了解科学前沿的课程；要注重相关学科的相互渗透，老师既要了解与化学相关的物理、生物、医学等相关学科知识，还要学习文学、法律、历史等其他人文社会学科中与化学相关的知识，这样才能在课堂教学中，将化学与人文社会学科中的相关知识结合起来，从而更好地培育学生的人文素养。

3. 教师自觉修炼人文情怀

一个人的全面素质应该包括文化、文学艺术、职业技能以及生活中的礼仪规范等等。作为肩负未来人才培养的教师，更应该具备全面素质。老师要有自我修养的意识，养成自我学习，自我更新的职业习惯，生活中时时事事想到自己的职业，就能日积月累，提升自我。同时，我们处于知识爆炸的时代，科学技术呈指数加速阶段，教育教学技术日新月异，远程学习和移动学习等教育技术已经成为全球教育的新趋势，一些学校已经开始使用移动平板电脑作为新型的学习工具，课堂也逐渐实现无纸化。翻转课堂、微课程等新技术都在冲击着我们的传统教学模式，这些新兴技术势必要求教师再次学习。只有构建出开放的知识结构，教师才能够与时俱进，永葆教学的活力，使我们的教学既科学理性，又充满人文情怀。

二、推动化学教师的教学研究

教学研究是有目的、有计划、连续的、系统的探索活动。它是以教育科学理论为武器，以教育领域中发生的现象为对象，以探索教育规律为目的的创造性的认识活动。简言之，是用教育理论去分析教育现象，探索新的未知规律，以解决新问题、新情况。中学化学教师的教学研究以自己的教育教学为研究对象，力图使自己的工作更加符合教育规律、符合学生的要求，运用更有效的教育教学方式使学生在有限的时间内获得更好的发展。

开展化学教学研究，有利于化学教学质量的提高，有利于提升化学教师专业化发展水平，有利于培养出符合时代需要的人才。化学教师的教学研究应该紧紧围绕自己的教育教学工作展开。在日常教育教学实践中，我们一般通过以下几种方式来开展中学化学教育中人文素养培育的实践研究。

（一）开展主题性的说课活动

说课是指说课教师向其他教师或教研人员述说在课堂教学中如何以教育教学理论为指导，依据教学大纲和教材，根据学生的实际情况，进行教学设计的一种教研活动形式。

说课活动一般会有一个主题，在培育人文素养的说课主题下，说课活动的考察点就会聚焦在体现学科文化、培育人文素养上，而说课教师也会在准备说课的过程中，集中思考如何在教学设计中突出人文素养的主线。以浦东新区中青年教师说课评比为例，在高中"氮气"一课的说课中，老师们就会有如下体现人文素养的教学设计片段：为落实人文素养的培养目标，我设计的这节课的重点是氮的循环。包括循环的起点，循环的动力，循环对生命的重要意义，人类活动对循环的强行介入。有的教师在讲到氮气的溶解性时说，地球是个天然实验室，地球表面70%是海洋，如果氮气和氧气的溶解度稍微大点，我们今天的空气就不存在，这个事实本身就说明氮气难溶于水。植物是从溶液当中吸收营养的，偏偏氮气难溶于水，所以植物不能吸收氮气。在讲到氢气和氮气的反应时，有的教师比较了氢气和氧气、氢气和氯气这三个反应哪个容易，哪个条件苛刻，以及为什么空气中氧气和氮气相安无事。要想使空气中的氮气和氧气反应，除非天上打雷。地球上每天有一万次打雷，这就是自然界的闪电固氮。

由此不难看出，当说课活动的主题是人文素养培育时，最简单的氮气的教学，老师们也能想出诸多的方法和途径来落实人文素养目标。由此，在化学教学研究中关注人文素养的培育，我们一定能涌现出很多优秀的教学设计思路。

（二）提升公开课的研究性质

开设公开课是区域教研活动常见的活动形式，公开课是探讨教学规律，改进教学内容和方法、评价或推广教学经验，开展教学研究活动的一种教学组织形式。听课者在观察执教者教学时，"见贤思齐，见不贤而内自省"，从而激发起对自己教学活动的反思。所以，公开课是最受老师们欢迎的一种教研活动形式。

在人文素养导向的区域教学研究活动的公开课教学中，老师们开设了丰富多彩的培育人文素养的公开课。上海市实验学校的胡玲燕老师，在她开设的"寻找元素周期表中的美"这节课中，通过引导学生从结构，发现、应用三个方面来寻找周期表中蕴含的美，不仅帮助学生了解了元素的性质以及递变规律，还对记忆理解已学的化学知识和指导今后学习元素化合物知识等都有着重要的作用。同时，这也是对学生进行科学方法指导和辩证唯物主义教育的极好素材。为此，这节课的设计思路就是让学生来寻找周期表中所蕴含的美，以寻找美这种外在的形式让学生自然而然地了解周期表的内涵，主动爱上周期表，掌握周期表，甚至愿意去背诵周期表，创作周期表。其中的教学环节设计为：从表的结构、发现、应用三个方面来寻找周期表的美，让学生发现元素的排列不是简单无序的排列，它的框架、线条，对称性等方面体现了形式美，行与列的设置所揭示的规律有其独特的韵律美。通过了解周期表的发现史，了解一张表的背后蕴藏着无数科学家的努力和艰辛：为了排列出更加完善的周期表，科学家们付出了毕生的精力。让学生体会其发现过程的艰难，感悟成功背后科学家的创新精神和高尚品格的人格美。众所周知，门捷列夫的周期表不仅对化学学科的发展是个伟大的贡献，而且对科学美学的发展也是个伟大的贡献。随着研究的扩大和深入，科学家越来越信服这样一个真理："美"与"真"是统一的，艺术与科学并无不可逾越的鸿沟。通过了解周期表对发现新元素和寻找特殊性质元素的指导作用，让学生感受周期表对促进人类的生活水平的提高和生产力的发展有着十分重要的意义，从而体会元素周期表的真正价值在于它的应用之美，探索者可借助于这种美的光辉来认识真理，改造世界。最后，在理解周期表和爱上周期表之后，由学生设计不同形式的元素周期表，从而进一步激发学生的创新火花。

（三）发挥论文评比的激励效应

教育教学论文是教师的教学心得和研究结晶，是教师创造性劳动成果的表达形式和交流平台，而且写作本身也是一种研究。为推动人文素养培育与学科教育紧密结合，上海市教委教研室开展了"两纲教育"和"挖掘学科内涵，提升学科育人价值"的教学案例评比活动。上海市化学教学专业委员会则举行了相应主题的论文评比活动。浦东新区化学学会则分别举行了相应主题的论文评比和微视频评比活动。这些评比活动的案例和论文，都会结集出版，印发给广大化学教师。

这些评比活动和案例集、论文集，很好地吸引了中学化学教师对人文素养培育的关注、研究和实践。下面我们来看一个人选学科育人价值的案例。

在初中化学"燃烧与灭火"一节内容的教学中，一位老师从最早使用火的古代先民燧人氏开始，先后介绍了燃烧如何促进了人类社会的发展以及人类对燃烧本质的认识过程，特别强调了人类对燃烧的认识先有错误的学说——燃素说，再到拉瓦锡的正确的燃烧理论——燃烧的氧化学说，让学生充分认识到科学发展是在不断否定、不断探索中前行的，它是无数科学家集体智慧的结晶。

我们来看案例片段。

（师）你们知道最早使用火的中国古代先民是谁吗？

（师）燧人氏。人类开始驾驭火之后，出现了陶器、火药和冶金等很多发明。人类逐渐从石器时代进入了青铜器时代，接着进入了铁器时代。人类对燃烧的利用促进了人类社会的发展，人类也更加迫切地想知道燃烧的本质是什么？什么是燃烧？

（生）（面露困惑，期待发现燃烧这种司空见惯的现象背后的本质。）

（师）在300多年前出现了一种解释燃烧现象的学说——燃素说。它是这样解释燃烧的：可燃物中都含有燃素，燃烧是一种分解反应，分解的产物即为"燃素"和"灰"，并且"灰"的质量远小于可燃物的质量；可燃物＝燃素（变为光和热）＋灰。

（师）你们同意燃素说吗？为什么？你们能不能用学过的实验事实推翻燃素说？

（生）铁丝燃烧质量会增加。

（师）"燃素说"不能自圆其说的就是金属煅烧以后会增重的事实。大家的想法与拉瓦锡的想法是相同的，拉瓦锡不盲从，不迷信，敢于怀疑、勇于创新，他的大量定量实验推翻了这个曾经一统天下近一百年之久的燃素说，燃素说退出了历史舞台。拉瓦锡提出了新的燃烧理论——氧化学说。

（师）人类揭示了燃烧的本质后对燃烧的利用更加充分了，出现了重大的发明，瓦特发明了蒸汽机，后来的内燃机、汽轮机的发明都快速地推动了工业的发展。

通过这个案例我们可以看出，老师先是通过火的作用使学生体会到化学知识的发展对社会进步的推动作用，感受到化学的价值。然后老师用人类对"燃烧"的认识历程作为教学情景，用化学史的故事和内容来帮助学生理解燃烧现象的本质，使学生从燃烧理论的发展中了解到知识发展完善的规律，其中，拉瓦锡敢于冲破传统观念束缚的怀疑和批判精神也在潜移默化地促进着学生科学精神的逐步形成。从一定意义上说，科学发现就是对前人，对现实的一种怀疑和批判，只有具有这种怀疑和批判精神才能有突破、有创新。当然这种怀疑和批判精神来自对自我认识能力的肯定和自信，更来自对事实的尊重。

三、培育化学专业的学科团队

团队建设有利于良好教研氛围的形成，能汇聚人才、形成合力、培育和提升学科竞争力，是实现学科师资队伍良性发展的有效途径，也在学科教学改革中发挥推动作用。一支年龄梯度、学历结构、职称结构合理而又充满活力的师资队伍，是学科建设传承、发展的根基。

理想的学科团队好比一个三层的金字塔，最顶尖的带头人是领军人物。这些大师高瞻远瞩地为学科建设制定出战略规划，发展重点，以他们高水平的学术造诣和高尚的人格魅力为旗帜，聚集优秀人才组成高水平学科队伍，进行理论与实践相结合的学习和各类研讨活动。上海市各名师基地班的导师、各区县的特级教师、名师工作室主持人等都是学科领军人物的代表。

一大批具有良好素质和发展潜力的中青年学科带头人和骨干教师在团队中起着承上启下的作用。学科带头人是学科发展的规划者，学科建设的组织者，学科资源的整合者，是学科组织和学科队伍的核心，是团队的中坚力量。各学科的学科带头人、骨干教师以学科或小组为单位，开展各种形式的展示和研讨活动，带教青年教师，为学科建设献计献策，贡献力量。

广大参与各种名师团队学习的青年教师是团队的基础力量，他们是学科建设的原动力，是团队的核心和主体，是团队的未来。

（一）建立共同愿景，营造团队研究氛围

共同愿景是积淀于成员灵魂深处的一种认同感和责任感，是团队激发潜力、维持活力、形成凝聚力的纽带，在很大程度上决定了整个团队的学术水平和文化

氛围。和谐的团队精神可以把团队成员的技能、积极性、创造性向着同一方向进行整合，以形成强大的合力，指向团队共同的目标，实现超越成员个体限度的工作目标，产生 1+1 > 2 的功效。

如在化学特级教师郑胤飞老师的带领下，浦东新区化学教研工作的共同愿景，就是"讲究思想方法，关注核心理念，提升文化品位"。"化学让人终身受益的不是海水中有什么物质，而是它对待这个物质世界的独特而又通达的态度，观念和思想方法。"化学是一种知识，一种文化，更是一种素养。要求一堂课与一台话剧、一篇散文或小说一样，除了有知识（故事）主题外，还应该有一个或隐性或显性的文化主题，要为学科的核心理念和重大题材设立和提炼知识主题和文化主题。比如动态平衡、能量最低原理、异电相吸、结构决定性质，实验的重要和美丽、氧化还原反应、离子反应，这些化学的基本概念或理论，从文化层面来说，很多都具有普适性。例如，动态平衡存在于可逆反应中，也存在于社会之中，自然界的生态平衡，社会生活中的各种平衡机制，都属于动态平衡的范畴，但是化学对动态平衡的演绎最到位，因为化学用数据来描述动态平衡，而其他领域的动态平衡多是定性描述的。这些是人类文化的结晶，是化学的精、气、神之所在。

关于"文化"这一核心概念，笔者学校在化学教研活动中先后邀请了语文特级教师程红兵校长、上海市教育委员会副主任陆靖教授、华东师范大学王祖浩教授、化学特级教师张长江老师等专家通过专题讲座，从"泛文化"到化学学术问题研究，再及"充满化学的有文化的课堂"，引导老师进行多视角的观察与研究，从而达成对化学课堂文化品位的共识。

郑老师强调化学课堂的"四有"：有魂（有知识主题与文化主题）；有范（形式为内容服务，是地地道道的化学课）；有容（高密度，有容量，厚实）；有底（深入浅出）。经过多年的教研引领，很多老师在教研活动中受益匪浅，在文化引领化学课堂方面有了长足的进步。

（二）利用 QQ 群组，搭建交流平台

加强交流、倡导分享、完善机制，是建立共同愿景，营造和谐氛围的重要手段。为此，笔者学校成立了高中化学教师教研 QQ 群、初中化学教师教研 QQ 群、骨干教师教研 QQ 群等多种形式的网络研修平台，为老师之间的交流和研讨提供方便、快捷的平台。

　　网络交流可以打破时间空间的限制，具有自主性强、效率高、资源共享便捷等特点。各种形式 QQ 群组的创建，方便了教研工作的组织，提高了化学教研工作的凝聚力，化学教师对 QQ 群组的认同度比较高。以浦东新区为例，如今，初三化学教师群有 287 人，高中化学教师群有 244 人。可以说，绝大部分的浦东化学教师都被凝聚到了化学教师群组之中。

　　QQ 群使老师们能方便快捷地共享资料，随时随地开展研讨。日常工作中，教研员总是第一时间在 QQ 群共享里发布各类公开课的录像、教案和课件。教研员去调研听课时听到的好的案例等资料都在群共享里面第一时间发布。例如，郑胤飞老师开设的"化学平衡移动原理""电子云""化学键绪论"等公开课，由于其深厚的文化底蕴和独特的教学设计风格，这些课一经发布，就受到老师们的热烈追捧，一些老师反复观看这些示范课的视频，并且自发地在 QQ 群里发表对这些课的评课意见，畅谈自己的学习体会。部分老师会直接模仿郑老师的示范课，部分老师则会借鉴郑老师的思路，在新的教学内容中，创造出新的体现人文素养和学科文化的课例来。每当开展区级层面的听课评课活动时，许多老师会把自己的尝试展示出来，然后一起讨论这种尝试的效果和改进方向。一些好的改进案例，又通过 QQ 群组介绍给了全区老师。这样，通过 QQ 群组的互动，通过学科文化建设主题，在浦东新区化学教师队伍中逐渐形成了挖掘学科文化内涵、培养学生人文素养的良性循环机制。

　　在促进研究的同时，QQ 群组还很好地融洽了教师之间的人际交往，促进了良好教研氛围的形成。在常规教研活动中，教研员和骨干教师唱主角，大家很难有机会认识年轻的同事。QQ 的聊天室设计可以使大家之间的交流比较随意，老师之间可以谈学科之外的问题。通过在线聊天，大家相互了解了各自学校和老师的情况，很多老师发现原来彼此是大学的校友，认识相同的老师和同学，这些交流拉近了彼此之间的距离。在教研员和核心组成员的引领下，QQ 群组既是具有积极向上的良好氛围的研讨平台，又成了大家交朋友的场所。一些青年教师，特别是普通中学一个年级只有一位任课教师的青年教师之间，通过 QQ 群组建立了深厚的友谊，大家在 QQ 群组中交流经验，交流进度，讨论问题，共享资料，相互鼓励，相互支持。而且回答问题积极的老师，会自动被问题多的老师尊为师傅。

第七章　高中化学教学案例分析

第一节　介入式教学案例

一、介入的内涵分析

所谓"介入"，即"插进其中进行干预"，意指外界力量加入打破平衡，促进其向预想的方面发展。现代医学经常使用"介入"一词，如介入治疗学是近年来迅速发展起来的一门融合影像诊断和临床治疗的新兴学科。它是在数字减影血管造影机、超声和磁共振等影像设备的引导和监视下，利用穿刺针、导管及其他介入器材，通过人体自然孔道或微小的创口将特定的器械导入人体病变部位进行微创治疗的一系列技术的总称。可见，介入是一种手段，从人已知的知识出发，循序渐进、逐步深入地解决未知的问题。当然这种手段必须是人依靠现有知识所能接受和理解的，不能偏离人的主观意识太远，否则就难以引起人的共鸣。

二、介入式教学模式内涵

介入式教学模式是笔者在长期教育教学实践中逐步总结出的一种教学模式，是一种崭新的尝试，它是基于目前教学方式尚不能完全适应化学学科核心素养要求的现状而提出的。一方面，目前部分教学仍比较注重知识的传授，这主要是受应试教育的影响，但是在当前新课标、新高考、新教材以及"教、学、评"一体化的新形势下，考试方式越来越侧重于素养方面，只靠死记硬背越来越难获得高分，因此亟须以学生为主体、教师为主导的教学新范式。另一方面，《普通高中化学课程标准（2017年版）》要求教学设计侧重于情境化、问题化，因此一线教师要适应时代的需要和历史的潮流，在教学设计上多下功夫。

化学是在原子和分子水平上研究物质的组成、结构、性质以及变化规律的基础科学。这一特点决定了其知识庞杂，学生记忆起来难度很大。如果指导学生死记硬背，最终将顾此失彼。虽然化学知识是庞杂的，但是仍然符合自然规律，因此在教学设计中应遵循化学学科的逻辑规律。例如，有些化学知识抽象性强，学生的想象力偏弱，因此化抽象为形象非常重要，如可用老鼠夹和乒乓球模拟核裂变反应。化学学科的特征之一是在微观水平上研究物质，很多研究对象都是难以直观可见的，表述其性质有难度，所以应该化微观为宏观，通过调整教学方法，促进学生"从微观走向宏观，再从宏观回到微观"。如上所述，介入式教学模式就是通过教师的努力，将对学生来说较为抽象、零碎的化学知识，以实验方法介入、思维模型介入、实物模型介入等方式对课堂教学进行新的设计。

三、介入式教学实例分析——来自石油的基本化工原料乙烯

（一）教学目标

（1）通过搭建实物模型，更好地理解乙烯的平面结构。

（2）从乙烯碳碳双键结构出发，理解乙烯易于发生加成反应、加聚反应等化学性质。

（3）了解乙烯可通过发生加成反应合成其他物质，因此在工业上是一种需求量很大的原料。

（二）内容分析

乙烯是典型的有机化合物，是高一化学必修内容的重要知识点，也是高中化学合格性考试的重要考点。本节内容涉及实验、模型、推理等，是化学学科核心素养的重要载体，主要包括以下几方面。

（1）证据推理与模型认知：以球棍模型的方式考查学生的空间想象能力。

（2）科学探究与创新意识：化学是一门以实验为基础的学科，学生通过观察实验现象得出科学结论，进而能够自主设计并完成探究实验。

（3）宏观辨识与微观探析：通过"通入足量乙烯的溴水褪色"证明发生了加成反应，进而说明乙烯分子结构的特点决定了乙烯的化学性质。

（4）科学态度与社会责任：以"乙烯的产量可以用来衡量一个国家的石油化工发展水平"和"石油化工工业制取乙烯"等知识，培养学生的社会责任感。

（三）教学重难点

（1）乙烯的结构与性质之间的关系。

（2）乙烯作为中间产物在合成塑料中的重要作用。

（四）学情分析

在既往的教学中，学生更多地注重知识的学习，孤立地看待加成反应、氧化反应等，因此其逻辑推理能力、整体观念都不是很强。在本节课中，教师指导学生重新审视乙烯。乙烯是"石油—乙烯—塑料"环节中的重要一环，我们可以将乙烯看作一种重要的"中介物质"，其在化工生产中有着非常广泛的应用。

（五）教学过程

环节一：乙烯分子的结构（见表 7-1-1）。

表 7-1-1　"乙烯分子的结构"教学设计

一	学习任务及评价	学生活动	教师活动
主要内容	【学习任务】学习乙烯的官能团——碳碳双键，认识乙烯分子的平面结构。 【评价】学生能通过甲烷分子的正四面体结构，推知碳原子的四个键呈正四面体形，进而通过模型推出乙烯	实践上，学生完成必修课程中学生必做实验"搭建球棍模型认识有机化合物分子结构的特点"； 思维上，学生通过实物模型认识到乙烯分子的平面结构和乙烯分子中的碳碳双键并非两个碳碳单键的简单加和	引导学生复习旧知，碳原子的四个键呈正四面体形，所以乙烯的球棍模型只能是平面结构； 引导学生识别常见物质的模型，在化学事实和理论模型之间建立关联并合理匹配

设计意图：甲烷分子的正四面体构型是有机分子结构的基础，也是学生学习有机化学的起点，因此复习甲烷分子的结构后，从"实践"和"思维"两个方面引导学生体会乙烯分子与甲烷分子在结构和化学性质上的不同，培养"证据推理与模型认知"素养。

环节二：乙烯的化学性质（见表 7-1-2）。

表 7-1-2 "乙烯的化学性质"教学设计

一	学习任务及评价	学生活动	教师活动
主要内容	【学习任务】乙烯分子的碳碳双键并非两个碳碳单键的简单加和，易被氧化；有一个键较为薄弱，易断裂，故乙烯可发生加成反应 【评价】学生能书写乙烯分别与 H_2O、HCl、Cl_2、Br_2 等发生加成反应的化学方程式，以及乙烯发生加聚反应的化学方程式	实验1：将乙烯通入盛有酸性 $KMnO_4$ 溶液的试管中，观察试管内溶液颜色的变化。 实验2：将过量乙烯通入盛有溴的四氯化碳溶液的试管中，观察试管内溶液颜色的变化。在反应后的溶液中加入经硝酸化的 $AgNO_3$ 溶液，观察现象	指导学生进行分组实验、由现象推导本质并书写化学方程式，培养学生"理论→实践""宏观现象→微观本质"的化学学科思维路径

设计意图：此部分运用化学学科思维"结构决定性质、性质反映结构"，在课堂上采用学生分组实验法，让学生自行观察现象，并在教师的引导下逐步掌握加成反应这一重要的有机反应类型，培养学生的"科学探究与创新意识"和"宏观辨识与微观探析"素养。

环节三：大量乙烯的来源和乙烯在生产、生活中的应用（见表7-1-3）。

表 7-1-3 "大量乙烯的来源和乙烯在生产.生活中的应用"教学设计

一	学习任务及评价	学生活动	教师活动
主要内容	【学习任务1】乙烯的工业来源 【评价1】学生认识到矿物质的综合利用	观察石蜡油的分解实验，将分解产生的气体通入溴水、酸性高锰酸钾溶液，收集多余气体并点燃	实验展示，引导学生得出实验产物是乙烯，进而得出乙烯等基本化工原料来自煤和石油等矿物质
	【学习任务2】实践活动：在塑料袋中放一个成熟的苹果，再放些青香蕉，将袋口密封，每天观察水果的变化 【评价2】学生认识到乙烯可以作为水果催熟剂	观察，认识乙烯在生活中的应用	引导学生认识化学在生活中的广泛运用
	【学习任务3】为什么把乙烯的生产作为一个国家石油化工发展水平的衡量标志 【评价3】学生了解乙烯等烯烃的加聚反应在工业中的应用	思考，认识乙烯在生产中的广泛应用	引导学生了解乙烯等烯烃的加聚反应在工业中的应用

设计意图：此部分以"乙烯在生产、生活中的应用"培养学生的"科学态度与社会责任"素养。

（六）教学分析

本节课是《化学 2》第三章第二节《来自石油和煤的两种基本化工原料》的第一课时，主要内容包括乙烯的物理性质、分子结构、化学性质和用途。

在本章第一节"甲烷"的学习中，学生已掌握了简单饱和烃的结构和主要性质，能初步从组成和结构的角度认识烷烃的性质，而本节课关于乙烯的学习将加深学生对"结构—性质—用途"紧密联系的认识，也为学生今后进一步认识不饱和烃奠定基础，因此本节课在高中有机化学的学习中起着承上启下的作用。在前一节课，学生掌握了碳的四价理论，理解了饱和烃的概念，为本节课不饱和烃的引入奠定了基础。另外，通过学习，学生能从生活实际出发，认识乙烯的广泛应用，在学习乙烯的性质时，能强化理论与实际的联系，达到学以致用的目的。具体如下：

1. 提高了"宏观辨识与微观探析"素养

本节课从乙烯的性质实验现象，过渡到乙烯的结构，再到乙烯的结构式、结构简式、电子式等的书写以及化学方程式的书写，完成了"宏观—微观—符号"三重表征，让学生形成"结构决定性质"的观念，并能从宏观和微观相结合的视角分析与解决实际问题。

2. 提高了"证据推理与模型认知"素养

通过分析乙烯的性质实验现象，学生能推理出乙烷与乙烯存在结构上的差异。通过乙烯碳碳双键的键能数据，学生能推理出碳碳双键中的一个键容易断裂。通过建立乙烯与溴发生加成反应的模型，学生能举一反三，将该模型应用到乙烯与其他物质的加成反应中。

3. 培养了"科学探究与创新意识"素养

本节课创新性地利用乙烯利溶液与 NaOH 反应来制备乙烯，代替了传统的石蜡油分解实验，充分调动了学生的探究意识，学生能通过实验现象主动得出结论。在模拟聚乙烯的形成任务中，学生发挥自己的聪明才智，寻找最优的方式来进行角色扮演，体现了学生的创新思维。

4. 培养了"科学态度与社会责任"素养

通过本节课的学习，学生了解到乙烯可以作为植物生长调节剂，还可以制成聚乙烯产品，其产量是一个国家石油化工发展水平的衡量标志，进而充分认识到化学对创造更多物质财富和精神财富、满足人民日益增长的美好生活需要的重大贡献。而从聚乙烯引申出来的"白色污染"问题，则强化了学生的环境保护意识，增强了学生的社会责任感。

核心素养不是具体的知识，学科知识只是形成核心素养的载体。化学学科核心素养的培养应贯穿在化学教学的全部过程中。这要求教师在进行教学设计时，必须充分挖掘教学内容中的基本观念和方法，将宏微结合、模型认知、分类表征、实验探究等学科活动与学科知识有机结合起来，引导学生主动分析、应用、评价，将发展化学学科核心素养落到实处。

第二节　高中化学单元整体教学设计案例

一、如何保障单元整体教学设计的实施

单元整体教学设计的实施，需要教师从整体、系统理解整个化学课程体系，不但需要深刻理解课程目标、内容目标，还需要开发基于教学评一体化的评价资源；不但需要老师们对教学内容从全局的视角进行认识和理解，还需要具有相应的理论转化为实践案例的能力。如果仅仅依靠个别老师的单打独斗，很难形成具有可操作性的教学案例。因此，在具体教学实施过程中，需要构建宏观的核心研究团队、中观的区域研究小组和微观的案例开发小组，形成跨类型、跨区域的学习研究共同体，共同研究、共同学习、共同实践、共同进步；需要专家引领和教研助力，促进不同区域、不同类型学校研究共同体的协同交流与合作。

（一）教研助力单元整体教学设计实施的研究策略

为使单元整体教学实践真正落地，增强整个研究的针对性、过程性、体验性和实践性，需要从教研整体谋划全局来推进整个实践落地进程。首先需要组建单元整体教学设计研究中心组，由教研员作为顶层设计牵头人，以研究能力强的骨干教师作为核心团队成员，研发单元整体设计的研究思路、进程和具体实施路径，形成标准和样板，再在全市范围内根据学校的研究特质分类实施，采取任务驱动式的研究和实践策略，促进学校教研组教师全员参与，共同探索和实践推动单元

整体教学设计的思路和机制。

1. 单元整体教学实践落地的思路

（1）基于学生的学科核心素养的发展实施单元整体教学。紧跟时代发展脉搏，发展学生面对真实复杂情境时利用学科必备知识、关键能力解决问题，形成正确的价值观，是开展单元整体教学设计首先需要考虑的问题。什么样的教学能将碎片化的知识结构化？什么样的教学是单元整体教学？如何有效精选情境素材开展单元整体教学？如何通过情境复杂程度、知识的深度、能力的发展情况合理设计进阶的教学活动？如何通过单元整体教学设计促进学生解决真实情境问题的能力？如何通过精心设计的活动来凸显化学学科的育人价值？

单元整体教学设计聚焦于学生的学科核心素养的发展。单元整体教学设计促进了《普通高中化学课程标准（2017 年版 2020 年修订）》中提出的宏观辨识与微观探析、变化观念与平衡思想、证据推理与模型认知、科学态度与社会责任、科学探究与创新意识等化学学科核心素养的发展。通过单元整体教学设计可以实现知识间、能力间、模块间、情境间的合理进阶，最终实现学科核心素养的螺旋上升。课程标准中以"氯及其化合物"（必修）教学设计为例，对目标—任务—活动进行了单元整体规划，精心设计了 2 个课时的单元整体教学。通过学习，可以建立基于物质类别、元素价态和原子结构预测和检验物质性质的认识模型，发展物质性质和物质用途关联、化学物质及其变化的社会价值的认识水平，提高解决实际问题的能力。通过单元整体规划，厘清了认识物质及其转化的视角和路径，学生在实际应用问题的解决过程中不断前移学科知识、认识思路和方法，有助于实现学生的深度学习。

（2）基于已有研究的成果保障单元整体教学设计聚焦实践。构建教学单元、制订教学目标、分析学习起点、设计教学过程、设计教学评价、反思教学效果是进行单元整体教学设计的 6 个要素，从教学单元的构建、教学目标的细化和分解、学习起点的精准分析、教学活动的精心设计、实现"教学评"一体化的单元作业设计，再到及时反思教学效果，应保证六个要素目标的一致性，这是实现发展学生化学学科核心素养的单元整体教学设计的前提。这就需要对具体的教学内容和单元整体教学案例根据课程标准、教材结构、学生认知情况进行整体规划和设计，需要借助已有的教学研究成果。

（3）基于课堂教学实践导向积极推进单元整体教学的实施。根据课程方案、课程标准、教材和区域学生的认知特点，顶层设计好单元整体教学设计的实施路径和思路，关键还是要形成可以落地的教学实践。因此核心团队成员建立研究思路和实施路径以后，接下来就是基于标准来开发教学案例，教学案例一定要体现引领性和可操作性。设计好了教学案例，接下来就是选取富有代表性的生源学校来开展教学实践研究，将实践研究过程中的问题汇总、研讨、反思，再对教学案例进行改进优化，进行第二轮的教学实践探索，直至形成理论与实践完美交融的课堂教学案例。做好理论框架和实践案例模板以后，再推广到全市进行其他单元教学案例实践的研究。其他教学案例以基地校的形式开展研究，每个基地校负责不同的模块和内容，以同样的形式每个月对基地校研究的进展和落地的情况进行教学诊断，促进教学案例打磨从优质向卓越迈进。

（4）基于单元整体教学设计促进教研模式的创新。以往的教研无外乎听听课，评课议课，最多加个讲座，老师们深度参与很少。单元整体教学设计则全程由全体老师深度参与，采取浸入式、体验式、过程式培训，教师要根据核心团队的设计标准和设计思路，根据本校所承担的任务开展教学实践，整个教研过程以任务驱动式来推进整个工作流程。老师们不再是置身事外的听课者，而是参与教学研究和实践的实施者。每一轮的教学案例的设计、实践和改进，教研员和学科专家不再是评课议课的专家，而是帮助教师不断优化和提升的指导者。这样教研员、核心团队、学科基地校教师就组成了一个学习共同体，一起从理论的创设到实践的落地全程浸入，深度参与，有效地提升了整个区域教师的专业素养。

2.单元整体教学实践落地的推进机制

单元整体教学设计研究组遵循"建立标准、形成案例、分层推进、持续改进"的指导思想进行工作推进。在整个实施和推进过程中，主要经历了以下4个阶段。

第一阶段：建立团队、理论研磨。

第二阶段：任务驱动、基地实践。

第三阶段：扩大范围、增强辐射。

第四阶段：优中选优、梳理成果。

通过以上4个阶段的单元整体教学设计理论与实践研究，研究团队在基于发展学生学科核心素养的单元整体教学研发及教学改进策略等诸多方面达成共识，最终开发了一批涵盖高中不同模块，融合基于学科大概念、基于逆向理解的教学设计等多种教学思想的新的设计思路和案例。

（二）教研推动单元整体教学设计实施的策略

单元整体教学设计理念落实到老师身上，就是要落实到每个单元教学设计、每节真实的课堂、每个精心设计的教学活动当中，使得化学学科核心素养的培育不再是空中楼阁，成为实实在在落实在学生身上的课堂教学实施。老师们只有经历了在课堂教学实践中的落地与感悟，才能更好地理解单元整体教学设计的初衷。推动单元整体教学设计，也是老师们提升自我的过程。

1. 构建基于实践导向的研究共同体

单元整体教学设计重在设计和实践，因此通过具体的教学单元的设计和实施，不断增强老师们对单元教学理念的理解。因此，在具体实施过程中构建了不同类型的研究共同体。核心团队主要由教研员和骨干教师组成，基地校主要由教研组长和备课组长组成，具体教学案例的开发由备课组长及老师们组成的三级研究共同体。整个研究共同体根据课程标准、教学内容、学生实际情况，以单元整体教学设计为任务，以发展学生的化学学科核心素养为目标，借鉴和参考已有的研究成果，进行单元整体教学设计的案例开发与实践。

2. 构建全员浸入式的研究体验

教学案例的开发过程，可以采用"以点带面"逐步发展的策略。案例开发伊始，可以在专家引领下对教材内容、教材目标、学生现状和情境素材进行梳理，由此建立进行单元整体教学设计的角度和思路。建立思路以后进行具体的教学实施设计，如何通过问题驱动设计富有挑战性的学习活动等，由备课组长进行二次消化和打磨，形成课例。备课组老师试讲，老师们全程听讲，针对课堂当中反馈出来的问题，找寻学生成长的证据，不断对教学设计进行优化。具体的流程包括：专家解读课标、教材、知识点及情境素材确定设计思路—备课组研讨形成授课初步案例—授课教师消化吸收形成实践案例—备课组针对实践案例进行二次研讨优化—授课教师试讲、备课组老师听课发现问题—备课组再次研讨及优化—授课教师再次试讲—备课组集体研讨优化理论萃取形成优质教学案例。

在整个研究过程中，积极发挥专家的引领作用。邀请国内的相关专家对单元整体教学开展讲座交流，不断促进研究组对单元整体教学设计的认识，形成鲜明的教学主张和务实的教学行为。在教学实践中真正实现"立足于学生适应现代生活和未来发展的需要，充分发挥化学课程的整体育人功能，发展学生的化学学科核心素养"的教育目标。

二、氧化还原反应

（一）教学单元规划

氧化还原反应是化学学科的核心概念之一，在初中阶段学生对化学反应的认识是以四大基本反应类型为基础的，这种认识方式基于对化学反应中物质组成的分析，是对化学反应的表层分析。而氧化还原反应是从电子转移角度认识化学反应，是对化学反应本质的关注，基于此将氧化还原反应设置成为一个教学单元，可以转变学生对化学反应的认识角度，从表层到本质，实现学生认识上的飞跃。其次，《普通高中化学课程标准》对氧化还原反应单独列有条目，要求"根据实验事实了解氧化还原反应的本质是电子的转移，举例说明生产、生活中常见的氧化还原反应。"参阅相关教材，"氧化还原"均作为一个重要知识以节标题形式出现，由此可见，氧化还原反应可以作为一个教学单元处理。另外，从与生产生活实际联系角度看，氧化还原概念与化学电池、金属腐蚀、电解电镀、环境保护等诸多问题相关联，而从学科发展看，氧化还原又是电化学的核心知识，所以无论学生将来如何发展，都应该具备从氧化还原角度认识化学反应的知识和能力。把氧化还原知识作为一个教学单元，建构和完善氧化还原反应模型的主题是合理的。

在必修一中，教材从微观角度引领学生认识氧化还原反应，理解氧化还原反应的本质是电子的转移或电子对的偏移，并且该本质可以通过元素化合价的变化表现出来，在学习过程中了解氧化和还原这两个过程是同时进行的，由此形成从微观角度认识氧化还原反应的思维方式。初中阶段要求学生能够从宏观角度出发，根据反应物和生成物的类型，将化学反应分为4种基本反应类型，而在高中阶段则要求学生从得失电子的微观角度出发，对反应类型进行分类，同时引导学生将氧化还原反应与4种基本反应联系起来，掌握一种新的分类方法并体会这种分类方法的简便性，有助于学生完善原有的认知结构，促进分类思想的发展。在学生掌握氧化还原反应的本质是得失电子的基础上，进一步丰富学生的知识体系，要求学生掌握氧化还原反应中的几对概念，即氧化剂和还原剂、氧化性和还原性、被氧化和被还原、氧化产物和还原产物，并了解几对概念之间是相互依存、对立统一的关系，帮助学生树立辩证统一的科学世界观。学生不仅能从电子转移的角度认识氧化剂和还原剂，还能判断物质是否具有氧化性或还原性，并且能够熟练运用氧化还原反应理论模型去认识物质和反应。

氧化还原反应作为中学的核心概念，基于认识的发展，学生需要构建相关模型如下（见图 7-2-1 ~ 7-2-3）。

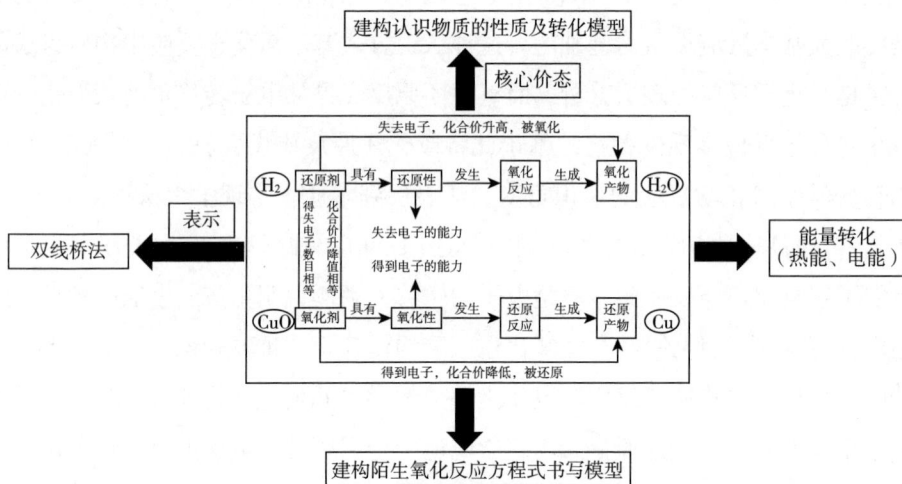

图 7-2-1　氧化还原反应总体认识模型

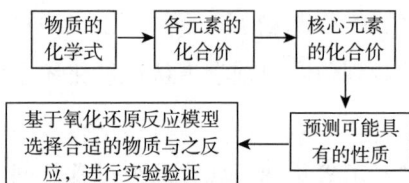

图 7-2-2　认识物质氧化还原性质的方法模型

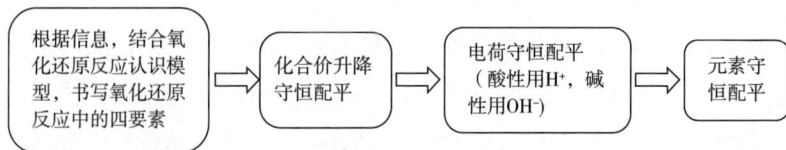

图 7-2-3　书写陌生情景氧化还原反应方程式的方法模型

基于上述分析，本单元内容涉及宏观和微观，重点在于氧化还原反应模型的建构与使用，该内容与生产生活联系非常紧密，基于建模教学的实际需要，可在实验法、微观模拟、情景教学法、实验探究教学法等教学方法中进行选择和适当组合。

（二）单元教学目标设计

高中化学氧化还原反应部分的教学涉及三组概念。第一组概念是氧化还原反应，学生从得失电子角度认识化学反应，扩展了学生对化学反应的认识角度，促使学生关注化学变化的微观过程，思考化学变化的本质原因。第二组概念是氧化剂和还原剂，这是物质分类角度的拓展，这种分类可以大大拓宽学生认识化学反应的数量，为后续的元素化合物学习奠定基础。第三组概念是氧化性和还原性，这组概念在教材中没有被处理为概念形式，它是前两组概念学习中必然关联的内容，学习这部分内容后，学生应该意识到在研究物质性质时，氧化性和还原性是非常重要的研究内容。

基于以上分析，我们将氧化还原反应单元的教学目标确定为：从电子得失角度认识氧化还原反应，掌握元素化合价与物质氧化性、还原性间的关系，建构氧化还原反应的认识模型，能利用双线桥来表示氧化还原反应，并能运用氧化还原反应的认识模型去推测典型氧化剂、还原剂间的反应关系，感受化学反应的规律性，增强化学学习的信心。建立研究物质的"氧化还原反应模型"，并能够从微观角度对反应进行认识，培育"模型认知、宏观辨识与微观探析"等核心素养，其中"模型认知"是本单元教学重点培育的素养。

基于对氧化还原反应单元的总体认识，我们将该单元教学确定为四课时（表7-2-1）。

表 7-2-1　氧化还原反应单元课时

课时	课时教学目标
1	1.1 从电子得失的角度认识氧化还原反应，建立认识化学反应的新视角，能够和基本反应类型进行区分 1.2 建立氧化剂和还原剂、氧化产物和还原产物的概念，初步建立氧化还原反应的认识模型，并能够运用双线桥来表示氧化还原反应

续表

课时	课时教学目标
2	2.1 基于氧化还原反应的基本模型，去认识物质具有的氧化性和还原性 2.2 能设计方案研究物质的氧化性或还原性，建立认识物质和物质性质的新视角，初步建立从化合价角度预测物质性质的思路和方法
3	3.1 应用氧化还原反应模型，研究物质的制备和转化，认识氧化还原反应在物质制备和能量转化方面的重要应用 3.2 能够运用氧化还原反应模型书写陌生氧化还原反应方程式，并进行简单的计算
4	4.1 基于对氧化还原反应模型的建构，运用模型去解决生产生活中的真实问题

（三）单元学习活动设计

学习活动设计是对教学目标的具体阐释和实现教学目标的必要保障。单元教学活动设计分为两个层面：一是单元活动设计，解决学生在整个教学单元中的学习活动线索；二是课时活动设计，遵循单元活动设计，确定每个课时中学生具体的活动任务。

基于前面对单元教学目标的要求，我们对氧化还原反应教学单元作了如下教学活动设计（见图 7-2-4）。

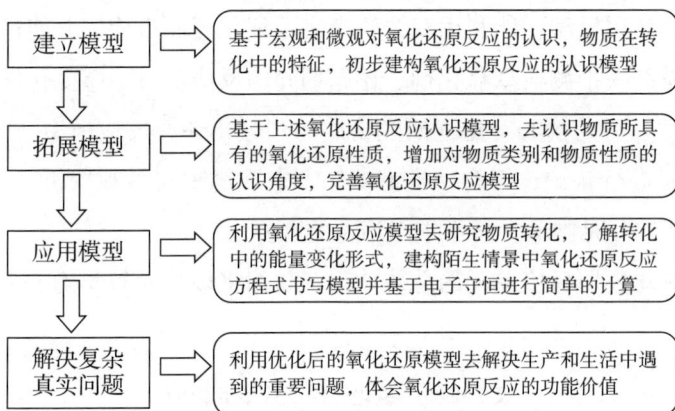

图 7-2-4　教学活动设计

基于对氧化还原反应单元教学的总体学习线索，开展对各课时学习活动的设计图（见图 7-2-5～7-2-8）。

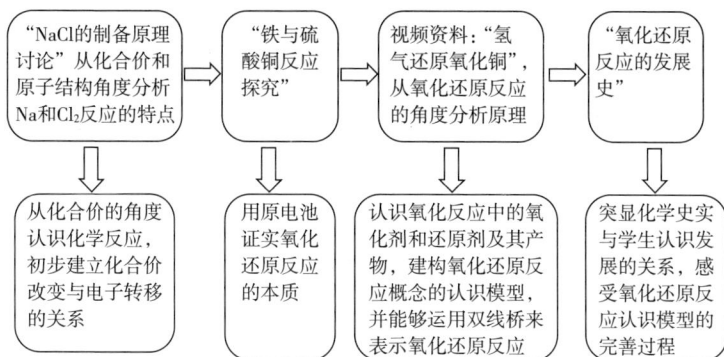

图 7-2-5 课时 1

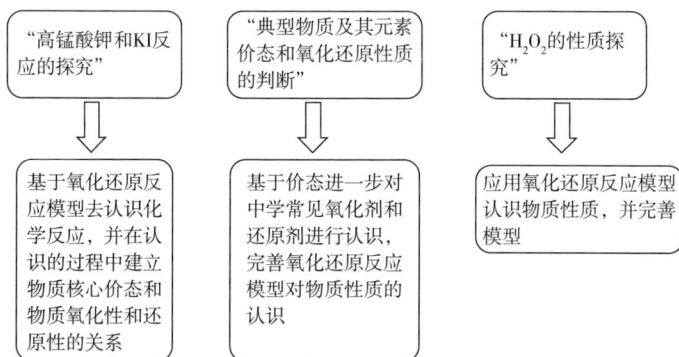

图 7-2-6 课时 2

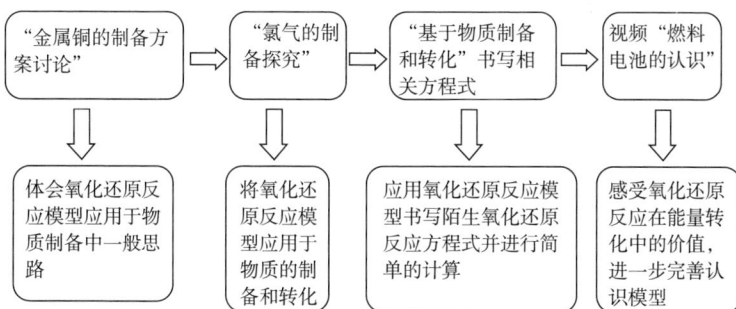

图 7-2-7 课时 3

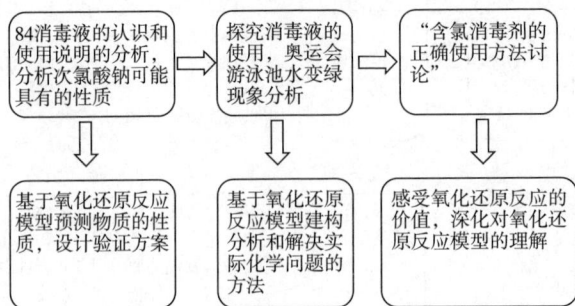

图 7-2-8　课时 4

（四）单元教学反思

"氧化还原反应"的单元教学，以学生已有的认知起点为出发点，以模型认知作为学生核心素养的主要培育方向，通过 4 个课时引领学生建构氧化还原反应的认识模型，在活动中不断地应用模型、完善模型，最后利用模型去解决真实的复杂问题。教学中由于学生的知识和能力水平差异，课时的时间安排需要在教学中进行适当的优化。

学生对化学问题分析角度的多少，是影响其化学素养高低的重要因素。本单元教学设计始终定位于利用氧化还原模型发展学生对物质和化学反应的认识，并利用模型去解决真实问题，在问题解决的过程中得到能力的提升和核心素养的培育。本单元重点提升模型认知在学习中的功能价值，并为后续学生利用氧化还原反应模型建构价类二维模型认识物质性质打下坚实的基础。

三、电能转化为化学能——电解

（一）教学单元规划

电解理论是化学反应与能量变化章节中的重要组成部分，也是高中化学的一个重要理论，是实现物质转化和能量转化的重要途径。本节内容包括认识电解装置和原理，知道电解在能量转化、物质制备、提纯、金属冶炼等生产生活中的应用，各内容之间都有密切联系，教学过程中需要选择合适素材进行整体设计，形成完整认识体系。

基于新课标要求和培养学科素养需要，笔者采用单元整体教学设计，根据学生已有知识和思维起点，将电解理论的必备知识进行整合，引导学生从装置和原理两个维度建构认知模型，在建构模型的过程中，注重培养学生有序认知和关联分析的能力，突破常规教学中教师难教、学生难懂的尴尬局面。

电解原理基本认知模型如图 7-2-9 所示。

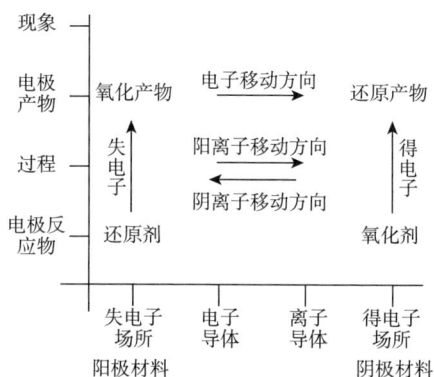

图 7-2-9　电解原理基本认知模型

在具体课时安排上，"电解"单元分三课时进行（见图 7-2-10），电解认知模型的建构是基础，是学生分析和解决电解问题的重要工具，因此将电解模型的建构安排在第一课时。其次，第二课时是基于学生对电解理论有了初步认知后，引导学生分析电解在真实情境下的应用原理，实现从理论认知到实际应用的跨越。最后，第三课时是学生能理解和运用电解理论的前提下展开探究性学习，深化学生对电解的认识，培养学生设计和评价的高阶思维能力。

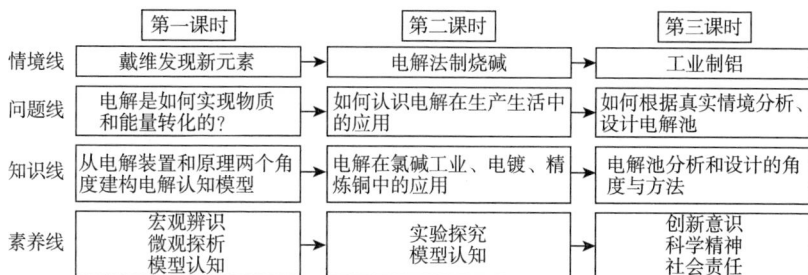

图 7-2-10　"电解"单元教学设计

（二）单元教学目标设计

从课程标准对电解的要求来看，主要包括了解电解的基本原理，知道电解在能量和物质转化方面的重要意义，并能结合理论分析、解释电解池的工作原理，设计简单的电解池，基于此，将本单元的单元目标和课时教学目标设计如表 7-2-2 所示。

表 7-2-2 "电解"单元目标和课时教学目标

单元目标	课时	课时教学目标
1. 初步建构电解认知模型，知道从装置和原理两个角度分析电解工作原理 2. 进一步完善电解认知模型，并能运用认知模型分析真实情景中的电解工作原理，体会到电解技术在生产生活中的巨大应用价值 3. 了解电解池设计和分析评价的一般方法，培养学生创新意识，激发社会责任感，为设计出更优良的新型电池而努力	1	1.1 基于熔融氯化钠的电解体系，分析电解池的四要素，明确四要素在电解工作中的作用和变化 1.2 初步建构电解认知模型，并不断完善模型，从而深化自己对电解工作原理的认识
	2	2.1 了解电解池阴阳两极放电顺序，并能根据放电情况和溶液情况分析和预测实验现象 2.2 尝试运用电解认知模型分析氯碱工业装置和工作原理，体会化学技术在生产中的真实应用价值
	3	3.1 了解电解池设计和分析评价的一般方法、会根据已知信息设计简单的电解池 3.2 了解新型可充电电池的基本现状，培养学生创新意识。激发社会责任感

（三）单元学习活动设计

1. 教学内容划分

如图 7-2-11 所示，为"电解"单元整体教学设计逻辑结构图。

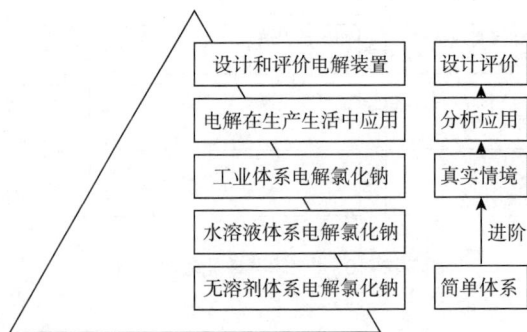

图 7-2-11 "电解"单元整体教学设计逻辑结构图

2. 学习活动设计

课时 1　电解工作原理

主题：围绕电解是如何实现物质转化和能量转化展开讨论（见图 7-2-12）。

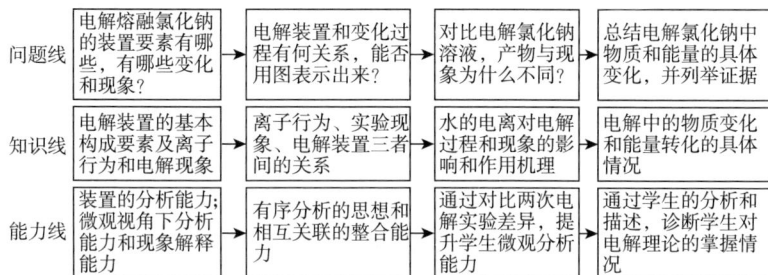

问题线	电解熔融氯化钠的装置要素有哪些，有哪些变化和现象？	电解装置和变化过程有何关系，能否用图表示出来？	对比电解氯化钠溶液，产物与现象为什么不同？	总结电解氯化钠中物质和能量的具体变化，并列举证据
知识线	电解装置的基本构成要素及离子行为和电解现象	离子行为、实验现象、电解装置三者间的关系	水的电离对电解过程和现象的影响和作用机理	电解中的物质变化和能量转化的具体情况
能力线	装置的分析能力；微观视角下分析能力和现象解释能力	有序分析的思想和相互关联的整合能力	通过对比两次电解实验差异，提升学生微观分析能力	通过学生的分析和描述，诊断学生对电解理论的掌握情况

图 7-2-12　具体讨论

课时 2　电解的应用

主题：围绕电解技术在氯碱工业中的应用展开讨论（见图 7-2-13）。

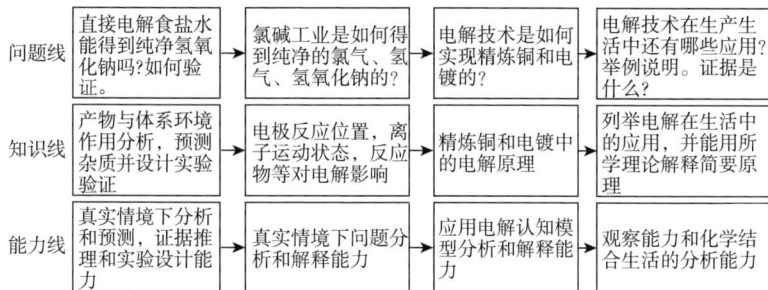

问题线	直接电解食盐水能得到纯净氢氧化钠吗？如何验证。	氯碱工业是如何得到纯净的氯气、氢气、氢氧化钠的？	电解技术是如何实现精炼铜和电镀的？	电解技术在生产生活中还有哪些应用？举例说明。证据是什么？
知识线	产物与体系环境作用分析，预测杂质并设计实验验证	电极反应位置，离子运动状态，反应物等对电解影响	精炼铜和电镀中的电解原理	列举电解在生活中的应用，并能用所学理论解释简要原理
能力线	真实情境下分析和预测，证据推理和实验设计能力	真实情境下问题分析和解释能力	应用电解认知模型分析和解释能力	观察能力和化学结合生活的分析能力

图 7-2-13　具体讨论

课时 3　电解池的设计和评价

主题：围绕如何根据真实情境设计和分析电解池展开讨论（见图 7-2-14）。

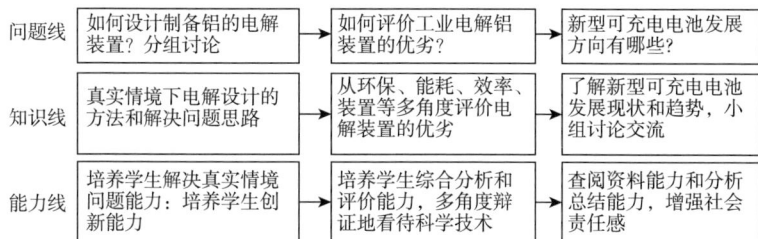

问题线	如何设计制备铝的电解装置？分组讨论	如何评价工业电解铝装置的优劣？	新型可充电电池发展方向有哪些？
知识线	真实情境下电解设计的方法和解决问题思路	从环保、能耗、效率、装置等多角度评价电解装置的优劣	了解新型可充电电池发展现状和趋势，小组讨论交流
能力线	培养学生解决真实情境问题能力；培养学生创新能力	培养学生综合分析和评价能力，多角度辩证地看待科学技术	查阅资料能力和分析总结能力，增强社会责任感

图 7-2-14　具体讨论

（四）单元教学反思

建构模型是深化理论认知的重要途径，能提高学生分析的完整性、有序性、关联性。建构电解认知模型，能帮助学生完整地分析装置各部分的作用，有序地认识电解过程中的各种变化，并将静态的装置和动态的原理联系起来，形成系统认知。

情境进阶是思维进阶是载体，合适的梯度能有效减少思维的障碍，帮助学生实现理论的简单认知到综合运用。从简单离子体系开始构建电解认知模型，更能帮助学生抓住电解本质，通过情境进阶逐步提高对电解的认知水平和运用能力。

问题驱动是引起学生深度思考和推进课堂的重要动力。高质量的问题能激发学生兴趣，提高学生的思维水平，同时也极大提升课堂效率。

参考文献

[1] 郑光黔. 高中化学教学方法与实践 [M]. 长春：吉林人民出版社，2020.

[2] 姜晓峰，刘荣，盛美娟. 高中化学教学实践与实验设计 [M]. 长春：吉林人民出版社，2020.

[3] 高广东. 高中化学教学中的有效教学理念探析 [M]. 长春：吉林人民出版社，2019.

[4] 沈旭东. 社会责任素养视角下的高中化学教学新论 [M]. 杭州：浙江工商大学出版社，2019.

[5] 任雪明，吴文中. 高中化学教学疑难问题研析 [M]. 杭州：浙江教育出版社，2015.

[6] 李贵顺. 任务驱动教学法在高中化学教学中的应用研究 [M]. 青岛：中国海洋大学出版社，2018.

[7] 王祖浩，吴星. 高中化学教学参考书 1 化学 [M]. 南京：江苏教育出版社，2014.

[8] 柳若芍，魏培海. 走进高中化学教学现场 [M]. 北京：首都师范大学出版社，2008.

[9] 王祖浩，张天若. 高中化学教学参考书 选修 [M]. 南京：江苏凤凰教育出版社，2014.

[10] 颜士刚，冯友梅. 现代教育技术与高中化学教学 [M]. 北京：高等教育出版社，2012.

[11] 孙夕礼. 高中化学教学中的问题与对策 [M]. 长春：东北师范大学出版社，2010.

[12] 邹太和. 高中化学教学疑难问题研究 [M]. 长春：东北师范大学出版社，2000.

[13] 北京未来新世纪教育科学研究所. 新课程高中化学教学实施导航 [M]. 呼和浩特：远方出版社，2005.

[14] 刘翠. 高中化学项目式教学实践研究 [M]. 济南：山东科学技术出版社，2020.

[15] 赵刚，袁红娟，陆海峰. 高中化学课堂教学与体系构建 [M]. 长春：吉林人民出版社，2019.

[16] 蒋红梅，牛洪英，张美画. 近代化学实验高中化学实验教学探索 [M]. 合肥：合肥工业大学出版社，2019.

[17] 张燕萍. 高中课堂教学设计汇编：有机化学基础篇 [M]. 北京：北京邮电大学出版社，2017.

[18] 孔令鹏. 高中化学新课程理念与教学实践 [M]. 北京：商务印书馆，2005.

[19] 王世斌，从洪召. 高中新课程教学案例与评析：物理、化学、生物 [M]. 北京：新华出版社，2005.

[20] 薛佩琴. 高中化学课程与教学研究 [M]. 上海：上海教育出版社，2009.

[21] 黄超文. 直击新课程学科教学疑难：高中化学 [M]. 北京：教育科学出版社，2015.

[22] 赵研. 高中化学新课程教学研究与实践 [M]. 北京：中央民族大学出版社，2013.

[23] 夏建华. 高中化学优质教学及典型案例研究 [M]. 北京：人民教育出版社，2012.

[24] 北京师联教育科学研究所. 高中化学：创新教学设计 [M]. 北京：学苑音像出版社，2002.

[25] 刘丽，许诩. 高中化学课堂教学实录 [M]. 呼和浩特：远方出版社，2003.

[26] 强美凤，魏爱民. 高中化学有效教学与教师专业能力提升 [M]. 北京：世界图书北京出版公司，2014.

[27] 贠广秋，汪佳敏. 高中化学有效教学实用课堂教学艺术 [M]. 北京：世界图书出版公司北京公司，2009.

[28] 雷洪，陈维新. 高中化学新课程创新教学设计 [M]. 长春：东北师范大学出版社，2005.

[29] 北京师范学院附属中学. 高中学科教学重点难点集萃 化学 [M]. 北京：中国劳动出版社，1990.

[30] 孔令鹏. 高中化学新课标教学案例 [M]. 济南：山东科学技术出版社，2006.

[31] 李发顺. 重构学生主体课堂的思考：高中化学新课程教学设计 [M]. 宁波：宁波出版社，2014.

[32] 王益群. 普通高中新课程化学教学与评价指导 [M]. 广州：广东教育出版社，2006.